融媒体时代
新闻采访与写作

袁丰雪 仇玲 周海宁 张成良 ◎ 著

RONGMEITISHIDAI
XINWENCAIFANG YU XIEZUO

新华出版社

图书在版编目（CIP）数据

融媒体时代新闻采访与写作 / 袁丰雪等著
北京：新华出版社，2019.12
ISBN 978-7-5166-5018-9

Ⅰ.①融…　Ⅱ.①袁…　Ⅲ.①新闻采访–高等学校–教材
②新闻写作–高等学校–教材　Ⅳ.①G212

中国版本图书馆CIP数据核字(2019)第280789号

融媒体时代新闻采访与写作

作　　者：	袁丰雪　仇　玲　周海宁　张成良		
责任编辑：	赵怀志　祝玉婷	封面设计：	刘宝龙
出版发行：	新华出版社		
地　　址：	北京石景山区京原路8号	邮　　编：	100040
网　　址：	http://www.xinhuanet.com/publish		
经　　销：	新华书店、新华出版社天猫旗舰店、京东旗舰店及各大网店		
购书热线：	010-63077122	中国新闻书店购书热线：	010-63072012
照　　排：	六合方圆		
印　　刷：	河北鑫兆源印刷有限公司		
成品尺寸：	170mm×240mm		
印　　张：	24.25	字　　数：	347千字
版　　次：	2019年12月第一版	印　　次：	2022年1月第二次印刷
书　　号：	ISBN 978-7-5166-5018-9		
定　　价：	60.00元		

版权专有，侵权必究。如有质量问题，请与出版社联系调换：010-63077124

前言

新闻采访教学的三重时空建构[1]

随着新媒体技术的飞速发展,以融合为特征的新闻生产模式不断得以建构,不论是规则、流程、渠道还是方式上,正逐渐打破既有的介质割裂形态,形成"一体多元"的跨介质传播态势。[2]面对融合新闻生产模式的快速发展,具有融合观念的全能型新闻采编人才培养成为当务之急。在对新闻传播教育人才考察与研究后,英国新闻教育学会会长罗德·艾伦提出新闻教育内容遵循的"8020原则":即新技术来临时,大约80%的知识保持不变,20%的内容需要更新。[3]这表明,按照既往着重于新闻专业、采编能力与资料搜集训练为主的课程教学思维,正遭遇因应技术变迁与市场需求转型而面临的检讨。[4]当今的中国新闻业,需要对新兴媒介环境有足够认知并能够运用新媒体技术完成采编工作的专业人才。

融媒体是新思维、新技术共同催生的一种现实路径,是媒介生态位竞合过程中的最优选择。在产业关系结构上,它体现为媒介战略转型、信息

---

[1] 本节引自张成良:《融媒体语境下新闻采访教学的三重时空建构》,《现代传播》,2019年第5期。

[2] 王如一:《"融媒体"时代新闻采访教学改革的目标与路径》,《科教文汇(下旬刊)》2013年第3期。

[3] 陈作平:《英国高校传媒教育》,刘利群、张莉莉主编:《国际传媒与教育》,中国传媒大学出版社,2008年版,第37页。

[4] 陈作平:《英国高校传媒教育》,刘利群、张莉莉主编:《国际传媒与教育》,中国传媒大学出版社,2008年版,第37页。

资源整合、业务技能拓展等诸多方面。以信息数字化技术、网络技术和移动网络技术为基础，通过场景入口化设计，协同印刷的、音频的、视频的、移动的媒介实现无处不在的交互连接，将各种不同文本、传播手段融合在一个不断延伸的平台上，无远弗届，通过新型终端（场景入口）分享多元、异质的资源。

作为一种全新的实践与话语重组的尝试，媒介融合不仅意味着生态关系的协同作用，其影响远远超出技术层面，对这个时代的文化生态以及思维模式都产生了巨大的影响。可以说，媒介融合正在着力建构"一个超越历史上全部既有知识的平台，在其上演绎出一幅全球化、个人化、现代化、社会化、信息化交相融合、此起彼伏的宏伟动人图景"，"成为新的生产关系、知识机制、价值规律、文化观念、意识形态的社会化生产要素，它既具有继承人类过去的本能，更具有开辟未来、突破创新的天性。"在媒介融合的大背景下，人的思维方式、社会的结构关系都在发生着相应的变化。媒介的融合式生存诱发媒介技术的不断发展创新，促成了传播过程中全觉传收的实现，媒介技术的人性化发展一方面将人推向传播的核心位置，一方面也使人成为媒介传播的组成部分。媒介融合式生存诱发思维方式的改变伴随着媒介属性的发展，从线性媒介到非线性媒介，再到系统媒介，逐渐形成了从线性思维到非线性思维，最后到系统性思维的进化过程。也就是说，从被动的接受到博弈再到逻辑组织这样一个思维的过程中间，思维处在一个不断动态优化的过程。融媒体传播，正是催生系统性思维，使之成为推动社会结构做出调整的活动。

一、融媒体带来新闻报道新面相

新闻采访与写作作为新闻专业的重要基础，除了受限于学时与经费不足等问题外，由于教学环境限制带来的时空割裂问题十分突出，实践条件受限严重，使得此类课程的教学效果一直不尽如人意，教学范式改革势在必行。[1]

---

[1] 张煜麟：《教育传记学方法于传播教育的实践与应用》，《国际新闻界》，2017年第3期。

融媒体传播时代，信息的即时生产、移动传播、多元符号转换、实时接收等特征，实现了人体的延伸，也实现了课堂时空的延伸，为新闻采访情境式学习提供了技术上的支持。[1]本章充分考虑融媒形态的发展变化，探讨融媒体环境下新闻采访与写作的新思路与新路径。

认知心理学倾向于强调时间的经验性，Michon认为"时间是概念的意识经验产品，它允许人类使自己的行为适应周围的顺序关系"。[2]空间作为时间的表征模式，时间主要通过空间的隐喻来完成。[3]新闻采访环境中的时空，实质上是通过隐喻结构实现的整体性的表征，是自然属性的时空，与之对应的是具有传统建构意义的社会性时空。

教学时空涉及教师、学生及其相互作用形成的多重关系，不同教学时空建构过程推动互动类型的多元与角色定位的动态调整。关于教学时空结构，主要涉及两个层面：一是教学内容本身与教学活动过程中的时空分配与组合形态；二是既要从社会学视角考察教学时空构成的"形式"问题，还要关注与教学时空不可分割的延伸"实质"性问题。[4]可见，教学时空具有自然性与社会性的双重属性，教学时空的结构从本质上看也是自然性与社会性时空相互叠合建构而成的整体。

新闻采访教学实践中的时空建构，既包括教学与学习过程中的情境创设，也包括超越时空的新闻现场的情境延伸与拓展，以及新闻采访者编码活动中潜在的叙事时空的再现。上述三种时空建构，均是依靠融媒体技术重构的自然性时空与社会性时空的隐喻与叠合。不同于传统的建构主义（constructivism），新闻采访教学实践中的时空建构过程强调了融合时空的生成与隐喻作用。建构主义认为，学习是在一定的情境即社会文化背景下，借助其他人的帮助即

---

[1] 李斌，曹燕宁：《论新闻采写课程实践与义工活动的结合》，《新闻界》，2008年第2期。
[2] 辛文娟：《移动互联网辅助新闻业务教学探析——以新闻采访课程为例》，《青年记者》，2013年第18期。
[3] Michon J A. The compleat time experiencer. In Michon J A & Jackson J L(Eds.), Time, mind, and behavior, Berlin: Springer-Verlag. 1985. pp.20–52.
[4] 刘丰：《时空隐喻的内省研究与实验研究》，徐州：中国矿业大学出版社，2008年版，第143页。

通过人际间的协作活动而实现的意义建构过程，这一过程强调了"情境""协作""会话"和"意义建构"四大要素。[1]应该说，建构主义集认知主义和行为主义于一体，是强调知行统一的教学理论。[2]从知行统一的时空建构角度来看，上述四大要素处在同一时空情境中，不同情境的转换意味着时空秩序的重新调整。比如新闻采访能力的培养过程，在建构主义者看来，课堂教学与课后实践都包含着上述四大要素，但两者之间的情境并不相同，其时空环境也相差甚远：课堂教学强调的是知识体系的认知与建构，课后实践强调的是行为主义的养成。

在新闻采访课程的课堂教学环节，教师作为知识讲授者，通过对新闻事件相关文本的选材、解码，努力还原新闻采访的现场环境，着力建构与新闻事件现场相对应的拟态时空形态。在建构的新闻采访现场时空中，新闻文本的选取、文本自身呈现的可还原性、讲授者再现时空的逻辑能力等，这些都成为新闻采访课堂教学时空建构过程中面临的现实问题。

传统的大众传播，实质上是人与人隔着媒介的传播，教师在情境设置过程中，并不执着于文本自身的解读上，亦不是对新闻事实的简单还原，而是对新闻采访者所处新闻现场时空建构逻辑的分析与复位，即：课堂教学中对于新闻现场时空建构过程的解析与重新建构。我们采用抽屉式课堂教学模式图（见图1），分析新闻采访课程教学活动中的具体环境问题。在新闻采访教学活动中，教师处在课程教学的核心位置，通过对新闻文本的分析，并本着新闻理论建构的引导，完成对于课堂的调度，实现对新闻现场时空的译介与重新建构；学生处在学习过程的核心主体位置，在对新闻采访现场努力还原与时空重构的过程中，隔着更多需要转换的复杂介质。因此，时空转换作为新闻采访教学中的主要建构范式，是既往传统教学活动中情境设置的具体表现。其中，新闻事实与新闻文本之间的重合程度、新闻文本的选取、教师个体的教学能力等，这些都成为影响新闻采访活动

---

[1] 马维娜：《教学时空的双重建构》，《课程、教材、教法》，2004年第12期。
[2] 潘纯剑：《运用信息技术，开展创新教学》，《新课程研究（中旬刊）》，2009年第9期。

认知与行为过程的主要要素。

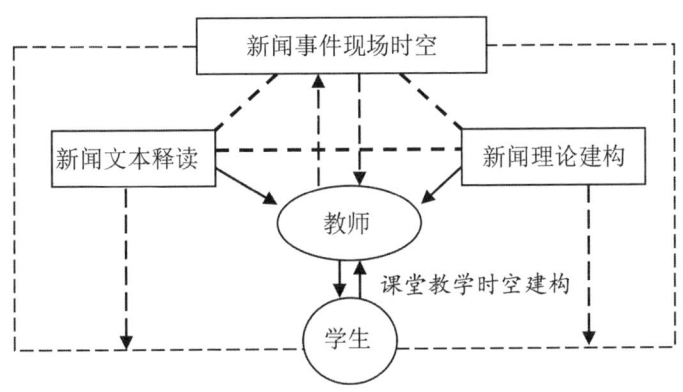

图 1　抽屉式课堂教学模式图

新闻采访教学实践中的时空建构，是建构主义理论的具体应用。情境设置得益于教学时空的调度与转换，时空建构过程中，师生协作与会话以及学生之间的协作与会话共同完成时空一体化的"意义建构"。教师处于上位主体位置，调度与组织课堂教学活动的完成，学生处于本位主体位置，通过与教师的会话合作、新闻文本释读与新闻理论建构，全面掌握新闻事件现场时空特征，建立起新闻采访实践能力培养的创新范式。

二、融媒体语境下新闻采访的三重时空

从媒介融合概念的提出到全媒体理论实践，再到融媒体传播，伴随着媒介技术的发展，新闻传播学教育也迎来了新的发展机遇。融媒体的语境，不仅仅体现在媒介技术环境的创设上，还包涵着新闻采访实践教学时空的转换与一体化建构上。从时空属性上看，互联网可以看作是一个高维时空媒介。在"超弦理论"（superstring theory）表述中，认为时空维数为十维，除了三维空间附加时间的四维时空维度，还包括六个额外的需要被紧缩的维度。由此可见，我们生活在一个高维度空间中，高维度空间产生的复杂性和抽象性决定了我们对这个世界认知存在的局限。互联网就是这样一种对应的高维媒介，"它比我们过去所面对的那些传统媒介都多出一个维度，生长出一个新的社会空间、运作空间和价值空间。"[1]也就是说，作为高维媒介的互联网是难以运用传统媒介的经营与管理加以常态化运行的。融媒体传播空间显然是高维度空间，融媒体也作为高维度媒介存在并不断演化着。

高维媒介的低维实现，形成的是融媒体空间中人的个性化存在，高维媒介投射到教学环境中，作为一个具有复杂特征的参变量，对于课堂教学活动的影响具体且深远。在融媒体语境下，新闻采访教学活动中存在的高维媒介低维实现，能够通过课堂组织活动得以实现。我们选取高维媒介中的采访现场时空、连线人叙事事实这两个维度，投射在课堂教学时空上，形成课堂教学时空、采访现场时空、连线人叙事时空三重时空"一体多元"建构的教学新模式。

（一）课堂教学时空

课堂教学时空是有形时空与无形时空相互融合的整体，是教师组织课程教学所设定的特定的时间与空间集合体。社会学家布迪厄的"场域理论"（Bourdieu, filed theory）认为，学校教育系统是一个由客观关系所塑造的独立的社会时空。[2]作为学校教育系统重要组织的课堂教学，是建构学生认知体系的重要场所。身为场域的课程教学时空，有着如下几个特征：

1. 独立性

课堂教学时空有其独特的话语体系构成与实践运行规则与逻辑，其形成于教学内容、人际组合的空间形态、教师在时间顺序的管理活动的过程中，其话语体系构成具有组织性、控制性和价值性等特征。独立性也是保障课堂教学得以顺利开展的重要前提，从这个视角来看，组织课堂教学的仪式观是保障课程这一场域具有独立性的动力支持。当然，课堂教学时空的独

---

[1] 孙文君，姚玉兵，王侠：《建构主义理论及其对高等教育教学改革的启示》，《新课程研究》，2015年第12期。

[2] 喻国明：《融合转型的新趋势："高维"媒介中的"平台型媒介"——对互联网逻辑下未来传播主流模式的分析与思考》，《新闻与写作》，2015年第2期。

立性也牵涉到教学时空结构与知识分配形式，以及由此带来的话语权力运作的问题，这也是传统课堂教学时空"存在性"与"建构性"之间的矛盾关系。

2. 关系性

课堂教学时空体现着主体之间复杂的关系建构与调适。从社会性表征视角来看，课堂教学时空本质上是由"权力""时间"和"空间"所建构的有秩序的关系系统；从结构性表征视角来看，课堂教学时间结构指的是教学活动中人际交往形成时间上的构成及其密不可分的系列问题，课堂教学空间结构指的是教学活动中人际组合带来的空间表现形态及其密不可分的一系列问题。[1]主体关系包括了师生之间、生生之间的关系构成。在具体关系结构中，存在着教师与班级、教师与小组、教师与个体三种师生关系，以及学生小组与小组、学生小组与个体、学生个体与个体之间的生生关系。

3. 博弈性

具有建构性的课堂教学时空，是由教师组织议题、学生参与议题设置并完成相关知识体系建构的过程。课堂教学环节中，充斥着说服、认同与抗辩的关系活动，其实质是课堂教学时空建构的博弈性体现。从教学时间的自然属性看，师生关系互动不可能做到平等均衡；从教学空间的自然属性看，"秧田式"的座位安排分隔了教学空间的平等决策。而从教学时空的社会属性来看，教师个体的心理期望与偏好也影响到学生在课堂教学时空的公平性，因此课堂教学活动中的博弈是课堂教学时空建构的主要特征。

尽管课堂教学时空存在着独立性、关系性和博弈性，但就其自然与社会属性而言，其表征仍相对固化，从教师时空建构的社会性属性来看，它又是可塑造和延伸的，通过教师的调度以获得超越有形时空特征的价值和意义，这可以被看作课堂教学潜存的时空观，它是形成科学理性教学情境的重要基础和保障。课堂教学时空是连续的，它巩固了传统教学情境设置的基本时空，也是三重时空建构过程中本体性的教学时空。

---

[1] 魏宏聚：《略论"教学时空"的教化意蕴》，《教育理论与实践》，2008年第9期。

（二）采访现场时空

人的活动都是在社会时空关系中展开和实现的，实践活动能够不断推进人的活动时空从自然平台到社会平台的拓展。马克思认为，时空观从本质上看并不是本体论思维方式的产物，即适应"解释世界"的需要，而是赋予世界以属人性质的现实回归。[1] 马克思的时空观强调对于实践活动的规模和持续性关注，即活动的广延和持续。新闻采访作为人类社会实践活动的重要组成部分，其基点源于"第一时间"（prime time）和"第一现场"（The first scene）的时空认知，因此采访现场时空是新闻"第一时间"和"第一现场"广延与持续的开端。

就时空的物质性而言，采访现场是新闻报道的重要时空起点，是支撑起采访者新闻现场再现时空的物质性存在基础。借助于新闻现场的直播报道，一些报道者在众多新闻媒体中脱颖而出。然而，目前业界与学界对新闻现场的研究往往局限于新闻记者在现场报道职业素养和新闻现场直播报道的操作流程，忽视了"采访现场"时空这一本体对象的研究。[2] 事实上，采访现场本质上作为一种时空环境，包括了作为主体的采访者在时空环境中的实践活动并通过时空实践所体现出来的社会关系。[3]

接续新闻时空的广延性和持续性，媒体受众所接纳的新闻时空又来于采访"第一时间""第一现场"，并由新闻生产者二度建构拟态时空后，获取和感知到一种再造的新闻时空，是意义建构的时空，其在场性与客观性难以完整确认。

从教学情境的视角来看，教师对于采访现场时空的建构，是基于新闻文本的逆向回溯与重构，其间隔着的不仅包括了新闻文本本身，还有透过新闻文本新闻生产者的个体价值倾向等，是经过多重意义附加后的再造时空。

采访现场时空，作为新闻事实的原初环境，是新闻传播过程的重要逻辑

---

[1] 吴康宁：《课堂教学社会学》，南京：南京师范大学出版社1999年版，第286-287页。
[2] 张奎良：《马克思时空观新论》，《江海学刊》，2004年第1期。
[3] 高二会：《新媒体环境下的新闻现场研究》，《新闻世界》，2017年第2期。

起点，采访现场的时空呈现不仅有利于对于新闻文本的解析，还有利于根据创设的采访路径重构新闻现场，引导学生参与新闻现场的组织与情境再现，完成由课堂教学时空到新闻采访现场时空的转换。当今信息技术快速发展产生的媒介融合化、信息全球化背景，诱发出"尺缩钟慢"的现实体验，时空出现了折叠与延展。利用新兴融媒体技术，实现超视距时空的同步建构，这为课堂教学时空与新闻采访现场时空转换，从而跨越时空与媒介阻隔，最终实现采访现场时空与课堂教学时空同构提供了技术支撑。

（三）连线人叙事时空

采访现场时空与课堂教学时空之间的跃迁，实质上带来时间和空间物质形态的改变，构建出一个"流动的空间"（space of flows），由此形成空间上的"在场感"。时空转换维度发生在从"实"到"虚"，再到"实"的转变过程中，课堂教学所面对的，是现实时空边界的消失。时空跃迁带来现实课堂时空"确定性"的超越。[1] 时空超越抑或是时空折叠经由移动技术赋能得以实现，连线人作为叙事主体，与教师共同推动时空的转换与流动。连线人叙事时空，是一种超越于课堂教学时空与采访现实时空之间的虚拟存在，时空依赖于连线人的叙事完成"时空拼贴"，实现课堂教学与采访现场在时空关系上的"共时共在、在线在场。"[2] 连线人叙事时空中介于采访现场与课堂教学时空之间，是时空跃迁的主导力量，其附着于课堂教学时空或采访现场时空之中，以虚存方式等待新媒体技术的唤起。

在新闻连线的叙事环节中，存在两种相关的叙事连线：一种是观点的叙事，一种是事件本身的叙事。观点叙事强调叙事者对于新闻事件的观点，根据场景及事件译介的分析，更加容易打破时空的界限，形成比采访现场语境更加丰富的时空叙事呈现。事件本身的叙事强调采访现场的叙事与解说，这种现

---

[1] 贾英健：《论虚拟时空》，《学习与探索》，2012年第12期。
[2] 施维树、甘再清：《网络交往自由时间与人的全面发展》，《西华大学学报(哲学社会科学版)》，2005年第6期。

场是新闻采访现场时空的一种转述,强调"此时此地"的有效性,连线人叙事时空与现场采访时空倾向于"一体同构"。时间的实时性、空间的现场感是一体同构传播价值的核心要素。[1] 在教学实践活动中,借由融媒体技术实现的时空连线正是要凸显连线人叙事时空的特征,对于尚未接触新闻采访实践的在校学生而言,其所获取的"此时此地"的叙事情境,是用以连接课堂教学时空与新闻采访现场时空的重要桥梁和纽带。可以说,连线人创设的叙事时空,介乎于采访现场与课堂教学时空。

连线人叙事时空的主体具有多元多义性,教师与现场采访记者共同组织时空叙事的议程设置,这意味着课堂教学相对封闭时空环境的被打破,新的话语秩序的生成。在新的话语秩序中,学生、教师、采访记者之间得以实现的跨越时空的交互对话,使得连线人叙事时空的主体关系不断在线交互与调适。此外,连线具有非线性,在线交往也能够由连线人延伸到课堂外的时空,时空跃迁便发生在采访现场时空、连线人叙事时空和学生自主选择的时空之间。

课堂教学时空、采访现场时空与连线人叙事时空,是在融媒体技术背景下新闻采访课程教学所采用的三重时空。三重时空一体化建构过程,本质上是传媒艺术的科技性体现,与既往强调"物传播"传统情境建构相比,融媒体情境强调的是呈现虚拟与模拟内容的"屏传播"。[2] 新闻采访的创新实践教学,就是要将采访现场时空与连线人叙事时空以投影方式,线性投射到可以触摸的课堂教学时空之中,带来流动的时空影像,建构具有传媒艺术特征的教学情境,从而实现师生从课堂教学到现场采访的时空转换与角色调适。

三、从课堂时空到现场采访时空的"窗口"转换

在融媒体语境下新闻采访课程教学中存在的课堂教学时空、采访现场

---

[1] 陈仲义:《电视新闻节目视频连线切忌时空混乱》,《当代电视》,2010年第2期。
[2] 刘俊:《论传媒艺术和科技性——传媒艺术特征论之一》,《现代传播》,2015年第1期。

时空和连接人叙事时空,这三重时空彼此紧密联系,构成课程教学的统一整体。在教学实践环节中,师生要完成的主要是不同时空之间的转换与跃迁。

台湾学者臧国仁在考察新闻叙事时空转换时提到了"窗口"(windows)概念,认为这一概念有助于处理话语或论述中几个同时进行真实过程的把握。[1]教学活动是一个情境不断创设的过程,其中,根据需要不同时空场景的转换带动教学过程中的叙事策略。传统课堂教学可以被看作是"单窗口叙事",师生围绕着一个中心主题,展开教学活动与学习讨论。"单窗口叙事"实质上是以课堂教学时空为主导,其他相连接时空趋向弱化或虚无。当然,"单窗口叙事"的教学模式中也存在着其他叙事"窗口"的引入问题,如新闻采访课堂教学中,不同新闻文本(报纸版面、视频与音频)作为"嵌入窗口"的引入,形成"多窗口叙事"的窗口转换。

不管怎样,以课堂教学主导的"单窗口叙事"实际存在静态叙事特征,即便多窗口的嵌入,整体上仍然处于静态叙事的范畴,在时空向度上并未完全展开。事实上,"窗口内容的演化必须符合时间的方向性。窗口的移动就是叙事从一条情节线索移向另一条情节线索的过程,其形式标记是拨回叙事时钟,跳到另一时间和地点"[2]传统的课堂教学环节中,窗口的移动与转换依赖于教师的情境设置与相融合技术的链接与跳转,如教师在课堂上使用PPT超链接带来的文本跳转,可以转换到任何一个相关联的新闻文本,从而进入到不同的时空场景。这种时空场景受限于教师的选择与调度,可以随时终止并转回到现实课堂时空中来,教师作为主导者享有"移动窗口"的权力,前文中提到的抽屉式课堂教学正是对这一权力模式的解读。在叙事学领域,记者为适应新闻写作行文结构而对不同事件重新编排撰写的新闻叙事被称为"再

---

[1] 臧国仁、蔡琰:《新闻叙事之时空"窗口"论述——以老人新闻报道为例》,《新闻学研究》,2010年第10期。

[2] [美]戴卫·赫尔曼:《新叙事学》,马海良译,北京:北京大学出版社2002年版,第78页。

述"（restoring）（见 Kenyon 2002 Kenyon et al. 1999）[1]，[2] 新闻采访课程教学活动中，教师"嵌入窗口"的过程实际上就是引入新闻文本的过程，即引入新闻现场时空的记者"再述"文本，教师的教学叙事就成为了"再再述"，课堂教学时空环境中，学生隔着教师、新闻文本遥望新闻采访现场。从建构主义的情境创设视角来看，这种隔着多重介质的实践教学必然受到中介者的干扰和影响。

融媒体技术引入教学活动，使得从课堂到现场采访时空的"窗口"转换趋向于动态化，静态的"单窗口叙事"过程向着动态的"多窗口叙事"转换成为可能。作为引擎的融媒体技术能够实现新闻采访现场时空与课堂教学时空的相互转换，新闻叙事本身也从既往教师的"再再述"转向直接叙事与间接叙事相结合的采访现场叙事。具体说来，教师可以通过现代教学设备，运用微信网页版等视频通APP载体，延伸课堂时空至新闻采访现场，实现课堂教学窗口向采访现场窗口跃迁的动态过程，进而促成课堂教学时空、采访现场时空与连线人叙事时空三位一体的时空超链接实现。如，笔者通过与采访活动中的大众日报记者视频连线，使用微信视频通话切入记者在天津采访器官移植捐赠的完整现场，展现记者现场采访活动的同时，还根据记者同步叙事，解析采访现场的时空环境，并对采访过程进行情境"再述"。三重时空的融合情境中，在场记者掌握与调度采访现场时空与连线人叙事时空的关系，教师则掌握与调度连线人时空与课堂教学时空的窗口切换，其中，教师与连线人作为连接课堂教学时空与采访现场时空的共同主导者，影响着各窗口之间的转换节奏与次序；学生作为课堂教学活动主体，影响着连线人叙事时空建构中的延展与伸缩。显然，融媒体技术带来的三重时空一体化建构使得既往运用"窗口"的间接叙事倾向于直接表达，时空之间的跃迁不需要相关情

---

[1] Keyon,G.M. Guided autobiography: In search of ordinary wisdom. In G.D. Rowles & N.E. Schoenberg(Eds.), Qualitative gerontology: A contemporary perspective(2nd ed.) New York: Springer. 2002. pp.37-50.

[2] Keyon,G.M., Ruth, J.E., & Mader,W. Elements of a narrative gerontology. In V.L. Bengtson & K.W. Schaie(Eds.), Handbook of theories of aging. New York: Springer. 1999. pp.40-58.

境的创设,时空转换的同步性、非线性、动态化特征得以彰显。

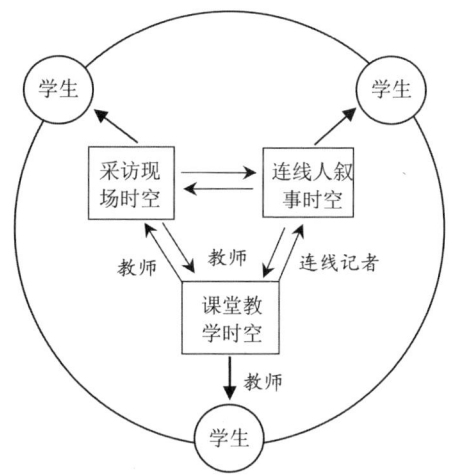

图2 融媒体语境下三重时空"一体多元"建构模式

四、融媒体语境下三重时空的自组织特征

融媒体所建构的非线性时空关系,正逐渐延展到整体的社会生态环境。[1]融媒体语境下新闻采访课程教学的三重时空倾向于一体同构、非线性以及动态化时空跃迁,这与传统课程教学的线性组织相比,突显出鲜明的新媒体技术特征。由于三重时空的一体同构,采访现场、连线人叙事与课堂教学在时序上同步延伸,空间则相互嵌套,教学环节中的"此时此地"与"此时彼地"形成嵌套关系后,叙事时空高度统一,叙事窗口也彼此叠合。三重时空的非线性表现在"横向窗口"连接的关系建构上,每位学生通过手机屏幕的窗口既可以和采访现场的连线人交互沟通,也可以与教师或其他学生进行窗口的交互,使得三重时空情境中的窗口呈现出非线性叠加关系,师生与连线人之间实现了非线性交互。三重时空关系动态性缘于采访现场时空的动态性与连线人叙事方式的动态性,此外,处在非线性移动窗口的学生随时可以

---

[1] 张成良:《融媒体传播论》,科学出版社2019年版,第49页。

与连线人交互作用，这些动态关系增加了融媒体语境下新闻采访教学的动态属性，也使得教学系统中三重时空叙事的自组织特征得以体现。

在融媒体语境中，我们以新闻采访三重时空建构为核心确立一种全新的课堂教学范式图，如图2所示。采访现场时空、连线人叙事时空处于叙事窗口端，与课堂教学时空共同建构起三位一体的新闻采访教学模式，学生作为学习情境中的主体参与三重时空的一体化建构，教师与连线记者作为时空转换过程中情境创设者，以节点方式共同推动时空一体化建构过程。这种以学生为本位创设情境的时空一体化建构模式，类似于美国斯坦福大学"绕轴翻转"（Axis Flip）计划，对教学中的各类要素加以颠覆性改造，将"先知识后能力"翻转为"以能力聚合知识"，然后围绕"能力"做向心运动。[1]

在新闻采访三重时空的"绕轴翻转"中，能力培养主导的时空转换使教师从知识讲授转变为情境创设，学生则通过智能手机移动窗口实现时空跃迁，随时进入采访现场，获得与采访记者及受访者超越时空的在线沟通、交流体验。为了获取这种特殊的时空转换情境，要预先聘请配合课程实践教学的新闻从业者共同参与三重时空的一体化建构。在具体的情境设置中，课堂教学时空甚至可以延展到学生课下的任何时空环境中，学生与连线记者开展非线性的交互连接，采访现场时空与连线人叙事时空可即时连接与拓展。

新闻采访三重时空"一体多元"建构不同于既往的多媒体以及虚拟仿真等课堂教学，固然这些教学模式提供了生动的教学情境，激发了学生们课堂学习的热情，但从教学模式多元化与课堂教学时空的开放程度来看，既往的多媒体乃至虚拟仿真教学仍然限于内部时空的建构与调整，受限于线性的和组织性的结构。教师处在组织的中心位置，独立设置教学议程，这就造成了课堂教学时空的静态与闭合，忽视了新闻采访课程情境动态设置。新闻采访三重时空"一体多元"建构，实质上开放了课堂教学时空边际，形成非线性交互、自组织设置议程的创新发展模式，学生被赋予时空跃迁的权力，能够

---

[1] 张卓、吴占勇:《绕轴翻转：媒介融合时代广播电视教育的理念革新与范式转型》,《现代传播》,2018年第3期。

主动参与课堂时空的窗口转换。

　　三重时空"一体多元"建构的技术性逻辑来源于融媒体技术，组织性逻辑得益于自组织创生过程。自组织理论主要探讨的是教育系统如何自己组织起来，实现从无序到有序进化的一般条件、机制和规律性。[1]时空"一体多元"建构过程中，不论是学生与连线记者的交互、学生之间的沟通与讨论，还是连线记者在采访活动中的组织过程，从教学设计的视角来看，都具有显著的自组织特征。如何在本着能力培养的前提下，提高时空"一体多元"建构能力，从转换时空到专业素养提升，再到系统知识的掌握，这是每位通过自组织理念提升个体新闻素养学生的基本自我实践范式，也是教师在新闻采访教学中引导学生角色定位、互动交流的教育教学实践目标。

　　总之，着眼于融媒体语境的新闻采访教学三重时空建构，就是透过时空转换过程中的"移动窗口"切换，创造出一种传播专业教师、学习者、连线记者与信息工具之间的"教学邂逅"（teaching-learning encounter）。经由这种"教学邂逅"的规划与设计安排，将不同时空叠合在一起，形成一个不断延展、交互的动态新闻采访教学与学习领域，这才是融媒体技术发展在新闻学教学实践中所引领的未来教学改革与发展的根本方向。经由三重时空跃迁的教学时空建构，将建构一种具有"在场"特征的新型话语体系，教学时空则在一定情境下参与到学生主体自己言说自己、自己建构自己的全流程。

---

[1] 张成良：《新媒体素养论：理念、范畴、途径》，人民出版社2015年版，第246页。

前言　新闻采访教学的三重时空建构……………………………………… 1

第一部分　新闻基础

第一章　新闻的基础……………………………………………………… 3
　　第一节　通过比较了解新闻含义……………………………………… 4
　　第二节　新闻的行业规范……………………………………………… 12
　　第三节　新闻功能与价值……………………………………………… 21

第二章　新闻记者基础…………………………………………………… 31
　　第一节　记者的素养要求……………………………………………… 32
　　第二节　记者的信念…………………………………………………… 39

第三章　新闻写作的要领………………………………………………… 46
　　第一节　依据事实来描写事实——新闻写作的基本原则…………… 47
　　第二节　新闻写作的要领……………………………………………… 50

第四章 新闻源、新闻线索的发现与选择 ········ 62
第一节 新闻源 ········ 62
第二节 新闻线索 ········ 72
第三节 新闻策划 ········ 84

第二部分 新闻采访

第五章 采访提问 ········ 95
第一节 提问类型 ········ 95
第二节 提问方式 ········ 97
第三节 提问技巧 ········ 101
第四节 提问误区 ········ 107

第六章 采访类型 ········ 114
第一节 直面采访 ········ 114
第二节 视觉采访 ········ 116
第三节 体验式采访 ········ 122
第四节 电话采访 ········ 125
第五节 书面采访 ········ 129
第六节 暗访 ········ 131
第七节 网络采访 ········ 137
第八节 非言语采访 ········ 142

第三部分 新闻写作

第七章 新闻写作的结构 ········ 149
第一节 新闻结构的构成要素概述 ········ 149
第二节 新闻写作的具体结构 ········ 153

第八章　融媒体时代的新闻文本写作 161
- 第一节　融媒体时代新闻文本运用的基本要求 162
- 第二节　图片新闻 170
- 第三节　视频新闻 177
- 第四节　数据新闻 179

第九章　新闻标题的制作 182
- 第一节　新闻标题的作用和功能 182
- 第二节　新闻标题类型与结构 185
- 第三节　新闻标题的制作 191

第十章　新闻导语 197
- 第一节　导语的类型及特点 198
- 第二节　哪些不是好导语？ 202
- 第三节　融媒体时代导语写作的技巧 205

第十一章　融媒体时代的新闻故事化技巧 212
- 第一节　什么新闻需要故事？ 213
- 第二节　如何找到好故事？ 214
- 第三节　如何呈现好融媒体时代的新闻故事？ 218
- 第四节　新闻故事化应该注意的几个问题 221

第四部分　重要新闻形态

第十二章　时政新闻 229
- 第一节　时政新闻概述 229
- 第二节　时政报道存在的问题 231
- 第三节　时政报道的创新写作 233
- 第四节　做好时政报道需遵循的原则 238

第十三章　社会新闻·························243

第一节　社会新闻概述·························243

第二节　社会新闻报道的创新·························246

第三节　采写社会新闻需注意的问题·························251

第十四章　财经新闻报道·························256

第一节　财经新闻记者需要具备多学科背景吗?·························256

第二节　财经新闻报道的难点·························257

第三节　财经新闻的素材挖掘·························263

第四节　财经新闻需要注意的几点问题·························265

第十五章　人物报道·························275

第一节　人物报道概述·························276

第二节　报道人物的采访·························282

第三节　人物报道稿件的撰写·························287

第十六章　调查性报道·························295

第一节　调查性报道概述·························296

第二节　调查性报道的选题与采访·························299

第三节　调查性报道的写作·························306

第十七章　新闻评论·························317

第一节　新闻评论分类·························317

第二节　新闻评论概述·························319

第三节　不同媒介形态的评论·························326

第十八章　融媒体报道·························341

第一节　融媒体景观下的新闻传播场景时代·························342

第二节　融媒体报道中的主体关系·························346

第三节　融媒体报道的叙事与呈现·························353

后　记·························362

第一部分
新闻基础

什么是新闻？如何判定一则新闻价值的大小？做一名优秀的新闻记者，需要拥有什么样的信念、又必须具备哪些素养要求？新闻源、新闻线索如何发现与选择？获知一条新闻线索后，如何挖掘其内在的新闻价值？又如何将重大战役性报道策划报道好？影响新闻采访与写作内容的主要因素又有哪些？解决了这些有关新闻的基础问题，记者才能将接下来的新闻采访与写作工作做好，也才能写出优秀的新闻报道。

第一章
新闻的基础

【学习要点】

掌握新闻概念的基本内涵、了解新闻规范,明确"新闻是什么"。在此基础上熟知新闻的价值以及影响新闻采访与写作内容的主要因素。

融媒体时代,人与人通过网络连接构建起新的人际关系,作为个体的人不再单纯是线性、一次元的现实性人类存在,而是变成了超越时空界限,具有同时性、遥在性(远距现存)的虚拟化数字性存在属性。也就是说,人们不但能够以具身化的存在方式享受现实共同体的生活,同时也能够以离身化的存在方式徘徊于赛博空间之中,形成新的"数字共同体",从而进行平等性、对话性、交往式的生活,赋予人生更加丰富的意义。而在这种媒介环境的大变革之中,新闻传播教学既面临着机遇,也面临着挑战。媒介变革日新月异,从媒介素养教育的角度来说,认识、了解、掌握新媒介的属性,正确使用新媒介是每个新闻传播学生必备的素养。但是一味地追逐新媒介,往往会带来焦虑。例如,在融媒体环境下,"不懂'算法'怎么办?""新闻写作被人工智能取代怎么办?""影像传播占统治地位的时代,不会视频剪辑该怎么办?"……这些疑问正体现了当今新闻传播教育的忧虑,而问题的关键在于思考人与媒介的关系,即融媒体时代,作为生活在媒介环境之中的人来说,媒介已经成为个人日常生活的环境,那么作为主体的人不是将媒介环境打败,而是积极谋求与媒介环境的相融、相和。而作为新闻传播专业的学生来说，实现"人与媒介"相融、相和的关键在于有"边界"意识，能够把握根本。因为在融媒体时代"知识无涯、学无止境"，但是新闻传播学子的在校时间是有限的。而继承作为新闻传播"传统基因"之一的"新闻采访与写作"的能力，便是掌握了"边界"意识的精髓，把握了根本。在融媒体时代作为新闻传播的学子，把握时代脉搏，练就个人扎实基本功，做到"不焦虑、不悬浮、不空心"，"有担当、有态度、有格调、有趣味、有底线"，其有效的方法论便是"用脚丈量、用笔书写"，传承新闻传播"传统基因"，使新闻实务真正做到理论与实践相融合。欲实现这一目标，其首要解决的重中之重，便是需要传承"传统基因"，掌握新闻采访与写作的基础。其中，首先要了解的便是"新闻是什么"。

第一节　通过比较了解新闻含义

新闻采访与写作的课程之中，首先也应该正本溯源，即了解新闻的本体是什么。所以在新闻的基础这一章节，我们也要首先弄明白的问题是"什么是新闻"。但是，在这里不是通过对新闻进行概括性的总结而得出其定义，而是通过现有资料的对比，使读者在现有资料的基础之上，自发地体会"新闻是什么"。

在英语世界之中，新闻一词表现为news。关于新闻一词的起源有一种传说被广泛地接受和认可。这一传说指出新闻指的是传达来自世界四面八方的事情，即，分别取代表四面八方的四个英文字母的首字母（north, east, west, south）而形成news一词。这便是关于新闻这一名称的起源传说。之后，部分报纸在发行人（masthead）一栏之中标记了指南针的N,E,W,S，从而将这一传说视为事实。而来自英国的马丁·曼瑟（Martin H.Manser）在其著作《单词的历史》之中则指出，新闻（news）这一词汇来源于古法语noveles，以及中世纪拉丁语 nova，而其共同的含义则为新事物（new things）。[1]

而美国《太阳报》采访主任丹那（Charles A. Dana），于 1882 年在一篇"新闻是什么（what is news）"的文章之中，以一句世纪名言"狗咬人不是新闻，人咬狗是新闻"道出了新闻的真谛。1980 年 6 月 1 日，美国 24 小时新闻频道 CNN 成立时，作为总经理的利兹·肖恩费尔德（Reese Schonfeld）就 CNN 的新闻方针发表了讲话。其指出"我们的哲学就是现场、现场，以及更多的现场直播"。由此可以看出，一直以来，使 CNN 声名斐然的事件大多与事故、纠纷、危机等有关，所以这绝非偶然。从环球航空公司（TWA）客机劫持事件、宇宙飞船挑战者号惨案、旧金山大地震、美国侵略巴拿马、东欧示威现场，到海湾战争，这些都需要卫星直播和无限的广播时间。所以 CNN 经常以危机新闻网（Crisis News Network）而著称，这大体源自其这一特性。[2]

美国的专栏作家沃尔特·李普曼[3]则指出了"新闻和事实并不是一回事，必须将其差异性弄清楚。新闻的功能是使事件更加显著，而真实的功能是将隐藏的事实照亮，将其二者互为联系，从而为人们的行动依据提供一个现实图景"。

媒体学家哈维·莫洛奇（Harvey Molotch）和玛丽莲·莱斯特（Marilyn Lester）[4]则指出："如果要对新闻进行定义，则必须搞清楚什么样的现象可以成为新闻，而相反无数的其他更多的现象则被忽视了。"

1996 年前 CBS 的主播沃尔特·克朗凯特（Walter Crunkite）曾感叹"网络电视台已经将新闻做成了娱乐。"[5]

---

[1] Martin H. Manser（1990）.Get to the Roots: A Dictionary of Word & Phrase Origins.New York: Avon Books, p. 159.

[2] Hank Whittemore（1990）.CNN: The Inside Story.Boston, Mass.: Little, Brown and Company, p. 56.

[3] Walter Lippmann（1922）. Public Opinion.New York: Free Press, p. 226.

[4] Alvin W. Gouldner（1976）.The Dialectic of Ideology and Technology: The Origins, Grammar, and Future of Ideology.New York: Oxford University Press, p. 107.

[5] Thomas E. Patterson（2002）.The Vanishing Voter: Public Involvement in an Age of Uncertainty. New York: Vintage Books, pp. 76~77.

美国NBC主持人汤姆·布罗科（Tom Brokaw）于1997年2月17日，在《时代周刊》的一次采访之中指出"华盛顿已经与人们断绝，我们应该报道适合受众的东西。"在当时的社会背景下，由于各大网络电视台都不约而同地将新闻节目的报道指向以大众文化为中心的软新闻上，而对政治、外交等有关的硬新闻却极力避之。针对这样的情况，汤姆·布罗科发出了批判性的声音。[1]

美国有线电视新闻网（CNN）主持人坎贝尔·布朗（Campbell Brown）对批评2008年美国总统选举期间CNN具有报道偏向性进行反驳之时[2]，指出"当候选人A说天在下雨，而候选人B说晴空万里之时，记者应该将头转向外边。"

综上所述，我们可以看出从新闻的英语词汇"news"语源之中窥见新闻这一词汇的约定俗成性。同时从美国的主要媒体人对新闻内涵或者新闻功能的见解之中，我们依旧也能发现"新闻是什么"的答案。因为，新闻是一门应用型学科，新闻理论也是一门应用性的理论。新闻的从业者与科学家是有区别的。科学家需要通过深思熟虑或者经过试验来反复论证，才能确保可行性和可信性。但是新闻活动受限于时间、组织内行业规则、组织外部政策的限制，以及其他诸如意识形态的影响等，所以新闻从业者是活动家而非科学家（思想家）。因此，新闻从业者不能像哲学家那样，对新闻是什么进行哲学思辨式的深思熟虑，然后将其抽象为概念，再进行理论化升级。新闻工作者是在实际的新闻工作之中对照自己的工作，感到若有所思，并在新闻活动之中，积累经验从而得出"新闻是什么"。所以上文之中强调了新闻的显著性（丹那）；新闻选择（莫洛奇）；新闻的适宜性（布罗科）；新闻的客观性（布朗）；新闻与真实的关系（李普曼）；新闻与娱乐的关系（克朗凯特）。也就是说，"新闻是什么"是在新闻工作者的新闻活动之中慢慢地构建出来的，新闻其实并不是一种对现实的客观反映，而是一种"社会性的构成"；新闻并不是一种如镜子般地对现实的反映，而是以一种窗户或者框架（frame）的形式存在着，所以也有人说新闻的客观

---

[1] Brokaw, Tom（2002-11）.Current Biography.pp. 11~12.

[2] Time（2008-11-10）.p. 12.

性仅仅是一种战略性策略。[1]

在中国的语境之中，对新闻内涵的界定，也是在学界和业界的共同努力之下慢慢地建构着。其中，陈力丹在其著作《新闻理论十讲》之中，将"新闻"一词归纳出10种含义。

1. 作为新闻体裁的常见形式之一：消息。
2. 新闻指的是新闻报道的总和。例如，"报纸的新闻版"指的就是报纸纸面之上，各种消息、通讯、评论、采访随记的总和。
3. 泛指各种大众传媒的总称。
4. 新闻行业的总称。
5. 各种新闻业务及其延伸。包括新闻的采、写、编、评以及传媒组织的各种社会活动。
6. 新闻传播学教育和研究。
7. 等同于宣传。
8. 等同于舆论。
9. 新近发生事实。
10. 特指通讯社或者通讯社的新闻稿。

以上定义，是从新闻的形式以及实质两个方面试图归纳出"新闻"这一概念的内涵。其中一、二、九条是普遍被认可的新闻的含义解释。

新闻是"消息"，新闻是刚发生的事实的报道（或者是描写或者叙述），这就从形式和本质上对"新闻"这一概念进行了界定。

新闻被称之为"消息"，是对新闻这一概念进行狭义上协商（约定俗成）的结果。一般来说，消息只是报道事物的概貌而不讲述新闻事件的详细经过和细节，简明扼要地报道出最新发生的事实，也就强调了消息"新、短、快、活"的特点。进一步来说，其特点可以分解为：及时报道最新的事实；文字简明扼要，篇幅短小；报道及时快速；表现方法灵活生动。

在中国，"消息"一词，最早来自于古代经典《易经》之中：乾卦主阳，

---

[1] 周海宁：《论互联网新闻的现实重构》，《传播力研究》，2018年第13期。

坤卦主阴。阳升则万物滋长，故称息；阴降则万物灭，故称消。《易经·丰卦》指出："日中则昃，月盈则食，天地盈虚，与时消息，而况於人乎？况於鬼神乎？"[1]而高亨再次解释说："消息犹消长也。"结合《易经》之中这两段对"消息"一词的解释，可以看出"消息"即为"消长"。万物的滋长与消亡的动态过程所展现出来的变化即为"消息"。中国古代就把客观世界的变化，把它们的发生、发展和结局等变化中的事实称之为"消息"。这是《周易》经典的精髓之处，因为《周易》就是一门研究变化的经典。这也就恰巧迎合了"新闻"的本质：变化。将新近的变化传达给人们，这就是新闻功能的体现，所以在李良荣的《新闻学概论》之中对新闻进行了两种定义：一是，新闻是新近发生事实的报道；二是，新闻是新近事实变动的信息。[2]在这里，报道（或者说是描写或叙述）指的是新闻的形式，而信息（新闻报道的内容）指的是新闻的实质。

而除此定义之外，陈力丹教授在《新闻理论十讲》之中还特意介绍了李大钊于1922年在北大记者同志会议上演说的关于新闻的定义："新闻是新的、活的社会状况的写真"。[3]"写真"一词，在韩国和日本所使用的汉字之中，均表示为照相的含义。即，李大钊表达的新闻的内涵指的是，新闻是对社会状况鲜活表象的再现。如果进一步对李大钊的话语进行解释，那么，他理解的新闻的创作与摄影师进行照相的活动是类似的。照相这一行为，是主体对对象进行观照的前提下，设定好相机相关的参数，对对象及其情境进行复写过程。所以，照相的内容物并不是客观对象本身，而是对对象的再现。或者可以说是照相活动的行为主体对客体进行建构的过程。新闻的创作过程与照相拍摄的过程类同，新闻是"根据事实来描写事实"[4]。所以，新闻是对真

---

[1] 编者注：太阳到了中午就要逐渐西斜，月亮圆了就要逐渐亏缺，天地间的事物，或丰盈或虚弱，都随着时间的推移而变化，有时消减，有时滋长。太史公亦曰："黄帝考定星历，建立五行，气消息"。皇侃注云"乾者阳生为息，坤者阴死为消"。

[2] 李良荣：《新闻学概论》，复旦大学出版社，2017年版，第29页。

[3] 陈力丹：《新闻理论十讲》，复旦大学出版社，2017年版，第26页。

[4] 陈力丹：《精神交往论：马克思恩格斯的传播观》，中国人民大学出版社，2016年版，第279页。

实的再现，而非现实的本身，而且报道的客观性体现在其依据的是"事实"而非"意见"。

而除了第一、第二、第九条对新闻含义的理解具有普遍性的基础之外，其他各项理解均带有特殊性。由于新闻一词在日常生活之中被广泛地使用，所以在不同的媒介时代，新闻一词会具有特殊制定的内涵。例如，在互联网泛众时代之前，大众传媒由于其具有专业的新闻采写能力，具有以舆论形成为目标的话语传达能力，而受众仅仅作为信息接受者单方向地接收信息。所以大众传媒就成为新闻的代名词。所以新闻也特指各种大众传媒（如报纸、广播、电视、新闻电影、网络新闻网站等）的总称。新闻行业的总称，指的是在日常用语之中，将新闻行业简称为新闻二字。例如"中华新闻工作者协会""新闻业""新闻事业""新闻口"以及"新闻战线"等。所以我们习惯上称新闻行业为"新闻界"，但是韩国则通过约定俗成而称之为"言论界"。在新闻业务上亦是如此，如新闻业务的"采、写、编、评"统称为"新闻"活动。同理"新闻教育与研究"则是"新闻学教育与研究"的简称，这是社会约定俗成的结果。而第十项，新闻特指通讯社或者通讯社的新闻稿，这是在国内特定历史时期，新闻的概念受政治活动影响的结果。当时由于学习1980年中央7号文件之时，出现的标题是"关于报纸、新闻、广播的……"。而当询问标题中"新闻"一词所指为何时，上层机关的回答为"新闻"指的是通讯社的电讯稿。这种特殊的"新闻"内涵，只是出现在特定的文件之中，因其特殊性，陈力丹教授也将其归纳于此。

而在这里值得浓墨重彩地指出的是第七条和第八条。

新闻不等于宣传。新闻是"根据事实来描写事实"，所以新闻是客观地再现事实，其目的在于将信息从传者的记忆之中传达到受者的记忆之中，是将受众置于信息流的末端，使其"知其然"，借用陈力丹教授的话语则是"受者晓其事"。宣传不同于新闻对事实的描写（叙述），而是对观点的传达。宣传的目的在于影响和引导人们，使其态度发生变化，从而影响人们的行为。按照陈力丹教授的话语则是"传者扬其理"。进一步解释，宣传的目的是将传者的观念传播出去，从而使受者依据传者的观念（即"理"）使自身"知其所以然"，然后转变自身态度，最终改变自身行为。

要进一步理解新闻与宣传的区别。宣传的概念不是一成不变的。由于"二战"之中，各国"宣传 Propaganda"技巧的使用，使宣传一词极具贬义色彩。而之后，社会主义阵营和资本主义阵营的对立，导致在所谓的资本主义自由国家来看社会主义的教育、政策、新闻传媒等皆是社会主义宣传手段。但是宣传这一概念并不是固定不变的概念，根据媒介发展的实际情况来看，宣传、广告、公关（public relations）等概念在实际之中不断被混用。

宣传一词在拉丁语 propaganda 中的含义为"扩张"。主要是 16 世纪格雷戈里奥教皇（Papa Gregorio XIII）统治下的罗马，为了普及信仰而建立的教团，而此时将拉丁语 propaganda 正式以"宣传"的含义来使用。因此，宣传一词的起源，来自于宗教的宣教活动。但是现如今，宣传活动所展开的领域则不再局限于宗教活动，而是存在于道德、政治、思想、经济等广泛的领域之中。所以，宣传主要是为了特定的思想路线或者党派意图，而采用对大众的社会性态度产生影响的信息或者理论，为了达到宣传的目的，所有的传播手段都可以被使用。而具体的宣传形态有政治宣传、商业宣传、宗教宣传以及思想宣传等。

宣传主要是从上而下进行的位阶式的信息（观点）传达，在一定程度上其目的是进行单方向的信息传达而形成一种特定的形象。在这一点上与"公关（public relations，简称 PR）"具有相似的意义。根据爱德华·伯尼斯（Edward Bernays）的定义，公共关系是一项管理功能，目的是制定政策及程序来获得公众的谅解和接纳。而"公关"也分为行政机关的公关和企业的公关。

行政公关指的是公共机关与每一位具有多样化思考方式的公民或者居民进行交流的双向行为。公共机关向公民或者居民广泛告知各种政策、收集其舆论，从而展开行政活动。行政公关不是主体的单向信息传达，而是与接受信息的对象进行以相互沟通为基础的双向信息传达。如果负责国家事务的行政机关或公共机关自己保持沉默或向公众公布不正确的信息，就会导致歪曲事实或错误信息的传播,从而引发混乱。因此,行政公关的目的在于引导关注以及克服偏见或消除敌对感。

而企业公关指的是为了创造利润而存在或运营的。在企业中使用的公关可以说是以相互交流为基础进行广泛宣传或寻求理解的事情。通过与公众建立关系的行为,形成良好形象。通过与多样的对象进行顺畅的交流,让适当的交流过程得以存续。

由此可见,由于"冷战"思维的影响,导致资本主义国家在词汇使用上极力避免使用宣传二字,但是实际上其在行政或者企业之中所使用的"公共关系"与我们现阶段所使用的"宣传"并没有本质上的区别。在我国,宣传主要分为政治宣传和商业宣传。由于词汇使用存在约定俗称的效果,现在的宣传与"二战"时期的宣传已经出现了显著的差异性。但明确的是宣传不等于新闻。

再有,新闻不等同于舆论。在新闻传播学的领域之中,"舆论"并非是传媒的意见。而大众传媒却是舆论的反映者。舆论(public opinion)字面意思上来理解,即大众的意见。传统大众传播媒介由于具有专业的内容生产以及传达能力,能够向非特定的大多数受众单方向地传达信息(话语)。大众传媒的作用在于为公众提供了一个公众讨论的场域,而对于公众意见的"大多数",则会经过一定的"发酵"过程而形成舆论(民意)。而报纸等大众传媒通过评论等功能,进行社会调节(correlation of the components of society),从而发挥对大多数的意见进行引导的功能。在日常生活之中,我们约定俗成地将其称之为"报纸舆论"或者"传媒舆论"。舆论的形成是一个过程,而报纸等媒介只是推动舆论发展的中媒。所以新闻与舆论是不同的。这再次强调了新闻是对事实的描写(叙述),而舆论则是大众的观点,简而言之则为民意。

综上所述,本节对比各种有关"新闻"概念的理解,从而对新闻的内涵进行"考古学"式的探究,使大家从概貌上能够对"新闻是什么"在脑海之中形成一个大概的图景,从而有助于对新闻本质的理解。

第二节　新闻的行业规范

规律是现象中同一的东西，是持久的东西。那么新闻传播的一般规律就是在新闻传播的现象之中存在的一般性和持久性的东西。新闻传播的现象按照新闻传播本身固有的规律向前发展，现象可以发生变化，但是贯穿于现象之中的一般的、持久的本质却是不变的。所以可以说新闻传播的一般性存在并作用于新闻传播的活动过程之中，而新闻传播的特殊性则是随着新闻传播的水平手段、规模等在新闻传播活动过程之中所表现出来的不同的表现形式。新闻传播的本质表现为时效性、真实性以及客观性。

一、新闻的时效性原则

时效性是新闻规律的最直接体现，从新闻的概念之上便可以窥见新闻对时效性的要求。消息源自于"日中则昃，月盈则食，天地盈虚，与时消息"，其中"与时消息"即随着时间的推移而变化。新闻消息是把随时间变化了的事实及时地反映出来。时效性是新闻与生俱来的特性。新闻的时效性成为新闻行业最一般、最早达成的"共识"。

随着互联网、移动互联网技术的发展和移动终端设备的普及，新闻产生的速度和传达的广度都达到了前所未有的程度。移动通讯技术使互联网无处不在（ubiquitous），人们能够随时随地"永远在线"，于是新闻生产也就没有了"下班时间"，"24小时新闻消息不间断提供"成为业界的新共识。都市生活的快节奏特点，使人们的生活时间被切割成碎片化时间（fragmented），而移动终端的便携性特点，正好符合人们的"碎片化"时间的要求，促使人们的阅读习惯也随之发生改变，即"碎片化阅读"成为新时代人们阅读的新方式。[1] 而这种场景的快速切换以及空间的碎片化阅读方式，使"人们很难长

---

[1] 周海宁：《论互联网新闻的现实重构》，《传播力研究》，2018年第5期。

时间地进行动态阅读"。[1] 由于媒介技术的变化使新闻的生产者和阅读者的习惯都发生了变化，"碎片化的时间与空间"、"碎片化的阅读"对新闻的生产提出了新的要求：更加简明扼要，更加短小精悍。如此新闻生产者往往使用更加吸引人眼球的"标题"来抓住读者的"注意力"。网络新闻之中这种"标题党"的泛滥引起对相关"新闻失范"的批判，[2] 但是"标题党"满足了人们对"信息"时效性的追求。不过，过犹不及，对"时效性"的过度追求才导致了新闻失范现象的出现。但是由此也可以看出，虽然每个时代都有每个时代的标志性媒介，但是新闻传播业对新闻"时效性"这一一般规律并没有违背。移动网络终端不断为用户提供"碎片化"的阅读内容，体现了对新闻规律的尊重，同时也是遵守新闻从业准则的表现。

西方传媒的商业化高度发达，所以本着对新闻经济效益的追求，历来奉行"时间就是金钱"的理念。而作为奉行马克思主义新闻观的中国，新闻时效性也是新闻工作者必须遵守的行业准则。毛泽东1948年《对晋绥日报编辑人员的谈话》[3] 中要求党的方针政策要"最广泛最迅速的同群众见面"，"我们的政策要使广大人民群众知道"。这是毛泽东作为中国共产党的领导人唯一一次到一家报社编辑部发表谈话。这次谈话体现了中国共产党新闻思想在早期就重视新闻的时效性。

胡锦涛是首位正面强调新闻时效性的中国共产党领导人。在经历汶川地震、总结汶川地震报道的经验之后，于2008年6月20日，在《人民日报》考察中，胡锦涛强调："第一时间发布权威信息，提高时效性，增强透明度，

---

[1] 彭兰：《场景：移动时代媒体的新要素》，《新闻记者》，2015年第3期。
[2] 王辰瑶，金亮：《网络新闻"标题党"的现状与叙述策略——对8家网站新闻排行榜的定量分析》，《新闻记者》，2013年第2期。
[3] 参考郑保卫：《中国共产党新闻思想史》，福建人民出版社，2004年版。书中指出中国近百年来中国共产党新闻思想走向成熟是从延安时期开始的。而更准确地说是正式从毛泽东的《对晋绥日报编辑人员的谈话》开始的。

牢牢掌握新闻宣传工作的主动权。"[1]胡锦涛作为中国的领导人提出"研究新闻的现状和趋势","增强新闻的时效性",这说明"新闻传播这个领域已经成为世界格局变化的重要砝码。"[2]因此,时效性是新闻业所执行的行业规范共识之一。

二、新闻的真实性原则

真实是新闻的生命,新闻真实是事实的真实。[3]新闻是对变化了的事实的如实描写。不过新闻是关于事实的描写,即新闻不是事实本身。正如李普曼在《舆论》中所说外部世界和我们人脑海之中的图景,外部世界代表的是事实本身,而我们人脑海之中的图景却是对事实的描写。所以这二者之间是存在差别的。即使是专业的新闻工作者也只仅仅能减小二者之间"界限",却不能彻底将界限抹除。因为,新闻工作者在制作新闻的过程之中,会经过对新闻的"筛选"过程。正如前文之中对新闻"时效性"的界定,新闻的时效性决定了新闻只能是用简约的内容报道复杂繁复的外部世界(事实)。所以我们所谓的新闻真实是事实的真实,并不能说是事实本身。如果把事实本身比作一个整体,那么新闻事实只是整体之中的一部分事实。因为新闻制作者由于个人素养(经验、成见、学识等)的局限性,他只能发现能够发现的事实部分,而当随着事实的部分被挖掘的越来越多,众多的事实部分逐渐趋向完整的事实。这与弥尔顿"观点的自由市场(free marketplace of ideas)"理论也有异曲同工之效。

---

[1] 《胡锦涛在人民日报社发表讲话》,中国网,2008年6月20日。http://www.china.com.cn/news/txt/2008-06/21/content_15865998.htm。胡锦涛在讲话中提出增强舆论引导的针对性和时效性。"要认真研究新闻传播的现状和趋势,深入研究各类受众群体的心理特点和接受习惯,加强舆情分析,主动设置议题,善于因势利导。要完善新闻发布制度,健全突发公共事件新闻报道机制,第一时间发布权威信息,提高时效性,增加透明度,牢牢掌握新闻宣传工作的主动权"。
[2] 陈力丹:《按照新闻传播规律办事》,《新闻与写作》,2008年第7期。
[3] 陈力丹:《论新闻真实》,《中国广播》,2011年第4期。

新闻的真实源自于对真理的追求。早在弥尔顿时期，其著作《论自由》之中就提出了著名的"观点的自由市场"，弥尔顿认为真理是通过各种意见、观点之间自由辩论和竞争获得的，而非权力赋予的。即观点、意见在公平、自由的市场里通过竞争，正确的观点、意见总会在竞争之中胜出。所以新闻的真实性应该有两种解释：1. 新闻提供的内容应该是对事件如实的描写；2. 新闻应该成为一个供真理和谬误角逐的自由场所。当意见、观点在自由的市场上越来越多，那么通过竞争而存在的事实就离真理越来越近。

这与马克思提出的"有机的报纸运动"同样是一脉相承。马克思把整个报纸对真理的追求看作一个有机的整体，而报业的从业者（记者）个体仅仅是有机体的一个小小的器官，也就是说记者只担任总体职能的部分功能。那么每个记者挖掘的新闻真实只是真实事实的一部分，如此，"一步步地弄清全部事实"。[1] 伴随着挖掘真相的记者越来越多，那么搜集到的真实便离真实本身越来越近。这就作为有机体的"部分与整体"的关系。所以马克思强调的新闻真实有两个方面：一是，新闻制造者倚靠自己的专长或者偏好，从不同角度切入新闻事实本身；二是，新闻事实的获得是一个动态的过程，要"一步步地弄清全部事实"。[2]

马克思起草的《国际公认协会共同章程》[3]是第一国际和国际共产主义运动史上的重要历史文献，规定："加入协会的一切团体和个人，承认真理、正义和道德是他们彼此间和对一切人的关系的基础，而不分肤色、信仰或民

---

[1] 参考《马克思恩格斯全集》第二版1卷358页，人民出版社，1995年版。
[2] 陈力丹，孙龙飞，邝西曦：《泛众传播视域下的新闻真实》，《新闻与写作》，2016年第3期。
[3] 《国际公认协会共同章程》以1864年10月马克思起草的《国际工人协会临时章程》为基础，经过几次代表大会修改而成。1871年首次用英文出版，现收入《马克思恩格斯选集》（中文版）第2卷。《共同章程》共有13个条款，说明了国际工人协会的性质和目的，详细地规定了基本体现民主集中制的协会组织原则和组织结构。《共同章程》的第一条指出：国际工人协会是各国无产阶级进行联络和合作的中心，其目的是联合各国无产阶级，为无产阶级的解放而斗争。《共同章程》规定，每年召开一次由协会各部分选派代表组成的全协会代表大会，代表大会确定"协会"的行动路线，并任命协会的总委员会。代表大会闭幕期间，总委员会负责促进协会各支部之间的情况交流，并对各支部的活动进行指导。

族"。[1]这里的"真理（truth）"就是马克思主义新闻观中的"真实"，即对真实的追求就是对真理的追求。

马克思认为应该按照事物本来的面貌来反映客观事实，应该"根据事实来描写事实"[2]而非根据想象来描写事实。这是新闻创作与文学创作的重要区别。马克思对新闻的真实性还曾经提出过"不真实的思想是不真实报道的原因"。马克思指出"不真实的思想必然地、不自由自主地要捏造不真实的事实，即歪曲真相、制造谎言。"[3]恩格斯对报纸的基本要求是"刊载真正的新闻、真实的报道"。[4]

从1958年"大跃进运动"之后，到1978年中国共产党的十一届三中全会召开，期间虚假报道普遍出现，正是由于不遵守新闻报道的真实性原则而导致的。之后，邓小平提出的"实事求是"原则，拨乱反正，重申了"真实性"原则的重要性。新闻真实又成为社会主义新闻实践的重要原则。

随着互联网技术的发展，人们从大众媒介时代过渡到数字媒介时代。新闻传播的渠道以及形态愈加多样化。数字媒介时代媒介的特点使新闻传播的形式也发生了变化。大众媒介时代媒介信息的生产者是以传媒组织为主导的单向性信息流动的传播方式，如报纸、广播、电视等大众传媒机构。这些大众传媒机构通过"设置议程（agenda setting）"对传播信息的内容进行控制，生产专业的新闻生产内容（PGC：professional-generated content），从而将传播的话语权牢牢地掌握在手中。而以互联网为主的数字媒介传播时代，信息的传播为双向性信息流动的传播方式。受众个体打破了传统媒体的话语垄断权力。人人都可以作为信息的生产者能够利用网络媒介参与到内容生产过程之中，即用户生产内容（UGC：User-generated content）成为主流。[5]形成一种去中心、分散式的多向传播机制。但是，在数字媒介时代信息的生产形

---

[1]《马克思恩格斯全集》第16卷16页，人民出版社，1965年中文版。

[2]《马克思恩格斯全集》第二版1卷398页，人民出版社，1995年版。

[3]《马克思恩格斯全集》第二版1卷415页，人民出版社，1995年版。

[4]《马克思恩格斯全集》第39卷268页，人民出版社，1965年中文版。

[5]韦路，陈稳：《城市新移民社交媒体使用与主观幸福感研究》，《国际新闻界》，2015年第1期。

成多种形式的并存，或者说融合。即，以大众传播媒介为首的专业化内容生产依然存在的同时，以互联网用户为主的"用户内容生产"也并行存在。而期间发生的变化就是"用户内容生产"对"专业化的内容生产"进行了分权，也就是说互联网对普通用户进行了"赋权"，用户个人利用互联网，进行了"数字化生存"。[1]

这种新的变化对新闻的真实性也产生了影响。因为新闻的真实性是事实的真实（对事实的如实描写），不是真实本身。从理论上说，对事实的切入点越多，也就越接近真相的本身。就正如"盲人摸象"的故事一般，每个人都以为自己所摸到的大象是真实的大象（其实每个人只是摸到了大象的一部分），不过把每个人对大象的认识加以汇总，就越能接近真实的大象的本来面貌。

互联网是各种信息的集散地。不同于传统媒体的单一渠道、单向传递，互联网是一个人人参与，人人都是生产、传播者，即全民参与、互动的一个平台。因此，互联网上信息混杂，假消息的存在也在所难免。但是，互联网对假新闻有着"自净化功能"[2]，即新闻真实是一个过程，并不是在事件发生之初就马上能看到事实的全貌，所以对事实的全面了解需要经历一个过程。而互联网的社交用户（SNS），在转发和表达观点的过程之中，可以逐渐看到信息传递前后的"原创、转发、补充、解释或者更正"的全过程，虽然信息的读取是碎片化的，但是随着时间的推移，各种碎片化的信息却如"滚雪球"般日积月累、由小变大。那么原来比较模糊的事实也会随着信息量的不断补充而离真实的本来面目越来越近。例如，2017年中国互联网上的几次反转事

---

[1] 参考尼古拉斯·尼葛洛庞帝：《数字化生存》，（胡泳、范海燕译），海口：海南出版社，1997年版。

[2] 陈力丹，孙龙飞，邝西曦：《泛众传播视域下的新闻真实》，《新闻与写作》，2016年第3期。

件[1]，虽然几经曲折，但是事实终被证实，误传终被纠正。

综上所述，新闻真实是新闻传播的一般规律，是新闻业所执行的行业规范共识之一。

三、新闻的客观性原则

新闻的客观性按照其历史发展来看，可以从新闻专业主义的角度和业界实践过程之中的从业规范两方面来考察新闻客观性的发生、发展与现阶段的状况。

新闻客观性的起源主要有两种说法：其一，新闻客观性起源于19世纪中期便士报的产生之后；其二，新闻客观性产生于20世纪20年代以后。[2] 这两种起源的说法都有其合理性。起源于19世纪中期，可以是从新闻从业角度对新闻的客观性进行追求的萌芽时期，即客观性由观念到实践的阶段；而20世纪20年代随着新闻专业主义理论的完善以及新闻专业教育的不断深化，学界对新闻客观性从理论上进行了系统的完善。

19世纪中期便士报的出现是对美国资本主义党报时期，党派言论斗争阻碍了报业人员对于客观性的追求的一种逆转。政党报刊不以传递信息为主要内容而是以支持党派斗争、传达党派观念为主。每个党派均有代表其立场的政党报刊，所以政党报刊在敌对政党的政治压力下就难以保持"客观性"。便士报是资本主义商业报纸的雏形，其出现是资本主义市场经济发展的结果。以营利为目的，取得经济效益是便士报赖以生存的基础。所以便士报不以政党意志为导向而是面向受众，以普通受众的兴趣为对象，吸引普通受众的目

---

[1] 2017年清博大数据评价的"十大网络舆情反转案例"：1）山东辱母杀人案，2）12岁女生谎称遭老师强奸，3）真人模仿秀（cosplay）女孩地铁遭大妈怒怼，4）汤显祖墓考古有重大发现，5）兰州交警支队执法不公，6）陕西榆林产妇跳楼案，7）小学生自带桌板地铁赶作业，8）因出不起彩礼跳河自杀，9）两男一女欺负导购，10）幼儿园虐童案。

引用自清博舆情：（yuqing.gsdata.cn），2017年12月5日。http://www.sohu.com/a/208362443_114751.

[2] 杨凯：《再探新闻客观性起源》，《国际新闻界》，2013年第1期。

光，满足普通受众对信息的需求，从而将受众间接地卖给广告主来实现报纸的经济效益。所以便士报时期的客观性原则其实是"中立性"原则，其目的是为了改变普通受众对传统政党报纸所持有的认知。所以斯切克福斯（Richard Streckfuss）认为便士报时期出现的"中立原则"并不能等同于"客观原则"。客观性原则是建立在科学原则的基础之上的，是作为一种科学的方法论来看待的。[1] 但是便士报时期的新闻创作方法，是对政党报刊时期新闻创作理念的一种发扬。所以与政党报刊相比，便士报的报道使"客观性法则的雏形初具"[2]。便士报时期由于商业性的引入，使报纸有了独立的经济来源，能够摆脱政党的控制，从而实现了政治的独立，所以能够在资本主义社会成为名义上与立法、行政、司法并立，并对前三种政治权力起到制衡作用的"社会第四权力"[3] 而存在。但是，从此报纸便受到商业因素的制衡，在实践过程之中真正做到"客观、公平"也是很难的。

　　随着新闻实践的展开，新闻的客观性原则由观念到实践，然后再由实践经过升华，发展到新闻学理论。新闻的客观性原则升华为理论，是由新闻与科学的融合以及新闻专业化教育的深化而逐渐完善的。19世纪末舒曼在其著作《新闻学入门》之中认为新闻既是一门艺术，又是一门科学。[4] 班宁指出，1867年成立的密苏里报刊协会（MPA）会议记录显示：新闻从业人员已经将新闻业当作一门专业（Profession）。[5] 而到了20世纪20年代，李普曼的著作《自由与新闻》一书之中已经明确提出了"客观新闻学"这一概念，即用科学的方法谈论新闻与客观之间的关系。书中李普曼提出要将新闻业从一个行业转变成为一个专业的观点。其寻找新闻专业化的依据，便是"客观性"，即通过"科学"的手段，以科学的方法处理新闻，就可以将新闻专业化，同

---

[1] Streckfuss, R.(1990). Objectivity in Journalism: A Search and A Reassessment. Journalism Quarterly, 67(4), 973–983

[2] 陆晔：《美国新闻业"客观性法则"的历史演讲》，《新闻大学》，1994年第1期。

[3] 陈力丹：《第四权利》，《新闻传播》，2013年第3期。

[4] Shuman, E.L.(1984). Steps into Journalism. Evanston: Evanston Press, 2–3.

[5] Banning, S. A.(1998).The Professionalization of Journalism. Journalism History, 24(4), 157–163.

时让新闻更加自由。利用科学的方法,记者才能成为"耐心、无畏的科学人士,努力探求世界的真相"。李普曼认为新闻的"客观性"有助于新闻界实现自己在民主社会之中的功能。[1]而20世纪20年代随着"一战"的结束,人们反思"一战"之中使用的宣传和公关技巧,客观性原则再一次变成新闻界普遍的"共识"。所以总结新闻客观性的发生和发展,具体包含两个方面:一是,体现在记者的职业态度,即无偏见、无党派色彩、公正的不偏不倚的中立态度,超然于事实之上;二是,客观性是一种方法论要求,即采用科学求证的方法确保新闻的客观性。[2]

客观性与科学性建立关系,这是科学的新闻专业主义的理想,理想与实践总会有一定的距离。塔奇曼指出,新闻的客观性表现为一种战略性的策略。[3]因为一些记者往往将"常识"当作真实,但是记者想当然的"真实"其实是自己的社会性、政治性观点的一些表象。所以记者新闻判断的依据是其职业性的知识,即常识。而这些常识的形成按照《Mediating the Message》[4]中的理解,与新闻内容的构成有很大关系。影响新闻内容构成的因素按照由大到小(hierarchical model)的顺序排列依次是,支配性意识形态(理念),媒体外部势力(社会政治、经济机构等),媒体组织的属性(媒体组织的内部规定),新闻的报道惯例,新闻人的个人属性(个人的教育程度、个人修养等),所以新闻内容的构成受到如上五种因素的影响,除了记者个人的因素之外,社会、政治、文化等方面的因素也对新闻内容造成了程度不同的影响。那么新闻内容在反映现实的时候,必定是在权衡这些因素的利弊之后对新闻内容进行取舍,有条件地、部分地反映现实。除此之外,新闻的客观性仅仅是一种策略还表现在新闻内容的形式上。比如,新闻的倒金字塔式的写作顺序,表

---

[1] 张楠:《重识李普曼:新闻传播思想的价值与局限》,《新闻与传播》,2012年第21期。

[2] 邵志择:《新闻客观性原则:态度和方法的悖谬》,《新闻与传播研究》,1997年第1期。

[3] Gaye Tuchman(1972):"Objectivity as Strategic Ritual" American Journal of Sociology, pp.660-679.

[4] P. Shoemaker&S.Reese: Mediating the Message. New York: Longman,1991, translated by Kim Wonyoung, nanam, 1992.

明作者认为哪些事实是重要的或者有趣的,通过提供最基本的事实"谁,什么,哪儿,什么时间,怎么样"来确定此事实能否成为新闻。而正文中记者将通过"提供证据(信息源),使用引号(表明不是自己说的),展示相反可能性(自己不作判断,将事件双方的观点罗列)"等一系列形式来表明自己选择新闻的客观性,即新闻内容是如实反映客观现实的。但是这些形式背后隐藏的动机是记者的自我保护,即防止失实报道可能引发的纠纷。所以记者只是"活动家"而非"科学家",科学家必须经过深思熟虑或者通过实验反复论证,来确保可信性与可行性;但是新闻活动家受限于众多客观条件,如新闻时间限制、组织行规限制、组织外的行政限制以及可能引发的诉讼限制等,使新闻内容在反映客观现实的时候附加了很多实用性的考虑。因此,新闻内容是重构现实,而非直接反映现实。新闻的真实是一种策略而非是对真理的直接反映。

新闻的客观性是新闻专业主义孜孜不倦、持之以恒追求的新闻理想,但是在现实之中,特别在新闻从业者之中,新闻的客观性仅仅是作为一种战略性的策略。新闻客观性更多地是为了"自保",但是这也使客观性成为新闻业所执行的行业规范共识之一。

第三节　新闻功能与价值

新闻的价值不是一成不变的,而是随着时代、社会、人的变化而不断地被重新构成。互联网时代随着媒介技术的发展,人们生活在由各种媒介交织成的网状结构之中。所以与大众传媒时代不同,人们不再是被动地接受信息,接受媒介组织的"设置议程"安排,而是能够能动地参与到信息的生产、分配和交换的过程之中。所以新闻的价值观随着社会、受众个人的变化而变化:由传统媒介组织对不特定的大多数进行的纵向传播变化为泛众传播、沉浸式传播（Immersive Communication）[1]等多种传播方式的融合。

一、新闻价值的一般理解

（一）新闻价值的两种理解——新闻价值与新闻的价值

新闻价值是新闻业的核心。新闻价值一般包含两方面的理解：

一种认为新闻是对外部世界的反映，但是所有的外部世界发生的事实不都能成为新闻，只有符合指定价值标准的事实才能成为新闻。例如，符合新闻价值"五要素"的事实才能成为新闻，即具有时效性、接近性、显著性、重要性以及人情味的事实才能成为新闻[2]。

新闻价值也是新闻生产惯例的一部分。由于受众反馈的不足，考虑受众的需要在很久之前便成为一种规范而被内化于新闻惯例之中。而在这种情况下新闻从业者的主观价值判断便成为新闻选择的重要依据，即以满足受众需求为前提而进行假设，思考什么样的新闻才是受众最需要的。

对新闻进行判断指的是以无论是谁都认可的新闻价值为基础对新闻文本进行评价的能力。这就成为新闻价值测定的指标，设置成以受众为中心的惯例，即通过新闻价值可以预测哪些是对受众有号召力的，并且是重要的，以及哪些是可以使"把关人"能够具有一贯性地进行新闻选择。

另外一种理解为新闻的价值，即"新闻作为价值客体，对社会以及个体所起到的作用与意义"[3]。

前一种的"新闻价值"是内含于外部世界客观存在的事实之中。立足于

---

[1] 李沁：《沉浸传播：第三媒介时代的传播范式》，清华大学出版社，2013年版。

[2] 时效性，指新闻"快"而及时的特点；接近性，指距离近的事物比远的事物对人的影响更大；显著性，指事实本身的要素的知名度；重要性，指与人利益的相关性，事实影响力越大也重要；人情味，指趣味性，令人感兴趣的事实最有价值。这是美国希伯特（《现代大众传播工具概论》作者）和麦克道格尔（《阐释性报道》作者）提出的新闻价值的"五要素说"。参考郝雨：《回归本义的"新闻价值"研究》，《上海大学学报（社会科学版）》，2006年第6期。

[3] 杨保军：《准确认识"新闻的价值"——方法论失业中的几点新思考》，《国际新闻界》，2014年第9期。

新闻事实的客观性,然后力求满足受众需要,把对受众的满足放在了重要的位置和最高标准。这种衡量新闻成为新闻的标准,被称之为新闻的"标准说",即新闻价值就是选择新闻的标准。而后一种"新闻的价值",看重的是新闻的"效用和意义",即新闻对社会以及个人来说所应发挥的功效。

但是,无论是"新闻价值"还是所谓的"新闻的价值",其内核或者说最高标准都是人。即新闻价值应当以"服务于人"为出发点和归宿[1]。所以随着社会以及人的变化,新闻价值也应当发生变化。

(二)新闻价值与新闻功能

新闻的价值表现为新闻的功效。如果说不是所有的事实都可以成为新闻,那么同理我们也可以说不是所有的事实都是有价值的。拉斯韦尔(Harold Lasswell)归纳了新闻传播的三大功能:环境监视功能(Surveillance of the Environment),社会调节功能(Correlation of the Components of Society),和社会遗产传授功能(Transmission of the Social Inheritance)。[2] 赖特(Wright)在此基础上提出了提供娱乐的功能。[3] 而施拉姆在其1949年出版传播学著作《大众传播学》之中阐释了大众传播的结构与功能。[4] 施拉姆从三个方面对新闻传播的功能进行了总结,即政治功能、经济功能以及社会功能。其中,政治功能指的是监视、协调、社会遗产、法律和习俗的传递等;经济功能指的是新闻传播能够带来的经济效益;社会功能包含协调社会、行使社会控制、向社会成员传递社会规范以及娱乐等。

---

[1] 李沁:《"第三媒介时代"新闻价值的定位与构建》,《新闻与传播研究》,2015年第4期。
[2] Lasswell, Harold D(1948)."The structure and function of Communication in Society" In Lyman Bryson. (Ed.). The Communication of Ideas (pp. 37-51). New York. Harper&Brothers.
[3] Wright, C.R(1959). Mass Communications:A sociological perspective. New York:Random House.p.16。赖特提出了环境监视(信息收集与传达)、规定与解释(不限定于信息的传达而且对传达的事实进行解释,引导人们如何反应)、社会化功能(与拉斯韦尔的"社会遗产传承"功能相同,为大众传播的教育功能)以及娱乐功能。
[4] [美]威尔伯·施拉姆:《传播学概论》.何道宽译,中国人民大学出版社.原作名:Men, Women, Message, and Media: Understanding Human Communication (2nd Edition)。

施拉姆综合了拉斯韦尔和赖特的功能学说，从而总结大众传播的政治和社会功能说，即信息的收集和传达功能、社会控制功能（通过对信息进行解释而引导、协调社会行为）、教育功能（提供教化、传递各种规范等）、娱乐功能，此外施拉姆还补充了经济功能。所以说新闻传播的价值总结起来可以分为三大功能，即政治、社会以及经济功能。但是从这三方面的总结来说，政治、社会以及经济功能的核心依旧是"人"。所以我们可以说，新闻传播的核心价值就是"为人服务"。

报刊的发展在多数的资本主义国家经历了三个历史发展时期，分别是官报时期、党报时期和商报时期。其中，商报时期是资本主义报刊发展的第三个时期，又称为自由报刊时期，从19世纪中叶以后，随着廉价的大众化报刊的大规模出现，西方资本主义各国陆续从党报时期过渡到商业报刊时期。所以当时报刊的传播目的不再仅仅是服务于某个党派而是在商业上必须争取更多的受众。即通过拥有更多的受众而获得更多的广告商的广告投入，以此实现新闻业的经济效益。从政党利益为中心转移到经济利益为中心，是因为随着社会和个人的变化，新闻传播的功能的偏重也就会发生相应的变化，也就是说新闻价值发生了变化。新闻价值的变化也就决定了新闻功能的变化。

二、新闻价值观决定新闻的功能定位

（一）工具价值：追求经济效益的最大化

李普曼在《舆论》中指出新闻业和其他行业是不同的。"一方面新闻以比生产费用还低的价格进行销售；另一方面新闻与商业以及生产业适用不同的伦理基准。新闻的伦理基准与学校与教会相似，但是却又不同。因为公立学校依靠纳税人的税款进行维持；私立学校依赖捐款或者奖学金进行维持；而教会依赖补助金或者捐款进行维持。上述行业通过消费者对服务进行的支付而维持发展，但是新闻业在事实上是免费把报纸送给了读者。"

李普曼所叙述的报纸的特征是在19世纪中叶之后，欧美等主要资本主义国家先后完成工业革命。工业革命带来了工商业的繁荣，城市化进程加剧，以及传播技术（印刷技术）的发达，使报纸由党报过渡到商业报纸阶段。即此时的报纸逐渐摆脱对政党、政府津贴的依赖，开始依靠广告和发行进行生存。廉价的大众化报刊的普及使新闻从政党的工具变成盈利的企业。即新闻的政治工具属性逐渐淡化，但是新闻作为商品的属性逐渐明确，从而主动考虑受众需求，达成新闻的社会效益。

具体来说，新闻机构变成了新闻生产、分配、销售的资本主义企业。新闻企业明面上是将新闻产品卖给了读者，其实是将读者卖给了广告商。大众读者明面上并没有给报纸支付多少钱，但是大众在阅读报纸、购买广告商品之后间接地将钱支付给了广告商。所以大众间接支付了阅读新闻、获取信息的代价，即"大众只在隐藏的支付形态下才对新闻支付了代价"。

所以，资本主义新闻业所奉行的价值是工具价值。通过信息控制→从传者到受者的信息流控制，从而改变信息接收者的态度和行为，达到传者的传播目的，即实现商业报刊的价值：商业利益功能——将报刊的读者卖给广告商，读者通过消费广告产品而实现对信息产品的支付。从而使新闻在社会效益和经济效益之间进行取舍。

按照拉斯韦尔所归纳的大众传媒的三大功能来看，信息传播功能仅仅是三种功能中的第一种，即环境监视功能。环境监视功能好比传播学家施拉姆把新闻媒体比喻成"社会雷达"一样，与美国著名的报人普利策把新闻记者比喻为站在船头的"瞭望者"一样，具有异曲同工之妙。媒体的环境监视功能指的是新闻媒体能够及时、准确并且客观地反映社会的真实情景。如"雷达"和"瞭望者"一样，如实地将客观描述给大众，即将信息传达给大众。同时，联合国教科文组织（UNESCO, United Nations Educational Scientifical Cultural Organization）下属的"国际传播问题研究委员会"（The International Commission for the Study of Communications Problems，又称 McBride Commission）于 1980 年在《多种声音，一个世界》，又称"麦克布莱德报告（The McBride Report）"中指出，新闻媒体的首要功能是获取信息，即"收集、整理和传播必要的新闻事实和意见，以便对个人的、周围环境的、国家和国际的情况获得了解和做出有见识的反映，并能做出适当的决定。"[1] 所以，信息传播功能是资本主义新闻传播功能之首要功能，因为通过信息的控制，才能实现经济效益的最大化。

（二）人本价值：追求政治与社会效益的统一

马克思主义新闻价值观肯定新闻的政治宣传功能。马克思用"喉舌"来比喻报纸的性质和作用："报刊按其使命来说，是社会的捍卫者，是针对当权者的孜孜不倦的揭露者，是无处不在的耳目，是热情维护自己自由的人民精神的千呼万唤的喉舌。"[2] 所以，马克思主义新闻观认为报刊是信息的载体，同时也是宣传和组织的工具。而提供新闻信息和进行宣传的区别在于，前者客观反映事实，而后者进行意识形态引导。马克思主义新闻观肯定宣传的作用，认为宣传可以教育群众，凝聚人民群众的力量，从而协调行动来达到传播效果。

陈力丹教授对中国新闻传播党性和人民性原则进行了思想溯源，[3] 并指出，虽然有人认为在1949年新中国成立之后，中国国内的新闻报道注重新闻的政治宣传功能，而忽视新闻的信息传达功能，即注重新闻的政治功能而忽视了社会功能。但是马克思主义政党历来重视党性和人民性二者的关系。在马克思主义新闻价值的认识中，"党性"反映新闻的政治功能，而"人民性"反映新闻的社会功能。只是在不同的发展时期，党性和人民性的偏重有所不同。

但是，在很长一段时间内，新闻媒体的政治功能是马克思主义政党领导下新闻的首要功能。例如，认为新闻媒体是"宣传思想阵地"，保持这一根本的属性定位不变的前提下，尊重新闻传播的一般规律。所以，"新闻出版

---

[1] 联合国教科文组织国际传播问题研究委员会：《多种声音，一个世界》，中国对外翻译出版公司第二编译室译，中国对外翻译出版公司，1981年版，第19页。

[2] 《马克思恩格斯全集》第6卷，人民出版社，1961年版，第275页。

[3] 陈力丹：《党性和人民性的提出、争论和归结——习近平重新并提"党性"和"人民性"的思想溯源与现实意义》，《安徽大学学报（哲学社会科学版）》，2016年第6期。

广播影视业既有一般行业的属性，又有意识形态的特殊性，既是大众传媒，又是宣传思想阵地，事关国家安全和政治稳定，富有重要的社会责任。不管什么情况下，党和人民喉舌的性质不能变，党管媒体不能变，党管干部不能变，正确的舆论导向不能变。"[1]

陈力丹教授继续指出纵观马克思主义中国化的过程，马克思主义中国化与中国报业的发展是分不开的。中国共产党的新闻理论是建立在"党性和人民性"的基础之上的。

中国共产党继承了马克思主义新闻观对报刊功能的看法，在新民主主义革命时期（New Democratic Revolution，1919-1949）[2]提出了一个著名的论断："报纸是阶级斗争的工具"。[3]在延安整风时期（1941-1945）[4]中国共产党第一次将党报的性质明确为党性、群众性、战斗性和组织性，标志着中国共产党党报理论趋于成熟。

中华人民共和国建立之后，中国的报纸基本沿袭了新民主主义革命时期对报纸功能的看法。1954年7月中央政治局通过的《关于改进报纸工

---

[1] 《关于深化新闻出版广播影视业改革的若干意见》，2001年8月20日中央宣传部、广电总局、新闻出版总署联合发布，2001年8月24日中共中央办公厅、国务院办公厅联合转发。

[2] 新民主主义革命是无产阶级领导的，以反对帝国主义、封建主义、官僚资本主义为主的人民民主革命。它的目标是无产阶级牢牢掌握革命领导权，彻底完成反帝反封建的历史任务，并及时实现由新民主主义向社会主义的过渡。新中国的成立标志着我国新民主主义革命的基本胜利，1956年社会主义三大改造（Three Great Remolding，1953-1956我国对农业、手工业和资本主义工商业生产资料私有制的社会主义改造，在理论上和实践上丰富和发展了马克思列宁主义的科学社会主义理论，极大地促进了工、农、商业的社会变革和整个国民经济的发展。实现了把生产资料私有制转变为社会主义公有制的任务。政治上社会主义的基本制度在我国初步建立；经济上社会主义计划经济在我国基本确立；为我国的社会主义工业化开辟了道路；从此进入社会主义初级阶段）的基本完成，标志着中国新民主主义社会阶段的结束和社会主义初级阶段的开始。

[3] 《我们的任务》，载于《红旗日报》，1930年8月15日。

[4] 1941年5月，毛泽东同志在延安高级干部会议上作《改造我们的学习》的报告，标志着整风开始；1945年4月20日六届七中全会通过《关于若干历史问题的决议》为止。通过延安整风，使全党确立了一条实事求是的辩证唯物主义的思想路线，使干部在思想上大大地提高一步，使党达到了空前的团结。

作的决议》指出，报纸"在公众斗争和建设事业中已经成为党在全国范围内宣传和贯彻党的路线、方针和政策，指导实际工作，联系和教育广大人民群众的有力武器。"[1] 所以在新中国成立初期报纸是作为政治宣传的工具。

1957年6月，毛泽东在《人民日报》发表文章：《文汇报在一个时间内的资产阶级方向》。文中指出："在社会主义国家，报纸是社会主义经济即在公有制基础上的计划经济通过新闻手段的反映。和资本主义国家报纸是无政府状态的集团竞争的经济通过新闻手段的反映不相同。在世界上存在着阶级区分的时期，报纸总是阶级斗争的工具。"[2] 这篇文章是毛泽东肯定了报纸是阶级斗争的工具，认为新闻具有阶级性，从而对新闻的功能进行了规定。对日后中国新闻传播事业的发展产生深远的影响。

十一届三中全会（1978年）以后，中国共产党基本上不再使用"阶级斗争工具"的概念。1985年2月，胡耀邦在中央书记处会议上指出："我们党的新闻事业，究竟是一种什么性质的事业呢？就它的最重要的意义来说，用一句话来概括，我想可以说党的新闻事业是党的喉舌，自然也是党所领导的人民政府的喉舌，同时也是人民自己的喉舌。"[3]

1989年11月江泽民在新闻工作研讨班上也说："我们党历来非常重视新闻工作。我们国家的报纸、广播、电视等是党、政府和人民的喉舌"[4]，将新闻媒体的性质明确为党、政府和人民"三位一体"的"喉舌"，这是中国共产党在新时期对马克思主义新闻思想的重要发展。

胡锦涛2002年1月在全国宣传部长会议上的讲话，就提出"尊重舆论宣

---

[1] 《中国共产党新闻工作文件汇编》(中)，新华出版社，1980年版，第319页。
[2] 《文汇报在一个时间内的资产阶级方向》，载于《人民日报》1957年6月14日。
[3] 胡耀邦：《关于党的新闻工作》，载于《中国新闻年鉴》，1985年。
[4] 江泽民：《关于党的新闻工作的几个问题》，载于《中国新闻年鉴》，1990年。

传的规律"。同时，胡锦涛再次强调党性原则，[1]强调"舆论引导"的重要性和可行性。指出了"三个步骤"：第一，认真研究新闻传播的现状和趋势；第二，研究各类受众群体的心理特点和接受习惯；第三，传媒主动研究、设置公众关注的同时又是党和国家的重大事项的一体，对于正确引导公众意见，甚为重要。由此看出，胡锦涛不但注重"党性"原则，同时注重新闻传播受众的研究，这体现了其对马克思主义新闻观"党性和人民性"原则的重视，即同时重视新闻的政治和社会功能。

习近平在2012年11月担任中国共产党的总书记，于2013年8月19日在全国宣传思想工作会议上发表了有关宣传思想工作的讲话。习近平有关"党性和人民性是统一"的论断，打破了中国宣传领域里30多年来"人为制造的理论禁区"。[2]在"8·19讲话"讲话中，习近平指出："宣传思想工作一定要把围绕中心、服务大局作为基本职责，胸怀大局、把握大势、着眼大事，找准工作切入点和着力点，做到因势而谋、应势而动、顺势而为。"[3]"胸怀大局、把握大势、着眼大事，"然后"找准工作的切入点和着力点"，这就是说党性体现在新闻和传播领域就是要把握好大的格局，把握住前进方向的准确性。这一点是新闻政治功能的体现。而"因势而谋、应势而动、顺势而为"则是人民性的体现。不墨守成规，能够"因地制宜、因时制宜"。坚持以人为本、以民为本的体现，是新闻社会功能的表现。

---

[1] "必须坚持党性原则，牢牢把握正确舆论导向。舆论引导正确，利党利国利民；舆论引导错误，误党误国误民。要牢固树立政治意识、大局意识、责任意识、阵地意识，把坚持正确导向放在新闻宣传工作的首位，坚持团结稳定鼓劲、正面宣传为主，唱响主旋律，打好主动仗，更加自觉主动地为人民服务、为社会主义服务、为党和国家工作大局服务。要增强政治敏锐性和政治鉴别力，严格宣传纪律，做到守土有责，在重大问题、敏感问题、热点问题上把好关、把好度。"
[2] 陈力丹：《党性和人民性的提出、争论和归结——习近平重新并提"党性"和"人民性"的思想溯源与现实意义》，《安徽大学学报（哲学社会科学版）》，2016年第6期。
[3] 人民网：《胸怀大局把握大势着眼大事 努力把宣传思想工作做得更好》，《人民日报》2013年8月21日第1版。

课后思考与练习

1. 新闻和宣传的关系如何理解？在中国媒体环境下，"宣传"与"公共关系"的概念范畴应该如何界定？
2. "新闻的客观性表现为一种战略性的策略。"这句话如何理解？
3. 在融媒体时代，新闻真实是否还符合"有机的报纸运动"所体现的规律性？
4. 记者常常将"常识"当作真实，那么记者应该如何克服主观偏见、刻板印象等局限性？
5. 思考当今媒体环境，如何理解新闻价值？

拓展阅读

中国人民大学杨庆祥谈 AI 写作：已诞生 60 年　现在能 5 秒成诗

封面新闻记者 蔡世奇 摄影 雷远东

2019年10月28日，在"2019 C+智媒体大会"上，中国人民大学文学院副院长、封面研究院人文研究所首席研究员杨庆祥做了关于 AI 写作的主题演讲，分享了自己研究的 AI 写作的历史以及对 AI 写作未来发展的展望。（欲知全文，请扫二维码）

第二章

新闻记者基础

【学习要点】

掌握新闻从业者个人的基本素养，了解新闻从业者在新闻创作的过程之中应该具备的个人素养、组织的惯例等，为新闻学子的实践活动提供方向性的指导。

新闻从业者的个性、个人或者职业背景、态度等都对新闻文本内容的生产产生影响。新闻从业者个人受教育的水平对新闻文本的内容产生重要影响。正如甘斯在其著作《新闻的决定因素（Deciding What's News）》[1]之中作出如下陈述：

新闻从业者都在为客观性而努力。然后不单纯是新闻工作者，而是每个人都是持有某种价值而进行新闻文本创作的。更进一步说，一个人对现实的判断是离不开其自身所具有的价值观的……在新闻之中，几乎无法看到记者个人的价值观显著地流露出来，但是在其字里行间总能感受到其价值观的意味。即对某些人物的活动进行报道而对其他进行忽视；如果进行报道，从其如何进行描写的也能寻找出蛛丝马迹。

新闻从业者的教育（不仅如此，个人的经历以及性格）不同，其看待世界的观点也就不同，这对一名新闻从业者如何进行新闻的选择以及怎样对新

---

[1] Herbert Gans（2005）.Deciding What's news.Northwestern university Press.P39-40.

闻进行报道都会产生长远的影响。新闻从业者个人的态度、价值、信念都会对新闻文本的内容产生不同程度的影响。其中，态度并不会直接表现为行动。偏见不单单是存在于写作者的心中，也是通过文章表现出来的。所以，一名记者写出的报道往往与自身的意识是相一致的。也就是说一名新闻从业者的"世界观"，即个人对社会现实的认知，往往会对其自身的职业认知产生影响。

本章从记者素养入手，了解作为记者应该有的素养以及信念，并从这些素养要求之中得到相应的启发。

第一节 记者的素养要求

对新闻文本进行创作、修改、编辑的人都可以称之为记者。大部分的新闻记者在报纸、广播、电视、杂志以及网络媒体工作。极少数人作为自由撰稿人而进行活动。

美国哥伦比亚大学的尼古拉斯·雷曼（Nicholas Lehman）教授和其他一些新闻传播学校的校长于2013年提交了一份报告书。这一报告书是为了把握未来美国新闻传播学校的教科书改革方向而编纂的。在这一报告书中提出了"记者是在极其局限的时空之内，追踪真实的真实探寻者（true-seeker）"。同时在此报告书之中，又指出了记者应该具有的能力是"尽可能通过多样化的取材信源，将确定好的真实，明了地（clearly）以及有趣地（engagingly）进行传达的能力"。通过这个报告书，就对记者的职业定位以及个人所应具备的素养进行了规定。那么，记者如果需要具备这样的能力，需要具备怎样的素养呢？

一、记者要有仁爱之心

一名新闻记者，其终生要做的事情就是不断地与人见面，并在见面的过程之中获得信息，然后以此为基础进行新闻内容创作。一天之间，可能与数十人进行电话访谈，并交换信息，与人见面的概率较之普通人增加了很多。

如果没有对同时代共同生存的人以及所在社会的理解，没有以爱人之心为底线，那么就无法成为一名好的记者。在这里，爱人之心就是"仁爱"之心。"仁爱"是孔子《论语》的核心，是中国伦理学说的根本。而孟子的"四端说"，亦将"仁爱"放在首位。即"恻隐之心，仁之端也。"所以仁爱之心为人之根本，也是一名新闻记者的底线。而"四端说"之中另外三端指的是"羞恶之心，义之端也；辞让之心，礼之端也；是非之心，智之端也"。如要成为一名好的记者，这些素养必须是要兼备的。有了羞恶之心，才能够"见贤思齐焉，见不贤而内自省也"，才能使自己的笔端更有力，才能够"遏恶扬善"，才能够正确地写出来。"辞让之心，礼之端也"，这更不必多说，谦恭而有礼，才能由内而外散发祥和之气，在进行采访的时候才能够更容易得到受访者的接纳与信任。"是非之心，智之端也"。孰是孰非确实很难判断，但是记者秉持公正、中立，努力追寻客观性。就如恩格斯也曾经说过"我们在行动时，用我们的老朋友耶稣基督的话来说，要像鸽子一样驯良，像蛇一样灵巧。"[1]

案例赏析

邓杰：以仁爱之心为生命护航

记者 齐美煜 实习生 周 丽

　　"五一"国际劳动节这天，省儿童医院住院一部和往日一样紧张忙碌。三楼的早产儿病房门口，成群的家长在等待着。第22届江西青年五四奖章获得者邓杰是这里的一名主治医师。2004年，邓杰大学毕业，通过考试选拔进了省儿童医院。

　　"80后"邓杰，出生在医学世家。邓杰清楚地记得，儿时在爷爷开的中药房玩耍时，爷爷会指着放中药的木格，教他辨药。自小耳濡目染，高考后，邓杰自然而然地选择学医。（欲知全文，请扫二维码）

---

[1] 陈立丹：《精神交往记：马克思、恩格斯的传播观》，中国人民大学出版社，2016年版。

二、记者要有正义感

强调正义感,是因为记者具有属于自己职业独有的"记者精神"。记者需要有属于记者机制的价值观。没有价值观的记者则仅仅是写作的机器而已。真正的记者要经常为读者、为观众、为社会思考,写出无违良心的正义文章。《南方周末》,1999年新年献词为:《总有一种力量让我们泪流满面》,其作者沈颢、长平,同时刊出江艺平主编撰写的主编寄语:《让无力者有力,让悲观者前行》。这篇新年献词将记者精神、将记者所应要有的正义感表现得淋漓尽致。

案例赏析

《南方周末》1999年新年献词

这是新年的第一天。

这是我们与你见面的第777次。

祝愿阳光打在你的脸上。

阳光打在你的脸上,温暖留在我们心里。这是冬天里平常的一天。北方的树叶已经落尽,南方的树叶还留在枝上,人们在大街上懒洋洋地走着,或者急匆匆地跑着,每个人都怀着自己的希望,每个人都握紧自己的心事。(欲知全文,请扫二维码)

三、记者要有好奇心

记者需要有好奇心,应该准备随时提问,如此才能培养自己的新闻敏感。没有好奇心的人是没有疑问的,而没有疑问的记者则永远也写不出好的文章。2010年9月在首尔召开的G20峰会在闭幕的时刻,美国总统奥巴马把首先提问的权利送给了参加记者会的韩国记者,但是韩国的记者并没有任何问题,最终提问权落入中国记者手中。这也就验证了那句"机会总是留给有准备的人"。墨守成规的保守教育模式,往往抹杀了受教育者的好奇心天性,在学习的过程之中没有获得提问的训练。提问的训练是教育的责任,在新闻传播学学习的过程之中应该努力对提问的能力进行培养。

新闻取材,是个人好奇心不断被满足的过程。记者在与信源见面之前,就应该不断地进行提问。因此所有想要知道的东西都应该被挖掘出来。例如,对新闻事件不感兴趣的人,即使到了现场也不会发现任何可值得报道的价值。好奇心是成为优秀记者所必备的基本条件之一,并且为了大众进行提问是记者的义务同时也是权利。

案例赏析

刘万永:优秀的记者应当具备好奇心

记者 崔梦 见习记者 朱贝 柯诗梦

2015年12月3日,《中国青年报》特别报道部副主任、高级记者刘万永在大学生活动中心开展了主题为"调查性报道的采访与写作"讲座。刘万永就调查性报道的界定、如何获取新闻线索进行采访写作以及记者应具备的素质等内容分享了经验,同时对当前的媒体环境进行全面深入分析,并对今后想从事新闻行业的同学们给予建议和指导。他强调,一名优秀的记者应当具备好奇心。(欲知全文,请扫二维码)

四、善于倾听

善于提问的另一面是善于倾听。光凭自己的主张是写不出好新闻的。对于已经抓住"冰山一角"的新闻来说,只听一面之言,而对其他的信源却闭耳不听，这是极其危险的。只听权威者的话，只听富有者的话也都不能写出好的新闻。自从新闻媒体成为有"权力"的机关之后，对倾听就变得异常容易疏忽或者偏颇。然而，倾听对记者取材的重要性是不言自明的。因为，好的倾听更容易获得信源的信赖。所以，记者应当时刻打开耳朵，随时预备倾听。不偏不倚地倾听，注意力集中地倾听，并且在一篇报道完成之后，对该事件的后继进展应该继续保持倾听的姿态，只有如此方能成为一名合格的记者。

案例赏析

央视记者谈采访：新闻工作者要学会倾听

成都商报实习记者 尹沁彤

"作为一名新闻工作者，要学会倾听，明白采访是记者与受访者双方的交流聊天。"昨日，《党的新闻舆论工作与成都新闻实践》系列讲座第五期"如何发现新闻点，讲好中国故事"在成都大学开讲，主讲人中央电视台四川站记者郑波如是说。（欲知全文，请扫二维码）

五、观察和记录的习惯养成

观察详细的内容之后，不对其进行记录，那么记者就无法完美地完成新闻内容的创作。即使是亲身目击以及体验的事件，在事件经过之后，也往往很难记忆其细节。例如，在交通事故的现场，车辆的号牌，车辆的颜色，事故的情况，以及当时信号灯的情况等详细信息，都需要详细地记录清楚。而在记者会见或是采访等待之时，记录就变得更为重要。再有，在新闻内容创作之时，使用直接引用的情况十分多，如此，正确地观察以及充实地记录就成为新闻写作的基本保障。而观察以及记录的习惯，也只有通过不断的练习方能养成。

案例赏析

倾听　记录　感悟
——本报记者"青春在基层"纪行

人物是作品的灵魂，写好人物是新闻报道深入人心的重要途径。有句话说得好，"路为纸，地成册；行做笔，心当墨"。新闻记者应该有这种使命与理想，行走大地，情注笔尖，通过对个体人物的精彩描述，来反映这个砥砺奋进的伟大时代。

本期《读报 | 用报》约请四位"青春走基层"记者谈一谈他们在此次一线采访中的真实感受，希望他们的分享能让大家触摸到来自基层的"温度"，感悟到让人物鲜活起来的实用采写"手法"。（欲知全文，请扫二维码）

六、勤奋与韧性

任何能力的养成没有持之以恒的努力与勤奋是无法成功的。新闻创作最根本靠的还是笔头（写作）的功夫，靠的是脚力（采访）的功夫。记者的工作在众多的工作之中是最需要勤奋的。例如，需要比其他人更早地找到新闻，比竞争者找到更多的人以及素材资料，只有如此方能写出更好的新闻，才能更好满足受众需求。因此，有能力的记者总是在别人休息的时候移动，在别人睡觉的时间，寻找新的信源并进行联系采访。

与勤奋并肩的另一项要求便是有韧性的追踪精神。例如，20世纪70年代，轰动一时的尼克松总统的"水门事件"。当事记者调查了3年才通过《华盛顿邮报（The Washington Post）》将事实的真相公之于众。"水门事件"的调查证实了新闻的取材与写作有时候并不能在短时间内促成，需要几周、几个月，甚至几年的努力才有可能将报道完善。这就需要记者有异于常人的勤奋与韧性。

案例赏析

刘万永：带着梦想走下去

中国新闻出版报 记者 郑伟丽

  在搜索引擎中键入他的名字,"藏獒"是他公认的绰号,"有血性"是公众对他的评价。他叫刘万永,《中国青年报》记者,2012年,已是他职业生涯的第15个年头。

  "虽然记者工作的结果是为了促进社会的公平正义,但记者本身并不代表正义,我们不是正义的化身。"在刘万永的办公室,他如是告诉《中国新闻出版报》记者。而在这之前,当记者走进这间被各种报刊资料装满的办公室时,角落柜子上挂着的两面锦旗最吸引记者的目光,上面写着"伸张正义 无冕之王"。(欲知全文,请扫二维码)

七、责任与伦理意识

  记者相对其他职业来说享有一定的"特权"。记者拥有监督权,对权力机构、对权威者都具有一定的监督与牵制的能力。例如,普通人难得一见的长官、高级公务员等,记者可能随时都可以见到。记者能够要求长官以及公务员进行政策的解读,从而满足受众的知情权。再有,普通人很难见到的秘密文件,记者却可以通过警察的授权而看见。但是"记者有监督权,那么谁来监督记者呢?"所以,记者拥有特权的同时,要明确其相应的责任以及伦理意识。即记者不能将职业赋予自身的特殊权利用作私人利益的获取,应随时铭记记者所从事的新闻事业(社会公器)乃是为了公共利益服务而存在的。

案例赏析

邓拓：铁肩担道义，妙手著文章

文/诸葛明明

去矣勿彷徨，人生几战场？
廿年浮沧海，正气寄玄黄。
征侣应无恙，新猷倘可长！
大千枭獍绝，一士死何妨！
——邓拓《狱中诗》其一
刻于河南大学历史文化学院北侧石碑

邓拓在 20 世纪中国新闻史上留下了浓墨重彩的一笔，他提出的"八匹骡子办报""三千字里做文章"等重要的新闻理论，为我国新闻事业的发展做出了极大的贡献。邓拓是河南大学的杰出校友，同河南大学有着深厚的渊源，一部《中国救荒史》更是让邓拓这个名字闻名全国，让我们走进他传奇的一生，走进这位新闻人的世界。（欲知全文，请扫二维码）

第二节 记者的信念

曾担任密苏里大学新闻学院院长的沃尔特·威廉姆斯（Walter Williams）教授在 1914 年制作了《报人守则》（Journalist's Creed）。这一守则成为早期记者伦理的宣言，刻于铜板，被悬挂在美国华盛顿国家新闻俱乐部里。

《报人守则》的具体细则如下：

我们相信，新闻事业为神圣的职业。

我们相信，公众信赖报纸上所刊载的文章，凡与报纸所刊载文章有关的人，就其全部职责而言，均为公众所信赖的人。因此，不为公众服务而仅为私利驱使者，均为背信弃义之徒。

我们相信，思想清晰、说理明白、正确而公允，是优良新闻事业的基础。

我们相信，新闻记者，只需写出心目中认为真实的事物。

我们相信，对新闻压制均属错误，除非为国家社会幸福而设想者。

我们相信，出言不逊者，不适宜从事于新闻之写作。受本身偏见所左右及他人偏见之笼络，都应该避免，绝不能因威逼利诱而逃避本身之责任。

我们相信，广告、新闻与评论，均应为读者的最高利益服务。因此，一种有益的求真求实的观念高于一切，是唯一的标准。新闻事业的良莠，视其对社会服务的多寡决定。

我们相信，新闻事业的最大成功者，也就是最应该获得成功者，必使上苍与人间有所敬畏。它独立不挠，傲慢、权势均不能使其动摇。重视建设性、宽容性，而不取粗率性。

自制而忍耐，经常尊重读者，而始终无所畏惧。勇于打抱不平，但不为特权者的要求或群众的吵闹所惑。在法律、忠诚及互助的认识下，尽量给予人平等的机会。

深爱我们的国家，又诚心促进国际善意，加强世界友谊。这样的全人类的新闻事业，为今日世界所共有，亦为今日世界所共享。

英文原文亦摘录如下：

— I believe in the profession of journalism.

— I believe that the public journal is a public trust; that all connected with it are, to the full measure of their responsibility, trustees for the public; that acceptance of a lesser service than the public service is betrayal of this trust.

— I believe that clear thinking and clear statement, accuracy and fairness are fundamental to good journalism.

— I believe that a journalist should write only what he holds in his heart to be true.

— I believe that suppression of the news, for any consideration other than the welfare of society, is indefensible.

— I believe that no one should write as a journalist what he would not say as a gentleman; that bribery by one's own pocketbook is as much to be avoided as bribery by the pocketbook of another; that individual responsibility may not be escaped by pleading another's instructions or another's dividends.

— I believe that advertising, news and editorial columns should alike serve the best interests of readers; that a single standard of helpful truth and cleanness should prevail for all; that the supreme test of good journalism is the measure of its public service.

— I believe that the journalism which succeeds best — and best deserves success — fears God and honors Man; is stoutly independent, unmoved by pride of opinion or greed of power, constructive, tolerant but never careless, self-controlled, patient, always respectful of its readers but always unafraid, is quickly indignant at injustice; is unswayed by the appeal of privilege or the clamor of the mob; seeks to give every man a chance and, as far as law and honest wage and recognition of human brotherhood can make it so, an equal chance; is profoundly patriotic while sincerely promoting international good will and cementing world-comradeship; is a journalism of humanity, of and for today's world.

《报人守则》反映的是早期记者的伦理范畴，但是另一方面同样也是记者信念的体现。即要成为一名好的记者，就必须在相应的伦理范畴内，将记者的信念化作切实可行的记者业务行动能力。而当今在融媒体时代，一名好的记者其所应具备的记者信念是什么？应该如何坚持？在任何历史条件下，有担当、敢于承担责任都是记者所应具备的必要条件。有强烈的责任意识并将责任付诸行动，方才可能成为好记者；反过来说，缺乏责任意识、不能将责任意识落实到行动上的记者肯定成不了好记者。在融媒体时代，媒介发生了变化，与媒介"同构"的人也会发生变化，但是记者的基本信念依旧需要坚守。而具体来说，融媒体时代记者的职业信念表现为强烈的责任感以及过硬的业务能力。如果硬要用一句话表现出来，那么便是"铁肩担道义，妙手著文章"。南京大学新闻传播学院的丁柏铨教授曾在《新闻爱好者》杂志之中发表过文章：《"铁肩担道义，妙手著文章"》，从方法论上论证了"铁肩担道义，妙手著文章"，即培养强烈责任感以及提升业务能力的方法。

案例赏析

刘万永：做调查记者需要信念

晨报记者 王文韦

很多时候，写稿是个良心活儿，也许一个调查稿我付出了很大心血，但写出来不好看，或者根本做不出来，但别人开个会，就能写很漂亮的稿子，也不费事，这付出和回报怎么来衡量？很难得到一个客观评价。但一篇稿子，你是否用心，读者是能看出来的。网络时代，记者更应该珍惜自己的名字，署上自己的名字，就应该用心。

当个好记者，一直是我的理想。你如果觉得这个工作有意思，就会坚持下去。我曾经写过一篇文章《记者还用讲新闻理想吗？》：读书时老师强调新闻理想，也许当时感觉虚无缥缈，但实际工作中，有没有新闻理想关系着在新闻的道路上，你能走多远。（欲知全文，请扫二维码）

课后思考与练习

1. 除了本文之中提出的记者所应该具备的素养之外，你认为记者还应该具备哪些其他素养？

2. 恩格斯曾经说过"记者应该温顺如鸽子，灵巧如蛇"，结合本文对记者素养的认知，谈谈你对这句话的看法。

3. 依据《南方周末》1999年新年献词，谈一下你对新闻这一行业的看法。

4. 谈一下融媒体时代，作为一个记者的理想与信念。

5. 查阅更多关于记者刘万永的信息，了解调查记者以及调查新闻的相关知识。

拓展阅读一

《西雅图时报》记者职责——Job Description：Reporter

《西雅图时报（The Seattle Times）》的所有记者均要具备如下的资质与职责。根据业务分工，可能增加一些特定的职责。如下目录为职业方针而并非绝对性的标准。用人单位和监管者应决定其中哪些因素最为侧重。

Professional Skills:

Seeks out and acts quickly on story opportunities.

Aggressively follows through on stories.

Gathers facts carefully and accurately.

Seeks a variety of sources in covering a story, and effectively develops sources of continuing stories.

Uses documents effectively.

Handles a variety of stories and writing approaches.

Writes clear, well-focused and well-organized stories.

Writes with authority based on clear understanding of the topic or beat.

Produces stories that are fair and balanced.

Self-edits for crisper, cleaner copy.

Works well under pressure and meets deadlines.

Maintains a steady flow of ideas and stories.

Work Habits:

Knows and effectively uses library and computer systems.

Understand how the newsroom operates, and works effectively within it.

Works effectively as a member of a team, including with other reporters, photographers, artists and editors.

专业技能：

寻找故事机会并迅速采取行动。

积极跟进故事。

认真准确地收集事实。

在报道一个故事时寻求各种来源，并有效地开发连续故事的来源。

有效地使用文档。

处理各种故事和写作方法。

写清楚，重点明确，组织良好的故事。

在清楚了解主题或节拍的基础上，以权威写作。

制作公平和平衡的故事。

自我编辑更清晰，更干净的副本。

在压力下能很好地工作，并能在最后期限内完成任务。

保持思想和故事的稳定流动。

工作习惯：

了解并有效使用图书馆和计算机系统。

了解新闻编辑室是如何运作的，并在其中有效地工作。

作为团队成员有效地工作，包括与其他记者，摄影师，艺术家和编辑一起工作。

Responds well to direction, suggestions, criticism.	对方向、建议、批评有很好的反应。
Keeps appropriate people informed of schedules, work in progress, problems, changes.	让适当的人了解时间表，工作进展，问题，变化。
Works in a cooperative spirit in accepting, discussing or proposing changes in assignments.	以合作精神工作，接受、讨论或提出作业变更。
Keeps well-informed about news in general and assigned specialities by reading The Times and other publications.	通过阅读《泰晤士报》和其他出版物，保持对一般新闻和指定专业的充分了解。
Organizes time well, and can work on more than one task at a time when necessary.	很好地安排时间，必要时可以同时处理多个任务。
Is punctual for staff meetings and time commitments.	准时参加员工会议和时间承诺。
Maintains good staff communications and relationship.	保持良好的员工沟通和关系。
Shares knowledge and ideas with less-experienced workers.	与经验较少的员工分享知识和想法。
Seeks diversity in coverage.	寻求覆盖面的多样性。
Enterprise Skills:	**企业技能：**
Demonstrates willingness to perform routine but necessary duties such as digest items, etc.	表现出愿意履行日常但必要的职责，如消化物品等。
Consistently suggests ideas for stories, photographs and illustrations.	始终如一地为故事、照片和插图提供建议。
Produces enterprise stories.	制作企业故事。
Seeks fresh ideas and approaches in reporting and writing.	在报告和写作中寻求新的想法和方法。

Stays ahead of stories by anticipating or uncovering developments.	通过预测或揭示发展保持在故事的前列。
Is willing to travel, make calls from home and work unusual schedules when the coverage requires it.	愿意出差，在家打电话和工作不寻常的时间表时，覆盖需要它。
Is willing to take leadership of a story or project.	愿意成为故事或项目的领导者。
Offers suggestions for improving the newspaper.	提供改进报纸的建议。
Takes on new challenges.	接受新的挑战。

拓展阅读二

记者无力，则国民无力国家无力

《中国青年报》曹林

　　相比普通公民，记者并没有特权，记者与公民无法分离。所以，并不存在"连记者权利都不受保护，更何况普通公民"的现象。记者权利是公民权利的一部分，记者就是公民，记者不受保护，就是公民不受保护。如果一个社会，担负着满足公众知情权的记者的权利得不到保护，报道真相的人被打压，真相被公然地遮掩，信息被操纵和垄断，民众不知情，民意就无法得到表达，民权就得不到伸张。

　　所以，有公共责任感的公民，一个告别一盘散沙的公民社会，会从记者的无力中，感受到公民的无力、社会的无力。——实际上，记者无力，不仅是国民无力，这个国家都会无力。一个强大的国家，应该有强大的国民，而国民的强大，应以知情权得到充分保障为前提。（欲知全文，请扫二维码）

第三章
新闻写作的要领

【学习要点】

本章主要介绍新闻写作的基本原则,在掌握新闻写作基本原则的基础上,明确新闻写作的要领。具体来说,掌握新闻写作的"六何原则",新闻报道的"五个基准"、新闻写作的四阶段方法、唐·弗莱(Don Frye)教授的新闻写作方法、新闻写作的 FORK 方法、新闻写作的 7 阶段,最后总结写好新闻写作应该注意的几大要领。

新闻并不是单纯地对现实客观的反映,新闻现实是一种"社会性的构成"(Social Construction)。在《现实的社会构成》(The Social Construction of Reality)一书中,作者(Berger, P&T.Luckmann)指出新闻描写的现实是通过人们的社会关系建构出来的,通过新闻的生产以及相关的社会关系属性、多种现实被建构出来。所以新闻并不是如镜子的成像一样反映现实,而是以一种窗户或者框架(frame)的形式存在着。所以根据窗户或者框架的形状或属性,被构建出来的现实也就具备如此的形状或属性。所以,我们所说的新闻写作是有一定的方法论依据的。即新闻并不是事实本身,而是根据事实来对现实进行的描写。而为了尽可能地客观反映事实,新闻写作有一定的"原则"和"基准",新闻写作也有一定的"程序性"。好的新闻是受众喜欢的新闻,那么,如何写出好的新闻呢?就从本章内容入手,学习新闻写作的基本要领吧。

第一节　依据事实来描写事实
——新闻写作的基本原则

新闻是"根据事实来描写事实"[1]，所以新闻并不是事实本身，而是采用一定的框架（frame），通过对事实的选择、归纳、鉴别、组合，让事实再现本来的面貌。也就是说，新闻是根据事实来对事实进行的再现式的描写（叙述）。那么"用事实说话"则被认定是新闻写作最基本的原则，"新闻应该按新闻的规律办事，让事实说话"。[2]

新闻是"根据事实来描写事实"，那么新闻写作就是对客观发生的新闻事实的模仿（再现）。所以说客观事实是先于新闻的，先有新闻事实，然后才能进行新闻的写作。也就是说新闻写作的素材来源于客观存在的事物。但是新闻写作的形式却属于精神交往的范畴，是新闻写作主体按照一定的原则，将作为事实的对象描写、传达给受众。由于新闻写作是新闻记者个体的精神性创造，不仅写作主体的主体性对新闻写作内容产生影响，按照前文所讲，新闻内容还受到新闻惯例、新闻组织内部、新闻组织外部的机构、国家意识形态的影响。因此，新闻写作"用事实说话"，则体现了新闻创作的客观性原则。客观性报道指的是必须依据事实为基础进行新闻写作，以公正、均衡的立场将事实描写、叙述给受众的新闻报道。

同样，当记者将写作好的新闻报道出去之后，大众对新闻内容进行评价，相关人士对新闻内容"挑刺儿"的时候，常常使用的概念或者词汇也往往是客观、公正、事实、均衡等。这就体现了记者、编辑、读者之间所共有的对什么是好的新闻报道，或者什么是理想型的（ideal type）的新闻报道的共识。这便是新闻创作所要遵循的一般性原则，如果不遵守是绝对不行的。

这是新闻传播规律所衍生的新闻业所共同遵守的一般规范。为了能够正

---

[1] 陈力丹：《精神交往论：马克思恩格斯的传播观》，中国人民大学出版社，2016年版，第279页。
[2] 吴冷西：《吴冷西谈广播电视新闻》，载于《新闻战线》，1982（12）。转载于《新闻采访与写作》（第二版），欧阳霞、张晨编著，清华大学出版社，2014年版，第187页。

确传达世界上所发生的多样化的、复杂的信息，同时也包含着一个前提就是新闻是叙述客观发生的事实。1990年美联社（美国历史最悠久、规模最大的通讯社，是由纽约6家报社为应对日益激烈的新闻竞争而建立起来的一个世界上最早出现的合作性、团体所有制通讯社、经营商，自负盈亏，从不接受政府资助或入股）主张，新闻报道的是事实而非意见。西方新闻界将这一主张提升为新闻报道客观性的内涵之一。即要求记者避免个人倾向性而仅仅将客观事实报道出来即可。所以，新闻不等同于宣传，宣传是运用各种符号传播一定的观点，影响人们的态度，从而改变人们行为的社会性传播。而新闻传播过程之中，用事实说话，坚持客观性的立场，目的是不将记者、新闻编辑室（news room）偏见、意见、主张等随意地掺和到信息以及事实之中，从而影响了大众的判断。

但是如此的观点又会产生一些二律背反的情况，刚才论述的情况是依据客观性，记者进行新闻写作与传播能够把握世界的多样性以及现实的复杂性，能够按照事实原本的模样进行再现。但是相反的命题却是记者与编辑室果真能够客观分析多样性的世界与复杂的现实，能够正确地进行报道吗？能够完全地排除偏见，从而将事实按照本来的面貌进行叙述、传达吗？

"世间安得两全法"。对新闻客观性进行批判的代表性学者塔奇曼（1978），依据其观点，新闻业的客观性与新闻内容所反映的实际性真实（事实）的本来意义已经没有多大的关系了，而仅仅是一种"战略性的仪式（Strategic Ritual）"[1]，在塔奇曼看来，客观性仅仅是战略的需要而已，即新闻内容的客观性，不掺和私人的情感，没有私心等。而真正的客观性原则是对这些话语的表现，即语言表述的客观性而已。对此，下文之中的描述则凸显这一点：

胡乔木在《人人要学会写新闻》之中强调：最有力量的意见乃是一种无形的意见，从文字上看，说话的人只是在客观地、朴素地叙述他所见所闻的事实（而每个叙述总是根据着一定的观点的），这样，人们就觉得只是从他那里接受事实而不是从那儿接受意见了。新闻就是这种无形的观点。愈是好新闻，就

---

[1] Gaye Tuchman: "Objectivity as Strategic Ritual" American Journal of Society, 1972: 660-679.

愈善于在内容上贯彻自己的观点，也愈善于在形式上隐藏自己的观点。[1]

作为新闻写作的客观性问题，将哲学性的论辩（认识论）与伦理性问题连接起来考虑，就显得有些棘手。那么在现实写作过程之中新闻客观性是否依旧是新闻创作的原则，或者说标准呢？因为只有有标准、有依据，学者、记者、受众等才能对新闻的好坏进行评论，才能谋求新闻更好地发展。在《新闻传播的基本原则》第3版的序言之中，有如下的叙述：

数字革命的轮廓逐渐显明，我们应该遵守的新闻传播基本原则的价值也随之确立……在过去的时日之中，存在的根本性变化就是新闻的生产者如何去实践这些原则。维持与遵守新闻传播的核心原则的理由是十分简单的。这些原则并不是在起初就被记者们所造。而是从信赖记者，愿意得到有用新闻的公众（The Public）的需求之中诞生的……进一步说，新闻传播的基本原则常常存在于公众之中。如今，我们要以市民之身份存活的话，我们就一定要理解新闻传播的基本原则，要拥有新闻传播的基本原则，与过往任何时候相比，我们都要积极地去使用这些原则。[2]

由此我们也可以得出结论，新闻传播的基本原则并不在于记者，而是存在于民众之间。新闻传播的基本原则并不是新闻从业者的实务纲领，而是对新闻是什么，我们应该做什么的全体社会的共感。所以依据事实来描写事实，虽然是新闻写作的理想型状态，虽然在一定的条件下没法完全地、严格地将这种状态现实化，但是对新闻客观性的要求是来自于全社会对新闻记者、对新闻内容的要求（共感）。在新闻写作过程之中，新闻写作者只有知道客观性应该是什么样子，那么在新闻创作之中便会生成一个前进或者仿效的目标。这也是新闻理论的功用之处。

---

[1] 转载于《新闻采访与写作》（第二版），欧阳霞、张晨编著，清华大学出版社，2014年版，第188页。

[2] Kovach, B., &Rosenstiel, T.(2014) The elements of Journalism: What newspeople should know and the public should expect(3rd ed.).

案例赏析

永不抵达的列车

记者 赵涵漠

7月23日7时50分

  在北京这个晴朗的早晨,梳着马尾辫的朱平和成千上万名旅客一样,前往北京南站。如果一切顺利的话,这个中国传媒大学动画学院的大一女生,将在当天晚上19时42分回到她的故乡温州。

  对于在离家将近 2000 公里外上学的朱平来说,"回家"也许就是她 7 月份的关键词。不久前,父亲因骨折住院,所以这次朱平特意买了动车车票,以前她是坐 28 个小时的普快回家的。

  12 个小时后,她就该到家了。在新浪微博上,她曾经羡慕过早就放假回家的中学同学,而她自己"还有两周啊",写到这儿,她干脆一口气用了 5 个感叹号。(欲知全文,请扫二维码)

第二节　新闻写作的要领

  新闻写作如何开头呢?当采访进展到某种程度的时候,记者在采访开始之时,便要开始思考写作如何进行了。在时效性更加紧迫的社交媒体时代,每一时刻可能都将变成截稿时刻,所以,记者采访与写作的压力不减反增。

  新闻写作最大的特征就是时效性。这与小说、随笔或者其他类型的散文不同。所以作为记者来说,最需要锻炼的能力便是将采访的材料(事实)能够以最快的速度,以自己所独有的写作方式变换成文章。记者采访以及同时要思考的问题整理如下:

1. 导语应该包含什么？
2. 写作的形式是倒金字塔类型，还是华尔街日报体类型？
3. 采访的内容应该以怎样的顺序进行排列？
4. 哪一个信源在文章之中最先出现？
5. 直接引用应该使用怎样的内容？
6. 如果要对新闻内容进行删减，应该先排除哪些内容？

新闻工作的首要任务是追求真实。真实报道或许是一个难以达到的命题。让真实报道成为可能的另一个表现是准确报道，客观报道。准确性是报道的内容要符合事实。当记者从采访人员那里得到信息时，应该与众多采访人员见面，查明真相，向人们进行报道。

报道文章不同于一般文章，应采用报道文体。为了将新闻素材和话题传达给受众，必须遵循适合报道的文体和原则。那么，为了写出符合上述原则的好文章，具体怎么写呢？在进行新闻写作之前，一些基本的新闻写作知识应该首先弄清楚。

一、"六何原则"

"六何原则"又被称之为"六W原则"。即新闻写作包含的六种基本要素：何人（who），何时（when），何处（where），何事（what），何种方式（how），为何（why）。

诺贝尔奖获奖作家拉迪亚德·吉卜林（Rudyard Kipling）创立了这一概念。以"谁，什么时候，在哪里，做什么，为什么，怎么做"为中心叙述事件。这是新闻报道的原则，记者在采访中发现，"六何原则"，即"5W1H"的写作方法是新闻稿件制作的有效方法。

根据报道种类的不同，"六何原则"之中的"what和how"等引起读者关注的事情，可以更加强调，但是如果主语是普通人的情况，也可以省略。

"六何原则"是写报道文章时必须遵守的基本原则，坚持"六何原则"写文章，不仅文字写得更准确、更详细，而且便于阅读者理解。

报道从大处着眼可分为 straight news（硬新闻，或者纯消息报道）和 opinion news（观点新闻或者 feature news，即新闻特写）。硬新闻一般指的是题材比较严肃，有一定时新性的客观新闻报道。而在我国一般分为消息和通讯。消息作为客观新闻报道，需要排除个人观点和意见，一般又称为直接新闻报道。而新闻特写是通过记者的眼睛，进行再评价的新闻。一般分为：策划新闻，报告新闻［reportage：也可以缩写为"报道"，并不是针对某种社会现象或事件的短篇报道，而是以报告者（reporter）自己的见识为背景进行深度采访，是关于被报道对象的综合新闻，是介于纯新闻报道和记录（报告）文学之间的题材］，社论，专栏等。

案例赏析

校园暴力，以关注来阻止

2019年10月29日上午，在我们学校正门，学生、学生家长、老师以及所在地区的警察一起参与了以"缔造没有校园暴力的幸福学校"为主题的活动。此活动之所以举行，其目的是为了引起人们对校园暴力严重性的重视，将解决校园暴力作为重中之重的头等大事来对待。

参加此次活动的人们自发地制作了一些条幅，以引起人们的注意。条幅的内容有"即使是小小的戏弄也会造成对方的不便"，"与其排挤、孤立，我们更需要理解的视线"，以及"抵制校园暴力，以爱之名来化解"。并且，在这次活动之中还有现场签名活动。以路过的人们以及上学的学生们为对象，邀请其进行签名，即表明赞同对校园暴力不再保持沉默。

（这篇消息题材的报道，一共由三部分组成：标题、导语以及正文。采用"倒金字塔"结构，将"六何原则"的其中五部分写进导语。即何时、何处、何人、何事、为何。而第六原则"如何"则在正文部分进行了说明。）

二、报道"六基准"

报纸或广播把国内外的新消息广泛传播给人们叫作报道。那么,在各种信息或事件中,选择哪一个作为新闻进行报道呢?如下便是报社或者电视台的六种报道标准,以这六种报道标准为基础,报社或者电视台进行信息或者事件的选择,然后进行报道。

"六基准"的内容包括:时新性、显著性(重要性、影响性、著名性)、趣味性、矛盾性、新奇性(稀少性、例外性)、接近性。长久以来,利用新闻价值便可以预测受众们感兴趣的并认为重要的东西是什么。

1. 时新性

新闻具有时新性。人们的关注是有局限性的,人们对正在发生的事情比较感兴趣。具有时新性的事件能够唤起更多的行动。

2. 显著性(重要性、影响性、著名性)

根据新闻的重要程度能给予多大的影响而进行测定。例如,人命伤害就比财产损失更具有重要性。国家领导人的行动或国家政策的调整对人有重要的影响,更具有重要性。显著性大致分为:时间上的显著性,空间上的显著性,事件上的显著性和人物上的显著性四种。

3. 趣味性

人们对与生活没有直接影响的众多事情也具有兴趣。例如,演艺明星动态等娱乐性新闻。其中电视新闻向人们展示事件的理由也在于此。

4. 矛盾性

人们为什么对矛盾很感兴趣呢?因为从根本上来说矛盾比和谐更能引起人们的兴趣。信息来源于差异性而非来源于同质性。

5. 新奇性(稀少性、例外性)

根本上说,稀少性也会引起人们的关注。人们日常生活之中会假设明天会跟今天类似,不会有太多的变动,但是一旦出现例外,人们便想要知道原因。这便是稀缺性发挥作用的根本所在。

6. 接近性

最近的地方发生的事件其新闻价值更高。周围发生的事件比遥远之处发生的事件更具有影响力。因此事件报道需要考虑接近性的价值，如此才能引起受众关注。

三、新闻写作的四阶段方法

下边要介绍的是美国安克雷奇（Anchorage）大学的卡罗尔·里奇（Carole Rich）著作《Writing and Reporting News：A Coaching Method（2016）》之中所介绍的新闻写作的四阶段方法。

1. 确定新闻的主题：conceive the idea

在新闻写作中应该写什么？

要叙述的核心问题是否明了地整理出来？

在相关的脉络之中，是否抓住了新闻的焦点？

是否应该以其他的观点进行再次的考察？

2. 资料收集或者取材工作：collect

构成新闻骨架的"六何原则"内容是否确立？

信源是否具有多元性？

是否需要更多的资料？

是否需要其他的信源？

3. 新闻结构的构成：construct

新闻的框架如何确定？是纯消息写作还是通讯

资料的展示顺序是否令人满意？

导语是否符合规范？

4. 新闻的修改：correct

整体来看，新闻的脉络是否顺畅？

决定性的材料是否有缺失？

文章的脉络和语言的选择是否自然？

语法是否规范？

四、唐·弗莱（Don Frye）教授的新闻写作方法

按照卡罗尔·里奇教授的介绍，前文介绍的新闻写作四阶段的方法是波因特学院/媒体研究所（Poynter Institute for Media Studies）的唐·弗莱教授所使用的写作技巧。按照唐·弗莱教授的说法新闻写作应该在握笔和坐下来之前就进行的。也就是说记者在进行采访的期间，应该在脑海之中不断地进行新闻的写作以及修改工作：思考导语的写作，对新闻的焦点反复进行思考，对全体内容的框架也是要进行不断的修改以及补充。进一步说，在记者的脑海之中，新闻采访活动和新闻内容应该持续地相互作用，然后相互地进行完善。

在采访到某种程度结束的时候，弗莱教授认为就应该将脑海之中所整理的新闻的框架，变成新闻写作所需要的概要。并且要整理一下自己所积累的采访手册上的资料，然后将所必须要使用的资料以及应用文字挑选出来，按顺序排列好。按照弗莱教授的经验，采访资料之中仅仅大约有5%的内容可以在新闻写作过程之中被反映出来，而其他95%的采访内容仅仅是作为参考资料而使用。

而下一步要做的便是将新闻的每一部分内容，缩写成几句话作为开头的切入语，以此来构建新闻的骨架。在这里最重要的最需要考虑的内容是读者最关心的、最想知道的内容是什么。将反映新闻的核心内容的要点段落（nut paragraph）首先写出来。而弗莱教授认为最重要的不是首先开始写导语，而是将正文的要点段落首先写出来，在要点段落之后按照新闻的脉络书写到文章的最后即可。而导语则在这些完成之后开始写作即可。也就是说正文写完之后再进行导语的写作。最后的一项任务便是校正工作。将新闻的内容认真地阅读，修正语言、语法以及文章上的瑕疵。

新闻写作的全体过程是不断地对问题进行应答的过程。"是否需要补充？""信源是否是最重要的人所说的话？"这种提问也可能来自于总编室，

也可能是记者自己的自我检查。当所有的可能问题都完美地解决之后,那么新闻稿件的修订工作也便接近尾声了。

五、新闻写作的 FORK 方法

"FORK"方法也是新闻写作过程所使用的一种方法。现介绍如下:

F=focus

O=order

R=repetition of key words

K= kiss off

焦点(focus):这里最重要的部分自然是"确定新闻的中心内容=focus"。要写的新闻的精髓是什么?是否能够相对容易地查找到所写新闻的精髓?

本段之中便要介绍与之相关的两种具体的要领。第一,取材记者自己将题目拟好。用几句话将自己所要书写的新闻进行压缩,然后便可以抓住新闻的中心内容。第二,将自己所要写的新闻内容用一两句话进行压缩,然后表述给朋友听。用简单的话语,将内容整理,然后就能够抓住文章的焦点。

顺序(order):新闻内容的排列顺序取决于对新闻纪录手册的使用。将采访时所用的手册(笔记本)展开,将所需要的内容精心地挑选出来,然后将其按照重要程度进行排序,然后就能把握住整个新闻内容的脉络了。

重要词汇的反复(repetition of key words):其目的是为了让读者不至于偏离新闻内容的脉络,而使其对新闻重要内容有较高的集中度的方法。前后文章相互呼应,即使是短篇的小文章,在新闻内容上重要概念的互相连接也是十分重要的。

消息源各自独立(kiss off):当新闻比较长以及复杂的时候,就应该注意这一点。当使用很多消息源的时候,如果可能的话,在一个段落之中尽可能地仅仅使用一个消息源,在段落转换之时,应该使用其他的信源。当一个消息源到处出现的时候，读者就可能对行为主体产生混乱。同理，需要记住的是当一个新闻以众多的小主题进行叙述的情况，每个小主题分离成一个段落来写，目的是不要使其之间互相产生混乱。

六、新闻写作的 7 阶段

新闻写作过程可以分作 7 个阶段。

第一阶段：记住正在写作新闻的焦点

也就是说，在写作新闻的时候不要远离中心概念。一个新闻只能围绕着一个中心来写；并且支撑新闻内容的材料，一定都是紧紧地围绕着新闻的焦点。

第二阶段：准备几个导语

不要一开始就想要将导语写作得十分完美。在写几个导语之后，首先将新闻的其他内容完成。之后，再对整体内容进行检查，并选择最好的导语，新闻的完成度随之提升。

第三阶段：将修改放在最后

如果新闻内容的写作不是那么的自然，或者不能够使自己相对地满意，那么将此部分进行标记，将全部内容进行阅读之后，再进行修改是比较好的。过于纠结于某一部分或者某一点的内容，对全文的大的脉络可能产生问题。

第四阶段：在写作的过程之中，常常在脑海之中，形成读者问题意识

即要有思考读者想要的是什么、读者喜闻乐见的表达方法是什么这样的问题意识。这是作者与读者之间想象的相互作用，是一种新闻内容的"同构"作用。带着这种读者问题意识去写作，在写作过程之中会充满着一种紧迫感。

第五阶段：大声地阅读出去

如果新闻内容看起来不通畅，那么出声朗读是一种好的修正方法。用眼睛无法补充的错误，用耳朵来捕捉反而可能会更有效果。在电视新闻之中，

这样的检查过程是必须的。

第六阶段：确认新闻内容的正确性

对人物姓名、场所、时间等客观性事实应该进行再一次确认。而引用句子的正确性也应当引起高度重视，特别是直接引用的情况。有时候，由于立场的问题，由于失误可能使导致歪曲信源本意的问题出现。

第七阶段：时间充裕的情况下，再次检查

如今，在数字出版时代，所谓的时间充裕和检查是比较困难的，但是在不是实时要登载的文章的情况下一定要反复检查，也就可能检查出来因时间所迫而造成的不足。

七、写好文章应该注意的几点总结

好的文章是读者喜欢的文章，是读者能够容易理解的文章。新闻写作的内容面向众多的读者与视听者，因此新闻写作的内容一定是需要简单易懂的。美国新闻以学校8年级学生的阅读水平来进行创作，也就是说初中二三年级的学生，都应该能够读懂新闻的内容。

但是，并不说是要教授读者那样去进行新闻写作。而是，新闻写作的内容，其意义上应该追求最大程度的明了，新闻写作应该朝着这样的方向去努力。那么既简洁又有力度的新闻如何进行写作呢？这样的新闻稿件的创作，应该遵循怎样的方针呢？

著名小说家马克·吐温曾经指出词语选择在写作上的重要性。"正确的词汇和几乎正确的词汇之间的差异就像闪电和萤火虫之光之间的差异一样。"

《风格的要素（The Elements of Style, 1918）》是一本英文写作界公认的圣经，此书的写作风格本身就完全符合作者威廉·斯特伦克（William Strunk）所提倡的写作风格"字字珠玑，不说废话"。参考如下引用文，对书写创作的人来说，都是十分有益的提示：

有力量的文章应该是简洁的，一个句子之中，仅有一个不需要的词语存在也是不可以的。一个段落也是如此，有一个不需要的句子存在也是不行的。同理，用铅笔所描绘的图画之中有一个不需要的线存在也是不行的一样，如机器上不能出现一个没有用的零件也是一样的。这种原则并不是要求所有的文章都是越短越好，或者是避免细节描写仅仅描写骨架、轮廓，而是仅仅要求你注意的是所有的词语都应该展现其合适的意义。

所以，在威廉·斯特伦克看来，所有的词汇都应该"适所"，即在合适的位置上展现其合适的意义，文章的用词力求简洁，不能重复堆砌。

那么，具体来说进行新闻创作，需要注意如下几点：

第一，忠实"六何原则"。因为在表达事实关系时，按照"六何原则"才能将内容进行有效、简明地传达。例如，事件、事故报道的时候，能够通过采访，以事实为基础，按顺序编制重要事实，做到概括而明了。另一方面，为了将新闻有效地快速地传达给受众，需要以倒金字塔的形式。而通讯类报道，例如特写（feature）则以正金字塔形式或者混合模式进行创作。

第二，依据事实来描写事实。报道要用事实说话，不要夸大其词，不要滥用形容词或者修饰语，要体现当事人的生动声音。应该站在读者的立场进行新闻的书写，读者并不喜欢艰涩难懂的报道。所以要尽量避免使用困难的专业术语。

第三，书写要简洁，文章宜简短。以短文形式展开的文章清晰易懂，最适合帮助读者理解。一篇文章包含一个好的点子（idea）就足够了，如果包含太多内容，就容易迷惑读者，使文章读起来晦涩难懂。

第四，新闻书写需要考虑事件的重要性和意义。通常的报道往往偏向于报道事件的现象（表象），对事件本质的挖掘并不彻底。很多事件虽然被报道出来了，但是读者并不知道这个事件的重要意义何在。所以新闻要充分说明读者想知道的问题。

第五，将主语、谓语以及修饰语放在其应有的位置。在文章之中省略主语是十分困难的。通常的文章之中，前一句出现的人在后一句往往可以用代词来替代，但是这只限于任何人能够一下子看懂的情况。尽量用简单句，说明主语的修饰语应该尽可能地放在靠近主语的位置，修饰词应该位于被修饰词的正前方。

第六，重视信源。所谓的采访来源，可以说是记者获取信息的来源。不仅是提供信息的人，包含信息的文件和物品等也属于这一范畴。在特定领域或安排出入场所进行采访时，最重要的是确保受采访人员的准确性。根据受采访人员的不同，报道内容的质量也有很大的不同。采访员对特定领域拥有大量知识和信息，如果能够对记者提供适当的信息，那无疑是锦上添花的事情。

为了写出好的报道，与受采访人员保持适当的关系非常重要。好的信源还会以非报道（off the record）为条件，为报道时可能会成为问题的事件提供信息。这也成为日后独家报道的基础。而且，要彻底保护受采访人员。如果在报道时承诺不公开信源，就应该遵守约定，不能让提供信息的信源陷入人身危险或遇到困难。

记者既要与受采访人员保持亲密关系，又要保持适当距离。太过于亲密，则可能无法做出批评，报道的论调就可能出现问题。因此，记者必须独立存在于任何人之中。因为新闻工作者的生命在于追求真相，而要把真相告诉大众，是新闻工作者义不容辞的责任。

课后思考与练习

1. 如何理解"依据事实来描写事实"？分析事实与观点的区别。

2. 融媒体时代的"新闻事实"是一种"社会性的构成"吗？就媒介现实情况进行分析。

3. 文章"永不抵达的列车"是如何体现"依据事实来描写事实"的？试分析在文章之中，情感性是如何体现的？新闻的情感性与新闻的客观性是否冲突？

4. 试以"六何原则"写一则消息。

5. 试寻找符合新闻报道"六基准"的案例，每个基准对应一条新闻报道。

拓展阅读

奶粉"难民":焦虑过后,路在何方

作者:李欣然、林姗蓉、马冰莹
指导教师:中国人民大学新闻学院 方洁

为了给孩子"更好的",妈妈们常常会为给孩子喝哪种品牌的奶粉而绞尽脑汁。而"安全",永远是妈妈们选择奶粉时考虑的第一件事情。

三聚氰胺事件已经过去了十年,其影响却依旧深远。对奶粉安全的普遍焦虑催生了一群到全世界搜刮奶粉的奶粉"难民"。

澳大利亚代购"小王子"和她的堂弟经营着澳洲奶粉和保健品代购的生意,他们一个月购买各种商品的金额可达30万左右。国内大量的代购需求甚至使她在福建省莆田市某商场开设了线下进口母婴体验店,用以展示和应急。

而支撑着"小王子"等人所做的奶粉代购生意的,正是庞大的奶粉"难民"群体。代购、海淘、限购令等关键词,拼起了中国独有的奶粉生态。(欲知全文,请扫二维码)

第四章
新闻源、新闻线索的发现与选择

【学习要点】

优质的新闻源和丰富的新闻线索，对新闻记者非常重要。如果把新闻记者比作大厨，那么能否做出一道色香味俱全的大餐，很大程度上取决于能否寻找到丰富、独特且优质的新闻源和新闻线索。融媒时代，海量信息蜂拥而至，如何寻找新闻源？如何发现新闻线索？新闻源的管理和使用都有哪些规范？新闻线索又如何获取？怎样将好的新闻线索开掘出最大价值？新闻策划又该遵循哪些原则？所有这些问题，都将在本章中一一分析并探寻它们的解决之道。这也是本章学习的重点。

第一节　新闻源

一、什么是新闻源？

新闻记者获取新闻信息的来源被称为新闻源，具体来说是指新闻记者在从事新闻报道时可获取选题的来源、可以采访的对象和可获取新闻事实的途径。

二、新闻源的分类与获取

新闻源可分为两类：人、物。

第一类新闻源：人，指向新闻记者提供新闻线索和新闻信息的知情人、目击者、政府官员、资深律师、专家学者或其他人员。向记者提供事件发生信息的所有人员均可称之为线人。

每位记者都有自己获取新闻源的不同途径，上至国家主席，下至普通百姓，每一个人都有可能成为记者的新闻源。美国著名记者汤姆·弗兰奈瑞曾说："我把我见到的每一个人都当作潜在的信源，走到哪里我都带着名片。"[1]这从另一个角度说明，记者要做生活中的有心人，与各类人群交往过程中，随时随地注意发现、搜寻自己的新闻源。

第二类新闻源：物，指新媒体平台、网络平台、报纸、杂志、文件、论文等。记者要随时关注新媒体平台、网络平台的公民爆料，媒体同行的报道以及一些资料检索、数据分析，要善于利用新媒体来获取自己的新闻源。

上述两类新闻源中，"人"提供的新闻信息更重要，也更具时效性、戏剧性；但可信度上，"物"的可信度往往高于"人"，因为作为消息源的"人"未必亲眼所见新闻事实，即便亲眼所见，事过境迁之后，也因时间久远、记忆力衰退等问题，极有可能在回忆过程中无意识地将新闻事实进行了"异化"。

三、新闻源的管理

新闻源的管理也有好多学问。有些记者新闻写作高产、多产，新闻来源广，就是源于他们对自己的新闻源有着非常好的管理。下面介绍一些相关的经验和技巧。

---

[1] 李希光：《研究如何挖掘与用好"新闻信源"》，《新闻与写作》，2012年第11期。

（一）研究和熟悉新闻源

记者首先要熟悉、了解自己的新闻源，进而对其进行研究，深入了解、掌握新闻源的性格特点、成长背景和职业生涯，一个必要的手段是对新闻源做一个类似编年体式的大事记，从而对他的性格特点、生日、兴趣爱好、最佳联络时间以及人生的重要转折点等做到心中有数，会在新闻源生日、人生的重要转折点等关键节点送上自己的祝福。

曾经，纸媒处于黄金时代时，烟台一家主流媒体的时政记者说，他会为一些自己长期联系的政府部门的重要新闻源订阅一份《烟台晚报》，这样，每当对方阅读该报纸时，就会自然而然地想起他，每当发生了什么大事或者有什么新的"猛料"时，对方都会给他发一个短信，提醒他"这件事情你可以关注一下"。

（二）建立新闻信源数据库

优秀的新闻记者，一般都会建立一个覆盖各行业、各层次的新闻信源数据库，并且以数据化的方式不断更新和完善。这个信源数据库，既可以靠自己在日常工作、生活中的积累和扩充，也可以靠部门同事间的分享，还可以在开会、参加学术交流时扩大自己的资源库和关系库，总之，就是要利用一切机会想方设法来扩建自己的新闻信源数据库。

比如有位记者在自己的笔记本里为自己的信源建立了一个"宝库"，里面记载着各行各业知名人士的联系电话、工作单位、家庭住址，甚至对重要信源的性格特点、兴趣爱好都做了详细标注。每个人名后面也有不断新添加的标注，如在什么时候看过这些知名人士写的论文，或者这些名人的职业现状如何等等。如果需要采访一位专家，记者就可以按图索骥，根据数据库的信息找到他，并打电话给他说"上一周我正好看过您在某杂志上发表了一篇文章，其中的观点很有意思，这次我们要报道的题材跟您的研究有关，想请您再结合这个题材深入谈谈您的观点"。这样，一下子就把双方的距离拉近了，接下来的采访也就会变得非常顺畅。

（三）关注"中间层"消息源

美国的《华尔街日报》鼓励记者要多多关注"中间层"消息，因为高层的权威工作太忙，分身乏术，没有时间理会记者，再加上高层人士多在乎个人形象和组织利益，顾忌多，不易诚恳地表达自己的观点和意见。而"中间层"往往上下通吃，既熟悉高层想法，又知晓底层情况，往往能给记者提供更多的细节和材料。

对于"中间层"新闻源，记者应当注意在日常生活中经常与其保持较为密切的联系，切忌不采访就"束之高阁"，一采访就想起人家。每逢节假日，要注意通过微信、短信给对方送上自己最真诚的祝福；平时也要不时邀请对方坐下来聊聊天，加深下感情，这样当单位有新闻发生时，对方就会通知你前来采访；此外，今天的"中间层"很有可能是明天的高层，当他还是"中间层"时你跟他就建立了良好的信任关系，等他成为高层时自然也不会忘记老朋友，从而为你今后获得重要新闻事实和信息打下了牢固的情感基础。

（四）避免过度使用专家新闻源

记者在采访过程中，会发现有些专家比较严谨、工作也比较忙，如果没有提前预约一般不接受采访，或者要求采访后审看记者的报道内容；而有的专家学者比较好说话，对记者的采访一般"来者不拒"，记者为图省事或者其他原因，遇到问题就习惯性联系后面比较好说话的专家学者，专家在此领域是专家，在彼领域未必知识丰富，在不熟悉的彼领域回答起问题来可能就会浮在表面，不够深刻，如此，留给受众的印象不会太好：一方面会觉得记者的专家消息源太过狭窄、不够丰富；另一方面会让受众对专家水平产生误解，认为专家水平不过如此；再就是会给报纸的影响力带来一定程度的负面影响。

现任中山大学传播与设计学院院长、教授、博士生导师张志安先生曾带领学生就"专家如何看待记者"做过一项调研，受访的不少专家学者对记者的印象不太好，比如，北京大学的叶朗教授对某些记者的作风很不满意："有时候，记者打电话说：'叶教授，我们正关注某个问题，您有什么想法？'我说，没有什么看法，我没有研究。'哎，你不需要研究，你随便说两句就行了！'我怎么能随便说两句呢？我说话也得有责任心吧？"

四、新闻源使用基本规范

新闻采访过程中，目击者或者知情人向记者详述了事件的相关信息，记者通常会"有闻必录"，或者用直接引语的方式来客观陈述相关事实，但对新闻源的使用一定要遵循一些基本的使用规范：

（一）慎用单一新闻源（尤其是网络新闻源）

单一的新闻源往往是危险的，尤其是网络消息的来源。有时候，一些都市报常常以"据网络爆料"的消息来发表报道，甚至对网络爆料的内容未加核实就仓促报道，这种做法是不妥当的。无论报道主题单一还是复杂，新闻记者都应当想方设法尽可能多地采访不同的利益相关者，慎用单一新闻源。

（二）坚持"三角定位法则"

采访过程中，新闻记者要尽最大努力找到正面、负面、中性等三方立场的新闻源，保持客观、公正的立场，避免偏听偏信，防止新闻事实出错。

比如，记者去报道一位企业家，不仅仅要采访下属，还要采访三类人：一，从这个公司离职尤其是因为跟老板闹矛盾而离职的那些人，他们可能会相对客观地讲出老板的一些不同看法或者有所保留的态度。二，采访这位企业家的竞争对手，他们或许会提供一些在商战中该企业家"不择手段"的做法。三，以上两类属负面信息源。此类信息源可能基于自己的私利受损，对这位企业家的批评也可能不够客观。所以，还需要中立的消息源，比如长期报道这个企业的财经记者、行业管理部门的领导、企业协会的负责人，或者对这个企业有观察和研究的经济学家等。

（三）坚持"两个以上独立新闻源"原则

必须找到两个以上的独立新闻源进行相互佐证。记者必须通过寻找更多事件相关者进行采访、深入调查、进一步核实和佐证，同时对不同类型消息源的可信度保持基本判断，对带有利益动机、主观立场和感情色彩的消息源，保持审慎存疑态度，并进一步通过不同途径进行核实。

（四）坚持"事实核准"原则

对报道中的每个事实进行核准应是记者的基本功。物证消息源相对可靠，某些研究机构提供的貌似客观的调查报告，记者要认真仔细辨析其机构背景、抽样方法以及利益格局，由此判断报告的独立性和专业性；网络消息源的风险较大，无论实名或者匿名，记者都需要联系发帖者一一核实，记者应时时刻刻保持冷静、理性和独立的判断，在已有线索的基础上，细致严谨地对其他线索进行查证核实。

《华尔街日报》的采编人员有时为了核实一个数据，会向十个以上的消息源求证。

著名的双月刊《Mother Jones》，一直保留着五六位事实核查员，专门对报道中的消息源和事实进行核查，每个消息源都要评判其可信度，重要的消息源还要再打电话找采访对象进行核实。这种制度值得我们借鉴和学习。

（五）慎用匿名消息源

新闻采访过程中，应尽量避免使用匿名消息源，因为使用匿名消息源会带来一些风险：一方面，会使新闻报道成为被匿名新闻源利用、表达其利益诉求的工具，使报道有可能陷入不实的泥潭；另一方面有可能为虚假新闻亮起"绿灯"。为应对激烈的市场竞争，大部分媒体都接受特殊情况下可使用匿名新闻源，因此个别记者会借此制造新闻，为虚假新闻大开绿灯。在没有办法必须使用匿名新闻源的情况下，新闻媒体应保证遵循最基本的前提和原则：

其一，事件涉及重大公共利益，如：发生在美国直接导致尼克松总统下台的"水门事件"，就使用了匿名新闻源。

1972年，美国《华盛顿邮报》两位资深记者鲍勃·伍德沃德和卡尔·伯恩斯坦依据线人"深喉"的可靠消息，率先揭开"水门事件"的内幕，导致时任美国总统尼克松辞职下台。

在报道过程中，两位记者曾对他们的"深喉"做出过承诺，多年来始终守口如瓶。直到 2005 年，作为"深喉"的马克·费尔特（美国联邦调查局前二号人物、尼克松时期的 FBI 副局长）自己站出来说"我是深喉"，才使得"水门事件"的"深喉"之谜为世人所知。如果不是马克·费尔特自己站出来说，世人就永远无法知晓这一真相。

其二，别无其他新闻源。如果记者确实找不到其他新闻源愿意公开身份来讲述这个事情，就只能采用匿名新闻源的方式报道完成。这里还有一些操作策略可供参考：比如当知情人跟记者爆料时，这些人如果说自己的身份绝对不能写出来，记者就可以问他：你刚才跟我说的事情还可以通过别人来进行求证，或者公开说出来吗？如果受访者给记者提供另外的新闻源，这个新闻源是可以公开身份的，那最好不过。总之，只有在穷尽寻找了一切新闻源，实在找不到任何一个新闻源愿意公开身份时，才会考虑使用匿名新闻源。

其三，不涉及评价，只关乎事实。记者在采用匿名新闻源的同时，要更多地遵循这样一条原则：匿名的新闻源主要提供事实，而不是观点。比如有人跟你说某某是个道德败坏的人，这种观点你就不可以用匿名方式随意去写，因为这是匿名新闻源的主观判断，也可能是他想故意诋毁别人。记者必须要有确切的证据证明匿名新闻源给出的是事实才能进行报道。

其四，编辑部内部科学的把关流程。一般编辑部内部都有规定：记者必须把采访对象是谁告诉部门主任，或者分管副总编，或者是总编，也就是报社内部多一个人或者多两个人对记者的报道进行把关。这种编辑部内部的把关和确认机制，一方面对记者是一种保护，另一方面也是监督。

其五，清楚说明新闻源为何匿名处理。匿名消息源使用基本有两种情况：一种是消息源自己提出必须要匿名；另一种是消息源本身不愿接受采访，记者为了得到关键信息承诺对其进行匿名处理。

媒体应恪守诺言和职业伦理，保护匿名新闻源。匿名新闻源常会在揭黑报道中出现，由于揭黑报道的特点，常需对线人进行技术处理，只有在有证据证明消息来源、新闻线人提供的事实是捏造或故意歪曲，或消息来源、新闻线人的匿名身份，危害公共利益，才可以公开其真实身份；报道过程中，即使必须使用匿名消息源，也应尽可能明确，避免过于模糊的提法，如新闻源不愿意公布自己的姓名，可公布其单位，或者明确其与当事人的关系，应避免"某单位称"、"据消息人士称"等过于模糊的提法。当然，若遇特别敏感、特别棘手的事件的报道，为了保护受害者或当事人应使用化名。

以上做法都是为了让新闻报道更真实、更专业。

相关链接

（一）《瞭望东方周刊》关于新闻源使用的"8项军规"：

——新闻稿件必须有五个以上独立的新闻源。

——稿件中涉及具体事实和数据、引证权威观点和分析，必须明确交代具体的信息来源。消息来源必须是具体的人，具备完整的单位名称、职务和名字，禁止"××集团对《瞭望东方周刊》说"这类"某某单位说"的表述。

——消息源正确的介绍顺序是："单位＋职务＋名字"，不得出现"李主任说"这类表述。

——采访对象在稿件中首次出现，一律规范为："××对《瞭望东方周刊》说"，此后出现可使用"××对本刊记者说"，或者"××说"。

——文内不得出现"××对记者说"的字样。

——如出于保护信息提供者目的而隐去其真实身份，记者在来稿中应加以详细说明。

——若摘引其他媒体报道内容，要明确报刊名和报刊日期。

——一般不称呼采访对象为"先生、女士"，也不用"您"。

（二）《纽约时报》关于匿名使用信源备忘录

2010年8月31日，《纽约时报》编辑菲尔·科伯特（Phil Colbert）向全体员工发了一份备忘录，讨论匿名信源的使用。备忘录如下：

使用匿名信源的注意事项

菲尔·科伯特（Phil Colbert）指出使用匿名信源中的注意事项，并为如何使用描述匿名信源提了建议。

在克拉克·霍特（Clark Holt）（《纽约时报》编辑）的告别晚宴上，一些编辑再次讨论我们对匿名信源的使用，我们再次获得共识，那就是在实践中我们常常背离指导纲要。

现在需要再次提醒大家，并提供一些建议了。

最常见的问题，实际上涉及我们纲要中一个不太重要的方面，也就是我们该怎么向读者解释一个信源想匿名，所以我先来讨论这个问题，之后我还会简要地强调我们规定中比较重要的方面。

为什么信源不透露姓名身份

模式化的介绍为什么一个信源不透露姓名比完全不介绍更糟糕。这样的媒介不能告诉读者任何有用的信息，还会给读者造成我们匿名信源的规定已经名不副实的印象。

说一个信源坚持不透露身份是因为他"没有获得授权"，通常来说就跟没说一样，对于读者也没有任何帮助。但是去年我们却使用这种套话有近300次。

我们应该停止使用诸如因为"他/她没有获得授权发表意见"或者"因为问题的敏感性"这样的陈词滥调。

基于这样的样板泛滥成灾，记者和编辑应该在每个报道中都讨论为什么信源不愿意透露身份，并严肃考虑我们是否能说点什么有信息含量和有意义的东西。

如果可能，使用精心思考后写出的句子和段落来描述人们在某种情况下面临的压力和持有的顾虑，这就让读者更深入地了解事件，也比空洞简短的话语强许多；也有一些情况，简短的解释可能会有用，但前提条件是这个解释必须会有真正的信息。下面是一些具有启示性、值得考虑使用的句子：

——"因为担心个人安全"

——"因为害怕甲的报复"

——"因为参加谈判的各方承诺保密"

——"因为该公司威胁员工,谁接受媒体采访就解雇谁"

——"因为政治家甲要求他的助手不可接受媒体采访"

——"为了避免得罪甲官员"

——"因为泄露大陪审团证词是违法的"

当然,在所有情况下,我们必须保证不要无意间破坏了保护信源身份的协议,如果匿名的原因显而易见,或者我们无法提供除了信源不愿意透露身份以外其他的事实,我们就应该尽可能清晰地描述信源。

信源的可信度

一些记者编辑之前已经强调过,对于读者来说最关键的问题就是如何评价一个信源的可信度,因此,我们必须尽可能多地告诉读者信源是怎么知道某个信息的。他是在一次会议上知道的?她在立法机构工作?他们亲眼见过这些文件吗?

我们还应该尽可能清晰地告诉读者,该信源对事件有什么样的动机、偏见和利害。她赞成/反对这个提议?他被公司开除了?他们以前与甲官员有过节?

告知编辑

请记住我们的规定,必须至少一个编辑知道一个匿名信源的身份。我们一些新闻办公室已经有这样的习惯,就是在报道中加一条注释,指出哪名编辑和记者讨论过信源问题。

过度使用匿名信源

最后还要提醒大家一个基本点:尽管匿名信源对于新闻报道有时很重要,但我们使用一个匿名信源时,我们就冒着失去读者信任的风险,我们所有的规定都在强调,我们只能在报道我们无法从其他所有途径获得有新闻价值的信息时才可使用匿名信源。报道不重要、明摆着的、无关紧要的信息,或使用没有信息含量的信源时,就不可使用匿名信源。此外,匿名信源不可以用作人身攻击的武器。

如果你有问题,请和我联系。

菲尔·科伯特

2010年3月

第二节　新闻线索

融媒体时代，面对浩瀚的信息海洋，记者应当怎样去发现新闻线索，进而循着线索去深入开掘新闻？伴随着这一问题，新的问题紧跟而来：什么是新闻线索？新闻线索又怎么发现？它具有什么样的特点？如何判定新闻线索的价值大小？这些与新闻采访直接关联的关键问题，都必须弄清楚，只有这样，记者才能发现并采访到好的新闻。

一、什么是新闻线索？

新闻线索也称报道线索、采访线索，它不是新闻事实的全部，只是一个信号，是可能成为新闻报道对象的某种事实所传递的信息，或者是已经成为或者即将成为新闻报道的对象所发出的信号，是有待证实、扩展和深化的信息。

寻找新闻线索是开始采访的第一步。新闻线索为记者指明了采访的方向和目标。

新闻记者有"穷记者"与"富记者"之分，当然，这里的"穷记者"和"富记者"并不是指财富的多与寡，而是指占有新闻线索的多与少，占有线索少的就是"穷记者"，掌握丰富新闻线索的自然就是"富记者"。发现新闻线索，进而占有大量、丰富的新闻线索，对于当好记者，采写出丰富新颖且富有价值的新闻是非常重要的。

为了多掌握新闻线索，各大媒体都设有自己的报料热线电话，如：烟台日报传媒集团：96110；山东卫视：95105110；中央电视台《焦点访谈》：010-68579889；中央电视台《东方时空》：010-68508738。

融媒体时代，更是增添了新媒体报料渠道：QQ、微信、微博、电子邮箱等。

报料一旦被采用，有的媒体会为报料人发放奖金；设立报料奖金的目的也是为了鼓励广大受众多多为媒体提供优质的新闻线索。

二、新闻线索的特点

新闻线索是新闻事实具体的个别片段在记者头脑中的反映，是记者通过自己的新闻敏感捕捉到的新闻事实中有价值的片段，它具有以下几方面特点：

（一）相对简略，完整性差

由于新闻线索仅仅是新近发生或发现的新闻事实所表现出的某些信号或迹象，一般不是一个完整的事实，无头无尾，没有过程，更没有细节，完整性差，所以新闻线索往往不容易引人注意，如果记者观察力不强，耳朵不灵敏，它就可能不知不觉地从记者、编辑眼前溜掉了。新华社著名记者李峰对新闻线索的特点做了很好的说明，他说：新闻线索，是表明哪里有新闻或者可能有新闻的那种片段的情况。这种线索，有时只是一句简单的话、一件很小的东西、一个小小的数字、一种快速的行动、一种崭露头角的征候。这种片段，常常被淹没在长篇的讲话或是闲谈之中，淹没在成本成摞的文件之中，淹没在许多许多的事物或数字之中，淹没在错综复杂、变幻莫测的生活现象之中。而聪明有心的记者往往就是根据这些简略笼统的线索顺藤摸瓜，最终获取了新闻的全部事实。

新闻背后：

1982年的一天，一架飞机在广州机场着陆的时候突然起火燃烧，两名记者赶到机场进行采访，获取到的信息是"一位失踪的旅客已经找到了"，除此之外，并没有获取其他信息。这个记者抓住了这一句仅有的信息，后续即刻查找到这位已经失踪的旅客的家庭住址，并立刻跟踪前往旅客的家，到了旅客的家问出事实前因后果，搞清楚了事实缘由。原来是这位旅客在飞机着陆起火的那一瞬间，从机舱处跳了下来，并且在第一时间参加的抢救工作，机场人员不知道他的身份把他赶走了。于是这位旅客就在匆忙中离开了机场。了解了事情的整体情况之后，记者赶回报社迅速写出一篇报道，即《唯一的失踪者找到了》，成了《广州日报》的"独家新闻"。

（二）时间短暂，稍纵即逝

新闻线索的存在具有突现性、时效性，时间短暂，就像夜空中的流星一闪而过，稍纵即逝，这种状态下，记者要发现新闻线索，就必须做生活的有心人，时时处处注意留心观察、发现新闻线索。

新闻背后：

1971年第31届世界乒乓球锦标赛在日本某地举行，美国代表团来访中国，在各方会议交谈过程中，一名来自日本的记者偶然听到一件事，此位代表团记者意识到这次对话蕴含一条高度敏感和十分重大的新闻材料：一个小小的银球，可能是打开关闭几十年的中美关系的重要突破口，该记者立刻询问相关部门确认此事后，即刻撰写并发表了一则新闻，这则新闻立刻引起了国际上各界人士的广泛关注和重视。该记者并因此荣获了国际新闻奖——"波恩奖"。

（三）只是信号，可信度小

简略的新闻线索是有待进一步核实、确认的信号，只是告诉记者"发生了什么事"，或者"将有什么事要发生"，具体实际情况如何？到底怎么一回事？这些都需要采访时进一步查证；记者必须认识到新闻线索的不确定性和动态变化特点，严格区分新闻线索与新闻事实的界限，不能把线索当作事实写成新闻，所有的新闻线索都需要记者进一步深入采访、认真核实。

新闻背后：

1996年曾发生过这样一起新闻官司：一家报社报道了某专业户出资2000元钱资助一困难户盖房子的事情，报道中说：这家困难户的儿子患有残疾，因为盖不起房子一直没娶上媳妇。消息见报后，困难户拿着报纸把记者告上了法庭，说根本没收到专业户资助的2000元钱，他儿子也没有残疾。法院问记者这到底是咋回事，记者说稿子是根据县里汇报的材料写的；法院又询问县里写材料的"秀才"，"秀才"回复说是听村干部说的。电话找到村干部，村干部答复说当初是随便说着玩的。为了抢时效，记者没有对通讯员提供的材料做进一步的核实……材料的失实，正是记者被推上法庭的直接原因。

（四）直观反映，变动性强

新闻线索是新闻线人向记者提供的，或者是记者自己观察到、感触到的某件事实的表面现象，因为不涉及事件的内在本质，这些呈现在表面的现象所构成的新闻线索随时处在变动的状态中，记者要善于敏锐地发现新闻线索蕴含的新闻价值，如果线索蕴含的新闻价值比较大，接下来就可以深入采访，进而写出较有分量的新闻稿件。有的新闻线索具有一定的新闻价值，也可以深入采访写成新闻稿；有的新闻线索刨根问底深入挖掘后，又发现了新的线索，这个新线索更有价值和意义，非常值得深耕、拓展；而有的新闻线索则经不起推敲，经采访核实后发现与新闻事实不一致或者相违背，只能忍痛割爱、将其彻底舍弃。

三、新闻线索的获取渠道

俗话说："巧妇难为无米之炊"。新闻线索，就是记者手中的"米面蔬菜"，只有有了好的"米面蔬菜"，记者才能做出一道道色香味俱全的大餐。融媒体时代，新闻线索的来源渠道非常多，一名优秀的新闻记者，除需要拥有敏锐的洞察力，还要学会从多个渠道进行新闻线索的收集：

（一）借力网络和新媒体寻找新闻线索

融媒体时代，微信（微信公号）、微博、播客、QQ、网络论坛等成为记者发现、寻找新闻线索的最便捷渠道，这里信息众多，传播速度快，突发的新闻事件往往会第一时间在互联网上传播开来，所以互联网和微信（微信公号）、微博、播客、QQ、网络论坛等就成了新闻记者，尤其是刚入行的记者寻找并发现新闻线索的首选。

2018年7月11日，长春长生生物科技有限责任公司被该公司的内部员工举报疫苗造假。国家相关药监局同该地方局迅速组成了调查小组对该企业进行持续跟踪的调查。7月21日，自媒体微信公众号上发表了一篇名为《疫苗之王》的文章，即刻得到了超过百万人数的关注，随后这篇微信公众号上发表的文章迅速将此次疫苗事件的安全问题推至一个新高度，之后，传统媒体、新媒体据此线索迅速跟进，共同关注疫苗事件，如此重大的疫苗问题即刻获得了国家高层领导的高度重视，国家相关领导先后做出批示，要求全面严肃彻查此事件的真相，并追求其相应法律责任。这是一起典型的通过新媒体微信公号寻找到非常有价值的新闻线索的案例。

时间推至15年前，也就是2003年，《南方都市报》记者陈峰则根据西祠胡同里一个帖子发现了一位大学生因无身份证被收容最终致死的新闻线索，据此线索深入调查采访，写出了一篇直接推动中国收容遣送制度废止、新的收容救助制度诞生的影响深远的调查稿件《被收容者孙志刚之死》。这篇具有重大意义的深度报道作品堪称中国当代新闻史上的经典，它的意义不仅在于帮助孙志刚个案真相大白，更在于借助此报道而形成的公共讨论，历史性地改变了国家的政策与法律，成为我国媒体监督与社会互动的经典案例。

（二）从传统新闻媒介中发现新闻线索

除了借力网络和新媒体寻找新闻线索外，从传统新闻媒介中寻找新闻线索亦是记者经常采用的方法之一。记者在听广播、看电视、读报纸杂志时，不仅仅是在接收新闻信息，更是在敏锐地捕捉这一新闻报道的不全面和欠缺之处，细心揣摩新闻背景，研判新闻发展方向，对不够全面、不够深刻的报道进行追踪，在报道角度、深度上进一步拓展：短消息有没有做成深度报道的可能？异地发生的新闻本地有没有报道的价值？A角度出发的新闻从B角度出发进行报道是否更有意义？深得受众喜欢的央视《新闻调查》、《南方周末》，就经常从其他传统媒体报道过的新闻中，寻找新闻线索，或挖掘更新、更深刻的内容，或通过自己记者的重新采访，对不实报道予以纠偏；烟台当地的主流媒体也会互相从对方的媒体报道中寻找新闻线索。

山东省烟台市南山集团员工刁娜在2013年10月23日下午下班回家的路上，担心因车祸受伤的路人遭遇二次伤害，遂挺身而出勇救伤者，却被飞驰而来的汽车撞断了一条腿。《烟台晚报》子媒体《今日龙口》率先对这一事件进行了报道，获知这一新闻线索后，《烟台晚报》编辑部结合前不久发生在广东的"小悦悦"事件，和更早前因救助老人反被讹的事件，敏锐地意识到：这一事件虽然小，但可能有着非常重要的与众不同的宣传价值。因此，编辑部迅速派记者赶往龙口进行采访，推出了《龙口最美女孩车流中勇救伤者 撞伤一条腿换回一条命》的报道，对刁娜在滚滚车流中救人的义举进行了突出报道；与此同时，胶东在线新闻频道也推出了《女孩以身挡车救人被撞 烟台上演"最美"传奇》的报道，并重点对刁娜的救人义举进行突出和重点的报道。新闻报道发出之后的当天，就引起了国家互联网办公室和新闻宣传部门的重视，搜狐、腾讯、中国新闻网和新华网等国内150余家的重点网站的显著版面纷纷对此稿件进行了转发，瞬间就像燃烧的火种即刻形成了巨大的传播链，并促成诞生网络热词"最美女孩刁娜"，央视新闻联播也对此进行了3分钟的报道，遂在全国范围内引起广泛关注。

在稿件发表后的第四天，胶东在线又策划推出深度报道并确定了报道重点：携手全国百座城市网站，共同发起"爱传百城——寻找最美的你"活动，围绕"爱传百城——寻找最美的你"活动推出的网络专题《接力寻美 温暖中国》获得第22届中国新闻奖一等奖，追根溯源，获得中国新闻奖的网络专题报道，其新闻线索就来源于传统纸媒《烟台晚报》的子媒体《今日龙口》。

（三）从政府主管部门获知新闻线索

政府部门每一项新政策的出台都是非常重要的新闻线索，比如：全面二孩政策的放开、银行利率的调整、公立医院的改革、招生制度的调整、农业政策的变化等等，这些政策的出台都直接牵涉到老百姓生活的方方面面，都是重要的新闻线索，这要求记者与政府各相关部门保持密切的联系，随时随地保持信息沟通；政府主管部门会直接提供新闻事件的线索，如各级政协都会积极主动向新闻媒体提供新闻线索；记者从各级会议、工作简报、情况反映中敏锐获知新闻线索，会议是新闻线索的"富矿"，有新闻敏感的记者会从这座"富矿"中开掘出好多新闻线索，有的线索适合写成动态新闻，有的线索则可以深挖做成深度报道，有的则可以放一放，等时机来临再做报道；新闻发布会、记者招待会更是搜集新闻线索的极好渠道，如：每年全国两会上的每场新闻发布会，都是各家新闻媒体记者争抢采访的"重镇"，这里蕴藏着许多丰富的、重大的新闻线索。而简报、情况反映等材料大都比较公式化，读起来枯燥乏味，所以，需要记者仔细翻阅材料、认真分析研判，从中提炼出"新闻亮点"，这些新闻的"亮点"，往往"深藏"在繁杂材料中的一段话或几句话，有时甚至只是很简单的一句话。

案例赏析：

"40 50"人员就业将获援助
《湖北省就业促进条例（草案）》提交审议[1]

就业一向是大家关注的热点问题。2010 年，《楚天都市报》的记者从湖北省十一届人大常委会第十五次会议上敏锐地捕捉到了受众最为关心的"40 50"人员就业问题，并将关键内容提炼出来做到标题上，一下子吸引了受众的目光，单篇稿件乃至整个媒体的影响力自然上升很多。（欲知案例全文，请扫二维码）

（四）通讯员、新闻线人、受众向记者提供新闻线索

通讯员是记者的耳目延伸，是记者最有效、最鲜活、最生动的新闻线索获取渠道，所以，对记者来讲，从进入新闻行业的第一天起，就要有意识地

---

[1] 记者王孝武，实习生杨燕、马垂垂：《楚天都市报》，2010 年 3 月 30 日。

建立自己的通讯员队伍,这支队伍要"不拘一格选人才",各阶层、各行业、各年龄段的朋友都要纳入,三教九流无所不包,这样才能弥补记者自身活动范围的不足,时刻与现实社会、与火热生活保持着最短距离,从而及时报道各行各业的重大新闻、鲜活新闻。

为了在激烈的市场竞争中葆有自己媒体的影响力和竞争力,曾经有一段时间,很多家媒体都开通了热线电话、官方微博,向自己的受众群体发出"重奖新闻线索"的征集令,以北京为例,京城几乎所有媒体都推出了"报料有奖"征集活动,按照所提供的新闻线索价值的大小,报社、电视台会择优给这些"新闻线人"颁出每条线索50元到2000元不等的奖金。新华社更是在全球范围内向受众征集新闻线索。紧跟央视媒体的步伐,地方主流媒体,如烟台日报传媒集团旗下报刊、客户端、网站;齐鲁晚报、大众网;新民晚报、上海电视台等也都开通了报料平台,并有现金、奖品等奖励措施。

新闻背后:

2003年3月20日的凌晨,巴格达市民还处于沉睡中,伊拉克人贾迈勒听到了市区上空的警报声的一刻立即把信息传递给了中国新华社中东总分社,接到信息后我国工作人员立即发出两条特急稿件,从而以提前十秒的报道优势优于世界其他所有媒体。

新华社通过向全球"新闻线人"征集新闻线索的方式,让中国媒体首次实现了世界领先。由此可见,受众的力量是巨大的,他们是新闻媒体获取新闻来源的非常重要的渠道之一。

(五)重大节庆、纪念日也是获取新闻线索的渠道

重大节庆纪念日、重要人物诞辰纪念日、季节变化等,对新闻记者来说,都是非常好的重要新闻源。

记住这些日子,在它到来之前寻找相关的人、相关的事分头展开采访、进行报道。

我们中国人最看重的春节、元旦、国庆节、建军节、五一劳动节等节日不

必详说，其他如3月12日植树节、5月12日国际护士节、9月10日教师节等公益纪念日，也是记者必须关注并可以挖掘到一些好新闻的日子。

从事过新闻工作的媒体人都知道，许多老记者都有自己的"小红书"，这本书上记载的事件、人物越多，新闻线索也就越多，像1963年3月5日，毛泽东主席为雷锋同志题写的"向雷锋同志学习"的题词发表，如果记者的"小红书"上恰好收藏有这个内容，便可以在题词发表的60周年、70周年、一百周年纪念日时，提前组织策划、重点报道。

记者要随时在自己的"小红书"上添加新的内容，像香港澳门回归、汶川大地震、"9·11"事件等，这些重大新闻的周年纪念活动都是很好的再生新闻源。

（六）编辑记者自己深入生活发现新闻线索

法国雕塑家罗丹说过："在生活中，美是到处都有的，但对于我们的眼睛，不是缺少美，而是缺少发现。"对于新闻线索的发现，亦是如此。这就需要记者拥有一颗慧眼和热爱生活的心灵，时刻保持敏锐的新闻观察力，处处留心去发现蕴藏在生活中的新闻线索。

2000年12月30日，《北京青年报》记者深入生活发现一位家长抱怨孩子早起喝咖啡来提神的生活琐事，并根据此日常生活琐事提取新闻敏感信息，深入生活发现新闻线索，据此撰写了一篇新闻报道《上课能否晚一点儿》。此篇新闻推动北京市出台了相应政策规定，即推迟了学生上学的时间。与此同时，该新闻报道获得了中国新闻奖二等奖。

看似平凡的生活中其实蕴含着很多有价值的新闻线索，只要善于发现，就能够采写出好的新闻报道。

四、如何获取好的新闻线索？

（一）注意在闲谈中捕捉新闻线索

记者一个人接触生活的面总是有限的，生活中，还是要注意多与各行各业的广大受众、亲朋好友亲密的交流，记者在生活中与广大受众交流的时候所产生的新闻线索,永远是新闻记者获取优秀新闻源的重要途径之一。据说,抗日战争期间,著名的战地记者陆诒去重庆找周恩来,谈及新闻线索缺少时,周恩来曾说过,如果你认为新闻线索实在是贫乏,你可以到茶馆里坐坐,也许听听群众在谈论什么,就会受到启发。陆诒深受启发,立刻去访问几个擦皮鞋的儿童、嘉陵江渡口的船夫和公共汽车售票员,写了不少访问和特写,受到读者欢迎。

新闻背后1:

2003年媒体热炒的奇事——北大学子街头卖肉事件,是西安电视台记者在闲聊中偶然发现的线索。一次,记者和陆步轩的一位高中同学一起吃饭,这位同学无意中说起陆步轩的事情。说者无心,听者有意,记者便依据线索找到陆步轩并对他进行了采访。节目播出后,陆步轩的"眼镜肉店"顾客盈门,生意奇好,高峰时期,陆步轩一个档口能卖12头猪。后来《南方都市报》和全国其他媒体记者纷至沓来,纷纷对陆步轩进行报道,陆步轩一夜间成了新闻人物。陆步轩曾经高兴地说:这几天已经有连续10多家单位通过手机联系他让他去工作,同时他感慨地说万万没有想到媒体的力量如此的强大甚至能够改变命运。

新闻背后2:

2001年10月7日《北京晨报》记者薛晖所写《学者不得为商家当"托儿"》,荣获第十二届中国新闻奖一等奖。他在谈体会时说,这篇消息的素材是自己在与朋友闲聊中发现的。聊天时,朋友说起最近的一次中国生化学会上,出台了禁止会员利用学会组织之名为商家当"托儿"的"家规"。旁人看来不起眼的业内事件,在职业记者眼里却是有重要价值的新闻信息。因为科技界中,学者与商家相互利用的现象日渐引起有识之士的忧虑,忧虑在于:仰学术机构之盛誉的普通公众,有可能成为这种互相利用的牺牲品。记者从朋友的闲聊中嗅出科技界反思、自省的气息,而这正是记者苦心寻找的绝好话题。

记者要养成无论何时、何地随时捕捉新闻线索的习惯，在高铁上，在飞机上、轮船上，在会议现场，在住宿宾馆，抑或在散步或同友人聚会聊天中，随时随地、全时空地搜寻新闻线索。新华社原总编辑南振中曾经在《我怎样学习当记者》中说，一个记者应该随时随地观察生活和现实世界中的一切变化，提高新闻记者的敏感度，才能够在广阔的现实生活中截取有意义和有价值的新闻线索。

（二）善于在联想中发现新闻线索

实际上，生活中处处都有新闻，只要留心观察，善于联想，就一定能发现好的新闻线索，将原本没有新闻价值或有新闻价值却被人们忽视的新闻挖掘出来，借助联想，触类旁通，由此及彼，由表及里，根据事物的内在特征找到与其他相关事物联系的契合点，从而写出更具深刻主题或更有影响力的新闻作品。

新闻背后：

新华社原总编辑南振中曾经从一个水电站汇报会的内容上联想到了新中国成立45周年各条战线所取得的巨大成就，撰写了直至今天还具有影响力的特稿《"新中国第一"的更迭》，这些优秀的新闻报道，都是借助联想的翅膀寻找到新的、有价值的新闻线索，进而深入采访达成的。

（三）对比中探寻新闻线索

新闻来自新与旧的对比中。探寻新闻线索时，一个常用的手法就是把事实放在特定的环境中来观察，通过观察，许多相似的、相同的、相反的特点都会凸显出来，事件的新闻价值也因此得以彰显。

新闻背后1：

2002年7月11日《河北日报》发表的《我省交通图五年七变》荣获第十三届中国新闻奖。该报记者石磊采访一位祖籍沧州从上海返乡的郑先生，郑先生离开家乡前买的1996年的河北省地图册这次返乡完全失去了作用，因为1996年的河北交通图上，只标注有京石和石太两条高速公路，而现在连号称"交通死角"的沧州都拥有了两条高速公路。于是记者对照新旧两张地图报道了河北省交通发展。

新闻背后2：

2018年8月31日，《烟台晚报》推出了纪念改革开放40周年系列主题报道，其中一组报道围绕"房屋"主题展开：40年前，烟台人均居住面积仅有3.31㎡，一家五口挤在十几平方米狭小住房里的场景非常普遍；40年后，烟台人均居住面积猛增到36.27㎡，翻了近11倍。通过这组数字的前后对比，我们也能深切感受到改革开放40年来，人们从改革开放初期的"居者忧其屋"，到40年后"居者优其屋"的巨大变化，作为全国首批14个沿海开放城市之一的烟台，正向着宜业宜居宜游的现代化国际滨海城市迈进，烟台人的生活幸福指数愈来愈高。

温故知新、新旧对比的交通、住房报道以小切口切入，反映了河北、烟台经济社会5年乃至40来发生的巨大变化，小题材大主题的报道不仅让新闻报道可读性增强，还让记者喜获大奖。

（四）在细节中搜寻新闻线索

常言道：细节是魔鬼，记者采访的过程中，要带着问题去采访，勤于观察，善于从细节中搜寻新闻线索，把自己的思考贯穿于采访的始终，在不起眼的细节中，发现好的新闻线索或是重大题材。

新闻背后：

1996年的维也纳音乐会上，世界著名指挥家马泽尔用中文说了一句"新年好"，顿时引发了全场的热烈掌声。虽说现在外国友人用汉语说"新年好"已经司空见惯，不是新鲜事物了，但在1996年还是一件新鲜事，《人民日报》的记者十分敏锐地捕捉到了这一细节，发布了《维也纳传来的信息》的新闻报道，引起了国内外很好的关注和反响。

这些都反映了新闻记者在细节中搜索新闻线索的重要性，对新闻敏感度的提高是新闻记者必备的素质之一。

记者抓取的事实虽然不是主体性新闻事实，但丝毫不显琐碎，反而凸显出记者独特的观察视角和对有价值事实的敏锐感知。

第三节　新闻策划[1]

一、什么是新闻策划?

新闻策划有广义的新闻策划和狭义的新闻策划之分。

广义的新闻策划指媒体自身的策划和新闻报道策划。媒体自身的策划包含媒体的总体定位、媒体的编辑方针，以及媒体整体规模与内部结构的设计；新闻报道策划则是指确定各阶段的报道选题并规划新闻报道的活动。

狭义的新闻策划专指新闻报道的策划与组织，本质上是一种创造性的劳动，是编采人员在充分尊重新闻客观性的前提下，为追求最佳的新闻效果而进行的一种创造性劳动。这种劳动的目的就是有效整合、优化配置各种新闻信息、资源，充分挖掘新闻背后的新闻、新闻发生之后的新闻，多角度、立体化深入开掘新闻背后的深层次意义，从而达到1+1>2的效果。

新闻策划是新闻工作中富有智慧和创造力的一部分，体现了编辑记者的创新和求变能力，展现出编辑记者对新闻信息资源的深度开发、加工处理的实力和水平。要想做好新闻策划，编辑记者需要切实练好内功，不断提高自己的编辑思想和编辑水平。

---

[1] 本节引自袁丰雪：《加强新闻策划　提升核心竞争力》，《青年记者》，2014年第5期。

二、新闻策划的作用

伴随着微信、微博、网络等新媒体的蓬勃兴起，不同媒体组成的信息网络纵横交错，新闻同质化、同源化现象日益严重，在新的形势下，媒体要想在激烈的市场竞争中继续保有话语权优势和影响力，就需要充分发挥新闻策划的强大作用。

新闻策划的作用主要体现在两方面：1.通过新闻策划，充分发挥编辑记者的主观能动性，有效整合、优化配置各种新闻信息、资源，充分挖掘新闻价值，打造具有独家深度和特色的新闻"硬通货"，提升媒体的核心竞争力和影响力，从而使媒体赢得更多读者和受众。2.有利于提高编辑记者的业务水平和能力，激发其创造活力，增强其职业荣誉感和成就感。

三、新闻策划的具体类型

近年来，"新闻为本，策划先行"的理念深入人心，众媒体人为提升自己所在媒体的影响力和竞争力，多角度、立体化、全方位做好新闻策划，使新闻在报纸上活起来，使报纸在读者中立起来。具体来说，主要有从以下五方面展开新闻策划：

（一）培养敏锐"新闻眼"，善于从日常新闻题材中寻找策划点

日常工作过程中，编辑记者时时强化新闻眼光，增加对新闻价值的判断与运作，发挥主观能动性，提升策划能力，从日常看似平淡、琐碎的新闻线索中甄别和取舍出具有更高新闻价值的线索，将其做深做透，扩大媒体影响力。

《潮州日报》夜班编辑洪曼峰因工作原因，经常忙到凌晨一两点钟才下班，而此时报社印刷工人仍在紧张工作着，回家路上，她又看到加油站员工忙着为车主加油……他们为维护城市生活正常运转而辛勤劳作的身影，在洪编辑脑海中留下了非常深刻的印象，她便萌发了报道夜班劳动者的想法。在与同事交流后，遂选取加油员、停车场保安员，环卫工人、急诊科医生等作为报

道对象，派记者亲身体验采访。在去年春节期间推出专题报道《凤城守夜人》，收到了非常好的宣传效果。

（二）抓住重大事件新闻，全方位多角度做好新闻策划

在重大的新闻事件面前，唯有策划创新才能做好、做透、做深新闻，从而提升媒体的影响力，如国庆纪念日、北京奥运会、抗日战争暨反法西斯战争胜利纪念日、长征胜利纪念日等重大事件的报道，编辑部都会提前策划，用大规模和"特别"的方式对重要事件和典型人物进行策划和报道，耐读、可读的新闻一波接着一波，如石击水，不断泛起涟漪，牢牢吸引住读者的注意力，也会不断强化着媒体的影响力。

（三）盯住突发新闻，做好周密策划

遇到突发新闻时，编辑要第一时间迅速调动起所有新闻手段，和前方记者一起商量除了事件本身，外延还需要采访什么，确定好报道角度、报道主题，指导前方记者深入采访。

2012年7月2日，烟台市开发区通州建筑总公司烟台分公司宿舍楼着火，总经理周江疆在两次进入火海营救了10名员工后遇难。获悉此线索后，烟台晚报编辑部第一时间召开选题会，商定将此事作为为"富二代"正名的突破口，宣扬主流价值，弘扬正面形象。确定好采访角度和采访的主要内容后，编辑部先后派遣两批记者赶赴现场采访；后来又派记者远赴周江疆老家江苏南通采访，采访过程中，后方编辑部和前方记者实时沟通交流，5天时间内推出14个版的深度报道。

周江疆事件在全国引起较大反响，时任中宣部部长刘云山为此曾做出"深化宣传周江疆"的批示。此次报道，正是因为有了事先的新闻策划，后方编辑部和前方记者反复沟通、商定，才取得了良好的新闻效应和社会效应。对于突发的重大新闻事件，因其辐射广，影响大，事件进程多变，信息含量巨大，新闻价值突出，更需要动态跟进策划，报道内容充分，表达功能齐全，才能收获良好的传播效果。

（四）紧抓民生新闻，善于从民生角度寻找新闻策划点

民生问题紧密关涉老百姓的切身利益，做足做好民生新闻已成为各类媒体扩大影响力、争取受众的必然选择。而要做足做好民生新闻，则需要沉下心来好好琢磨老百姓最关心的话题是什么、最需要帮助解决的问题又是什么，从民生的角度出发做好新闻策划。

2011年，烟台市牟平区高陵镇数百万吨白菜滞销，菜农面临惨重损失，烟台日报传媒集团旗下各子媒体适时做好新闻策划，《烟台日报》《烟台晚报》和《今晨六点》三张报纸先后推出《农民卖菜进超市 书记上阵帮"吆喝"》、《爱心车开到地头买走5万斤大白菜》、《高陵大白菜直供富士康》等报道，集中报道了菜农的困境，呼吁政府部门帮扶，协调大型超市进行农超对接，组织爱心市民到田间地头购买白菜。此组报道在社会上引起强烈反响，社会各界纷纷伸出援助之手，很快化解了菜农的燃眉之急，并促成多家单位在当地建起了万亩绿色蔬菜基地，有力地弘扬了爱心力量，让弱势群体感受到了社会大家庭的温暖，同时也提升了媒体的影响力，赢得了读者的信赖。

（五）抓好节假日活动策划，挖掘有价值的新闻源

注重结合节假日，搞好节日活动策划，挖掘有价值的新闻资源，做出具有个性特色的独家报道。紧密配合节假日搞好新闻策划，既是市民生活的需要，也是商家假日经济的需要。这些活动本质上也是新闻的载体，会吸引大量读者热情参与，活动实况又会反哺新闻报道，编辑记者由此也就有了最为鲜活、最为生动、最为独特的新闻记录。

像前面寻找新闻线索那一章节里提到的，许多老记者都有自己的特殊日历，日历上会标注有元旦、春节、教师节等节假日节点，逢上这些颇有纪念意义的时间节点，编辑记者就会提前策划，推出系列活动，取得良好经济效益的同时，获得社会效益的大丰收。

四、新闻策划的原则

（一）真实性

真实是新闻的生命，新闻策划≠策划新闻，离开了真实，新闻就像无源之水、无本之木，所以，一切对新闻信息的采写处理和编辑加工都不能有损新闻的真实性！这是新闻策划应当遵循的首要原则。新闻策划不是最终目的，而是具体的方法和手段，目的就是为了更好地解读、采写、传播新闻，向受众提供更多更好的、更高质量的新闻稿件，使新闻报道取得最佳的传播效果。

新闻策划一定要从客观实际出发、秉持真实性的原则，对报道思路、报道方案、报道主题精心设计，要全面、详细、真实地反映客观存在，千万不能脱离实际、闭门造车、炮制虚假新闻。虚假新闻一旦被识破，会引起广大受众的强烈反感和抵触心理，编辑记者乃至整个媒体的影响力都会大打折扣。

2007年8月12日北京市第二中级人民法院依法公开开庭审理了"纸箱馅包子"虚假新闻炮制者訾北佳涉嫌损害商品声誉案。訾北佳因犯损害商品声誉罪，被一审判处有期徒刑1年，并处罚金1000元。这一事件引起了国内外民众的广泛关注，严重损害了相关行业商品的声誉，使许多消费者对中国食品乃至整个中国商品的质量都产生了怀疑，造成了极其恶劣的影响。

（二）创新性

新闻策划是一项与时俱进的创造性实践活动，创新是其灵魂。现如今，媒介市场竞争激烈，各媒体都想在激烈的市场竞争中赢得一席之地，就必须想方设法打破平庸，推陈出新，追求个性，追求特色，于是各媒体竞相开展新闻策划，希望通过编辑记者的精心谋划和周密部署使得新闻报道能够取得令人眼前一亮、不同凡响的传播效果。

新闻策划要有创新性，从最初确立报道选题到报道方案设计，再到稿件采写、版面编排，都要追求与众不同、独具特色。在具体的策划过程中，也要突破传统思维定式，选取独特视角，出奇制胜。总之，创新意识要贯穿整个策划过程，从内容到形式，从平台到渠道，都大胆探索、锐意创新，直至孕育出令人眼前一亮、出奇制胜的报道，形成自己媒体独有的特色，体现出策划的魅力。

例如，南方日报对"十八大"的报道采取了全媒体的报道形式，非常有创新性。南方日报十八大前方报道团队，共分为三个组：会场组、专题组、全媒体组。其中全媒体组由4人负责，运送了150公斤的拍摄器材到北京，与集团旗下的南方网、南网、奥一网联合设立"南方报业全媒体访谈室"。每天邀请广东团代表与网友在线访谈，访谈全文和视频在南方网、南网上线，精彩内容则浓缩包装推上报纸版面。还推出出镜主持人、录制视频短片，在南网首页、官方微博、户外LED大屏幕播放。官方微博的即时新闻也是一个重点。南方日报的十八大报道，既有权威专家高端访谈，也有基层代表说大白话，官员代表抛开官话套话说"人话"，用群众喜闻乐见的话语传达党的声音，不断增强新闻宣传的吸引力、感染力和针对性、实效性，体现了思想性与可读性的有机统一。

（三）灵活性

新闻策划要讲究灵活性，随机应变。尽管新闻策划预先确定了新闻选题，部署制定了详细报道方案，进一步明确了报道主题、报道范围与报道重点，详细设计了报道规模、报道重点、报道进程以及报道方式，发稿计划也早早出炉，但任何策划都是对未来行动的谋划、对未来发生事情的规划，而未来将要发生的事情不是静态的，也不会按照编辑记者制定的规划发展，而是处于随时变动的状态中，随时可能会有编辑记者未曾预料到的新情况出现，这种发展变化并不以人的意志为转移。因此，新闻策划在报道主题大方向不变的情况下，要具有一定的灵活性和应变性，对报道范围、报道时间、报道内容、报道方法、报道形式以及人力、物力、财力的配置，不能规定得太死板太详细，预算也不能算得太满，特别是对那些涉及范围广、时间跨度长的战役性报道，更要考虑到可能发生的种种意外情况，给报道留出足够的时间和余地，以免造成被动和损失。报道实施的过程中，也要随时关注各方面可能发生的变化，并根据变化对报道方案及时做出调整和修正，始终掌控好报道的主动权和节奏。

1999年，中央电视台在策划新中国成立50周年大庆报道时，专门成立了一个报道策划部门，调集各路精兵强将进行报道策划，策划案从最初的第一稿到最后一稿，前前后后共修改了12次之多，全面分析了可能发生的各种意外状况，并有针对性地制作了多套备用方案，这些大量精心、充分的准备工作确保了央视国庆50周年报道大获成功。

（四）可行性

新闻策划要充分考虑选题的可行性，不仅要反复讨论报道主题、报道内容，也要考虑、讨论报道过程中会遇到哪些问题、哪些阻力？这些问题、阻力有没有办法克服？难度大不大？报道后所反映的问题政府部门能否较快地很好地解决？可行性原则对舆论监督类稿件尤其重要，这类稿件策划时一定要吃透"两头"，兼顾"上下"，既要传达党和政府的声音，更要反映百姓的所思所想；既当好党和政府喉舌，又要不断满足广大受众的需求。为确保新闻策划的可行性，一些战役性重大选题的报道策划一般还要形成文字稿，分发给媒体内部有关的报道参与人员，并根据他们的意见反馈做进一步的修正，以确保报道策划案的可行性。

课后思考与练习

1. 新闻源使用基本规范有哪些？何种情况下使用匿名消息源？

2. 新闻线索具有什么样的特点？如何发现并获取新闻线索？又如何判定一条新闻线索具有采访价值？

3. 新闻策划在新闻采访中具有非常重要的作用，那么，新闻策划如何开展？新闻策划又遵循哪些原则？

4. 认真阅读下文的拓展阅读内容《新闻学的核心：采访！采访！核实！核实！》，体会新闻报道最重要的事情是什么？新闻和真相有何不同？

拓展阅读：

新闻学的核心：采访！采访！核实！核实！
——美国斯坦福大学传播学院吴惠连教授与清华同学对话

李希光教授让我讲讲新世纪需要什么样的传媒人才，而我想先说说我是怎么进入新闻界的，我在这其中学到什么原则和价值观，并怎样将它们保持下去。我坚信，即使面对经济和市场的压力，这些原则也应当得以坚持和发扬。

首先讲讲我是怎么进入新闻界的。我出生在上海。父亲是中国人，任《中国报道》主编，同时还兼任了当时好几家报纸的编辑。他和我母亲是在密苏里念大学时认识的。我有个很保守的家庭，祖母甚至还缠足，剧痛使她不能走路。我就是在这样的家庭里长大。当邻居给我一块糖果时，都得先跑回家问问能不能吃。

但是我要告诉你们的是，出生在一个中国家庭并拥有中国的价值观，对即使在美国长大的我来说依然十分重要。日后我也成了报纸总编辑，而我的很多行为准则来自中国的童年。（欲知全文，请扫二维码）

第二部分

新闻采访

常言道：七分采访，三分写作。这句话充分说明了新闻实践过程中，新闻采访环节的重要性。而在采访环节中，采访提问又是相当重要的一环，在这个环节里，只有提出的问题角度新颖、巧妙，才能激发起受访者的才思和热情，也才能在最短的时间内收获高质量的采访内容。可是，如何将提问的问题设计好？采访提问类型有哪些？记者如何提高自己的采访技巧，又如何避免一些采访误区？这些问题将在本书第二部分为您一一解密。

第五章
采访提问

【学习要点】

　　采访提问是新闻采访过程中非常重要、非常关键的核心环节，一位擅长"提问"的记者的高明之处并不在于自己如何会提问，而在于如何让别人说的精彩。要想让别人"说"得好，记者就得"问"得好。问题设置得好而巧妙，不仅能够反映出新闻记者的能力和水平，也能够激发起被采访对象的热情和才思，在最短的时间内让其敞开心扉、打开话匣子，让接下来的采访变得顺畅成功。在具体的学习实践中，熟练掌握采访提问的各种类型、方式，恰到好处地运用各种提问技巧独立完成相应的采访任务，这是本章学习的重点。

第一节　提问类型

　　虽然新闻记者的提问类型繁杂多样，但从提问问题的性质这一视角出发，美国新闻学家麦尔文·曼彻尔将所有的提问类型归纳为两大类：开放式提问和封闭式提问。实际采访过程中，除了这两类情况，还有一种情况，那就是：开放式提问和封闭式提问交替使用。

一、开放式提问

　　指新闻记者所提问题比较概括、宽泛，对受访者要回答的内容不作严格限定，给受访者充分自由发挥的余地。这种提问类型常常用于访谈的开头，缩短采访双方的心理和情感距离。

比如有一位著名影星初次来烟台，记者前往采访时提问："您好！请简要谈谈您对烟台的印象。"这就是开放式提问，关于烟台印象，影星怎么回答都行，完全没什么限制。再比如每年的高考季，第一位收到录取通知书的考生是记者竞相采访的对象，记者采访时大都会问这个问题："收到录取通知书时啥感觉啊？"这也是开放式提问，完全没有标准答案，考生想怎么回答就怎么回答。

《经济日报》原总编辑艾丰在《新闻采访方法论》一书中，将开放式提问的特点总结归纳为：①交给受访者更多的"自由"，但是采访者与受访者之间联结比较松散。②采访现场气氛较为轻松、自如，但难以深入挖掘，受访者的回答也易流于表面，或者受访者觉得问题太大，不知从何处回答是好。③记者提问较为省力，但采访对象要认真回答就比较困难，想出彩也不容易。

二、封闭式提问

封闭式提问是相对于开放式提问而言的，指记者提出的问题比较具体、针对性强、范围也较小。对回答的内容限制比较严格，给受访者充分发挥的余地较小。封闭式提问的答案通常是唯一的，是有限制的，是在提问时就给对方一个框架，让受访者只能在框架里边选择回答的内容。一般而言，封闭式提问是记者将采访提问的问题化小，即使是大问题，提问时也要尽可能拆成一个一个的小问题提问。

还是上述那位著名影星，初次来烟台忙完工作后，第一时间去了蓬莱阁景区，参观完景区后，记者采访时提问："请问，您来烟台之前听说过蓬莱阁景区和八仙过海的故事吗？参观景区之后，您对景区哪方面内容印象最为深刻？"新闻记者针对具体事情向影星提问，限制了对方回答问题的角度和范围，这样的提问就是封闭式提问。

封闭式提问的特点：①留给受访者的自由余地较小，但是双方联结比较紧密、具体；受访者容易谈得深入，也容易说出心里话。②问题具体、范围严格，若问题选择得当，采访时利于深入情况和获得对每个问题的明确回答，但也有可能因选择不当丢掉更好的提问点。③记者提封闭式问题时要动脑筋思考，要寻找独特角度，花费的精力比较多，但是采访对象在回答问题时较为方便，方便并不等于容易，有的封闭式提问所提问题还是比较尖锐的，想回答好并不容易。

三、半开放式半封闭式提问

采访过程中，记者面对的被采访对象形形色色，有的人十分健谈，面对记者的提问往往会滔滔不绝；有的人则性格内向，不擅言谈，面对记者的提问，常常是问一句答一句。遇到第二种受访者，则需要记者先用开放式提问暖场，消除受访者紧张的情绪和心理，拉近彼此的距离之后，再抛出封闭式提问，把受访者的讲述引入自己想要获取的信息上来。

在一个留守儿童得到周末妈妈关爱的选题中，内蒙古巴彦淖尔市广播电视台记者张晶特地到学校采访留守儿童小巴特尔。由于小巴特尔是蒙古族，汉语说得不好，再加上他性格偏内向，不善于表达自己的感情。记者就先和小巴特尔聊他的童年生活，小巴特尔渐渐打开了情感的大门，顺畅地说出自己对周末妈妈的依赖和信任，后续的采访中记者插入一些封闭式问题，小巴特尔也是流畅地一一道来，后来片子播出后，受到观众的欢迎，很多观众都被小主人公真挚朴实的话语深深打动。[1]

第二节　提问方式

采访过程中，面对不同的采访对象，记者需采取不同的提问方式。概括起来，主要有以下三种提问方式：陈述引题、直接提问、追问。

---

[1] 张晶：《浅析记者的"提问"技巧》《数字传媒研究》，2016年第10期。

一、直接提问

这是新闻记者直截了当从正面提出问题请采访对象作答的一种提问方式,这种提问方式在实际采访中用得最多也最普遍,它的好处是:问题明确、提问方式简单;访问干脆利落,进展迅速。

2003年4月北京非典肆虐,人心惶惶,市民迫切需要市长出现,想了解市长的想法。央视《面对面》栏目组通过联系得到了代市长的支持。栏目组原计划做一个直播节目,要采访很多人,其中包括王岐山代市长,采访时间共15分钟,结果节目一做起来收不住了,不仅变成了一档专访代市长的节目,还把原来准备的3个问题一下子变成了30个问题,时间也延长到50多分钟。下面是王志4月30日在《面对面》采访时任北京市代市长王岐山,采访提问从头到尾都采用了直接提问的方式:

王志:日常的情况,正规的工作汇报的渠道畅通吗?

王岐山:非常畅通,是我没时间听。因为日常的有些工作我只提出来,

现在就是必须把日常工作作为前提和基础。"非典"斗争是在这个基础之上,而不要搞两张皮,好像专门有一批人就去对付"非典",其他人都好像没事干了。不对,整个这个城市的基本功能不能丢——水煤电气。(欲知案例全文,请扫二维码)

这期节目在一问一答中,让北京市民乃至全国人民看到了时任北京市代市长的王岐山直面现实的勇气和"军中无戏言"的诺言,让人们重新获得了战胜"非典"的信心,也起到了非常大的稳定军心、民心的作用。

二、陈述引题

此乃记者通过表述已经掌握的材料作铺垫、然后引导出问题的提问方式。每年的全国两会报道中会经常看到各大媒体记者都在采用这种提问方式;这种提问方式也常常用于人物访谈。

记者陈述的内容主要有：提问的原因和目的；新闻人物或新闻事件的背景材料；采访对象对某个问题的看法或曾经说过的话。

陈述的目的是为了：提示受访者回忆记忆模糊的事情或者说过的话；让受访者更清楚记者的采访目的；限定对方回答问题的角度和范围；让受访者证实记者掌握材料的可信度。

这种提问的益处是：一是便于采访对象弄清楚记者的采访目的，避免直接提问的唐突和生硬；二是让采访对象晓得记者的采访是有准备的，同时也是为了限制对方回答问题的范围和角度，使回答更集中、更得要领。

2019年3月15日，十三届全国人大二次会议在北京人民大会堂举行记者会，国务院总理李克强应大会发言人张业遂的邀请会见中外记者，并回答记者提问。英国路透社记者的提问就采用了陈述引题的方式：

路透社记者：去年中国采取了一系列措施放松货币条件，还加大了减税降费力度，今年中国表示将进一步放宽货币条件，进一步减税降费，还要加大基础设施投资。请问，中国经济面临的问题是否比之前预想得更为严重？如果经济放缓继续持续下去，中国是否会考虑采取更加有力的举措，包括取消房地产限制和降低基准利率等？

李克强：这位记者朋友喜欢单刀直入，那我也开诚布公。中国经济确实遇到了新的下行压力，现在世界经济都在放缓，就在这一个多月期间，几大国际权威机构都在调低世界经济增长的预期。中国适度调低经济增长预期目标，用的是区间调控的方式，既和去年经济增速相衔接，也表明我们不会让经济运行滑出合理区间，可以说给市场发出的是稳定的信号。（欲知案例全文，请扫二维码）

此外，新华社记者、东森新闻等媒体的记者也就税收、改革开放、海峡两岸如何共同发展等问题向总理进行了提问，这些提问也都是先提示总理对一些政策、事件进行回忆，之后在回忆的基础上提出问题，都是陈述引题提问。

三、追问

追问是一种深入挖掘、打破砂锅问到底的提问方式，是在采访对象回答的基础上进一步提问的采访方式，有助于扩展采访对象的回答。对于采访中典型的事例和细节、关键的思想与观点，记者都要追问。这是因为采访中，受访者有时候会出于某种顾虑，对关键事实、关键问题采取顾左右而言他的情况；有时候又不能清楚地意识到他所谈论的正是你认为非常有价值的，所以往往会说得比较简略，但是记者需要搞清楚确切的新闻要素，以及故事的细节比如说场景、动作、语言、表情等诸要素，以便向受众复现事物的原貌，确保事实的准确性和可靠性，所以，采访过程中追问十分有必要，细节不怕多也不怕细。

案例赏析1：

2002年7月央视《新闻调查》栏目记者对山西繁峙矿难的采访

> 记者：比如说出事的这个矿，王全全探矿，这个矿跟你是什么关系？
> 殷三：他们自己的矿。
> 记者：跟你有关系吗？
> 殷三：没有。
> 记者：他们不需要向你交什么承包费吗？
> 殷三：就是承包费，就是有这110万承包费。

案例赏析2：

2003年1月央视《面对面》栏目采访艾滋病患者刘子亮

> 记者：一夜之间没人理了，这种变化明显吗？

刘子亮：太明显了，有些人就说，怎么不把刘子亮抓起来，要是刮一阵风，我们村不就完了吗？

记者：刮一阵风就完了，刮一阵风怎么就完了呢？

刘子亮：他好像是说空气也会传染。比方说我从这过去，你从那边过来，看到我以后，你本身是往这儿看的，马上就往东，站在这里，等着我过去以后，你再过来走你的路，就给我让道，就那样怕我。

记者：那时候你心里的感受呢？

刘子亮：我真想搂住，抱住他们。（欲知案例全文，请扫二维码）

意大利传奇女记者奥莉娅娜·法拉奇也非常善于运用追问这种提问方式，在对世界上数十位政界顶级人物的采访中，都是紧追不放、持续追问，几乎把每一个领袖都逼到了墙角根，也因此完成了一次又一次精彩无比的采访，在世界新闻史上留下了浓墨重彩的一笔，也为后来无数的新闻人提供了学习的典范样本。

第三节　提问技巧

德国文学家歌德曾说："如果你想得到一个明确的答案，就要先问出合理的问题。"提问不是简单的事情，需要把问题问得恰到好处，这里面有很多的技巧和学问。具体来说，提问的技巧有：激将法、迂回法、错问法、反问法、追问法、借问法、设问法、插问法。

一、激将法

这是一种激发式的提问方法，指新闻记者提的问题角度刁钻、尖锐，用这种方式刺激受访者，激发受访者的心态由"要我说"变为"我要说"，甚至打开话匣子就收不住了。

案例赏析 1：

王志对陆步轩的采访

王志：我也听到说，陆步轩就是高分低能的一个实例。（故意提问能激起对方强烈反应的问题）

陆步轩：说什么的都有，也不奇怪。

王志：从你内心来说，你真的觉得卖肉的低人一等吗？（提出令对方无法认同的问题）

陆步轩：过去可能是，现在不一定了。

案例赏析 2：

记者对张艺谋的采访

记者：有的人说张艺谋曾经是叛逆者，现在他已经是霸权者了，我感觉他心里憋着一股劲儿，就是说你们现在垄断了资源……（故意提出能激起对方强烈反应的问题）。

张艺谋：开什么国际玩笑，我怎么垄断资源呢？这个说法不对。

记者：你的电影《英雄》可以在人民大会堂开新闻发布会（故意提出能激起对方强烈反应的问题）。

张艺谋：这个很正常，这不是政府行为，后来很多电影都在人民大会堂召开新闻发布会啊。

记者：但有一个传闻说，《英雄》在放映的时候，有力量让好莱坞的大片，同一时段不上映。（故意提出能激起对方强烈反应的问题）

张艺谋：那难道《唐山大地震》不是吗？如果说这个传闻确实的话。（欲知全文，请扫二维码）

二、迂回法

在采访对象不愿接受采访或采访问题比较敏感的情况下，记者可旁敲侧击，采用启发引导的方法，从侧面迂回插入，逐渐引入正题，促使受访者接受采访。

1983年3月12日植树节，邓小平到北京十三陵水库参加植树造林活动。中央人民广播电台的记者采访邓小平，开口就问：对植树活动有何感想。邓小平回答说："我是来劳动的，不发表感想。你去找万里去。[那时候，万里是中央绿化委员会主委（据新华网资料）]"。显然，邓小平同志不想接受采访，直接回绝了记者的采访要求，但记者刘振敏没有放弃，想方设法打起了迂回战，从侧面提问，启发引导，逐渐回到正题，写出了一篇非常好的新闻稿。我们一起来看一看当年刘振敏采访邓小平的片段：

刘振敏：小平同志，1958年您不是来过吗？

邓小平：是呀，那是修十三陵水库。

刘振敏：现在有什么变化？您看变化大吗？

邓小平：大！现在满山都是树！

刘振敏：您说过植树要坚持20年。

邓小平：是呀，植树要坚持20年，100年，1000年。年年都要搞哇，世世代代搞下去。

三、追问法

这是一种非常好的提问方法，通过这种方法可以深入追踪，直至挖掘到事实真相。这种提问方法在上一节"提问方式"已经讲过，这里就不再赘述。当然，追问并不是要求新闻记者在采访中对受访者步步紧逼，而是巧妙利用提问技巧，根据掌握的新闻线索提出合理的问题，之后再通过进一步追问的方式了解整个事件的来龙去脉，并最终找到事件真相。

四、错问法

这是一种记者故意提出错误的问题,以考察试探采访对象,促使对方澄清事实,谈出真相。也有人将它称之为"以误求正"法。

1936年斯诺到延安采访,要毛泽东主席谈谈自己的历史,毛主席开始想回避这个问题,斯诺就心平气和地向毛主席提供了很多外国人对他的种种谣传,有人说他会讲一口"流利的法语",有人说他是"一个无知的农民",更有甚者认为他是"一个发疯的狂热分子"……并问:"这难道是真的吗?"毛主席听了很感意外,并稍稍有些惊愕,于是同意纠正这些谣言,谈出了个人的经历。

正是凭借着高超的提问技巧,斯诺成功完成了自己的采访。

五、反问法

按照《现代汉语》的解释,反问,只问不答,答案已经在文章里。在新闻采访中,适当运用反问,从反面提出问题,迫使对方对问题进行思考并回答。需要注意的是,反问可以使记者的语气更加肯定有力,能够争取采访的主动,但反问的提问方式一般比较尖锐、刁钻,记者要密切注意被采访对象的反应,随时调整自己的语气和节奏,以便很好地掌控全场气氛。很多优秀的新闻记者在采访中都将这一技巧运用得娴熟且到位。

意大利女记者奥莉亚娜·法拉奇是世人公认的杰出人物采访记者,在她几十年的记者生涯中,光是采访各国政府和党的著名人物就有30多位。采访这些政要时,她非常善于利用各种采访技巧,尤其是运用反问的提问方法,迫使采访对象开口说话,完成自己的采访。

她对卡扎菲的采访,就运用了很多反问法。

案例赏析：

法拉奇采访卡扎菲（节选）

法拉奇：1969年9月，利比亚发生的事情不是革命，而是一次政变。

卡扎菲：对！可是以后它转变成革命了……今天，在利比亚实际上只有人民当家做主。

法拉奇：是吗？为什么到处都能而且也只能看到你的照片？全国上下的每一个角落几乎都贴满了你穿军装的巨幅照片？（反问）

卡扎菲：我能做什么呢？人民爱戴我。

法拉奇：既然人民这么爱戴你，为什么你还要那么多护卫呢？（反问）我足足被武装士兵从头到脚仔细搜查了三遍才来到这里的。而您住所的门口甚至还有一门大炮对准街面。

六、设问法

为采访不被拒绝，记者通过假设的方式，提出一些假设性的问题，以了解对方真实的想法。正确运用设问，能引人注意，启发思考；有助于层次分明，结构紧凑；也可以更好地突出某些内容，使文章起波澜、有变化。

华西村富甲天下，被人们称为"天下第一村"。华西村现有资料显示，2001、2002两年里，村民分配资金高达1.95亿人民币，村民个人资本累积达3.04亿元，村民资产最多的人在500万元以上，最少的也有50万元，华西村截至目前拥有8大公司，每年销售目标在100亿元。76岁的吴仁宝最早带领全村人以钢铁起家，靠旧有的集体经济管理模式发展起来，逐渐成为今天海内外闻名的"天下第一村"。经济高速发展，管理机制却极端专断，在参观过华西村后，许多人感到震惊，都想搞清吴仁宝的管理模式，弄懂吴仁宝的集体主义到底是什么性质的集体主义？对此，中央电视台主持人陈大会在2003年7月31日23时30分CCTV—12播出的《新闻夜话》栏目对吴仁宝进行了专访，访谈中，有多处采用了设问法：

案例赏析：

华西村原书记吴仁宝终于说真话

陈大会：华西村的村民可以参加集体经济，也可以搞个体经济，但是你们明确规定，不允许一家两制，要么全家搞集体，要么全家搞个体，而且这种办法已经执行了几十年了，那为什么呢？难道我们家不可以，比如说我爸爸搞集体，我来搞个体，我没有这个自由的权利吗？

吴仁宝：这个不叫权利。什么叫权利？这是搞经济。你自由，你就去搞个体，你不要搞集体，那么反而害你。你一只手抓集体，一只手抓个体，把集体资产转为个人所有，最后你还要违法，不是对你们不关心吗？（欲知全文，请扫二维码）

在这个访谈中，我们看到陈大会通过灵活设问的方式，打开了吴仁宝老先生的话匣子，伴随着吴仁宝先生的精彩回复，一个思路敏捷、敢为人先的奋斗者、开创者形象便活生生地立在了我们面前。

七、借问法

指记者借他人之口提出自己想问的问题。

案例赏析：

水均益采访联合国前秘书长安南

水均益："有些观察家在评价您的工作时说，这几个月您的工作都是形式方面或公关方面。您这么做为什么？您在联合国工作了30多年，有些人认为您工作这么长时间,将更加保守,更加谨慎,您同意这种说法吗?一年前,在这个地方,我采访了您的前任加利先生,加利先生说他是'超级乞丐',不知您认为怎样?"

八、插问法

采访过程中,新闻记者及时抓住受访者话语中的某个疑问,进一步提问的方法就是插问法,这种方法能够帮助记者厘清事实真相。

新闻背后:

中央电视台新闻评论部记者赵微在湛江特大走私受贿案采访湛江海关原关长曹秀康时,曹秀康一开始坚持不承认自己受贿200万的事实是故意行为,称当时真没想到那么一个界限上去。赵微看准他的心理,及时插问:"收了200万都没想到后果有多严重啊?"曹秀康干脆装傻充愣:"就这么一个卡(指受贿200万元的存折),咳!到现在我根本想不起来,当时这个脑子咋想的。"赵微继续追问:"那么在你眼里200万不算什么大钱?"曹秀康前言不搭后语地说:"200万,应该是很大的数字了,200万呢,应该是很大的。"

通过赵微见缝插针的提问,曹秀康装傻敷衍的心态被完全披露,采访的效果也达到了。由此可见,见缝插针式的提问,在采访中的威力还是十分强大的。

第四节　提问误区

采访提问在新闻采访过程中占有非常重要的位置,提问技巧固然非常重要,采访提问的这些误区也应该尽量避免。

一、忌提主观诱导性问题

新闻是对客观事实的报道,客观性是新闻报道始终要遵循的非常重要的一个原则，这就要求记者在采访提问时要用事实说话，避免主观色彩的影响，不提主观诱导性问题。但有的记者出于对客观事物的主观认识或者个人的主观喜好，提问时往往带有明显的个人倾向性，更有甚者，诱导被采访对象按照自己的思路回答问题，这样的提问在2008年北京奥运会期间随时可见："请问你得了冠军是不是特别高兴？你是不是特别想感谢自己的教练？""你在落后的时候有没有想过放弃？""请问这枚金牌对你来说是不是意味着一个新的开始？"更有记者问田径运动员史冬鹏："你觉得和刘翔在同一个时代是不是很悲哀？"这样的提问，有些问题受访者根本不用大脑思考，本能地就可给出答案；而有些问题则会使受访者感到尴尬和无奈，这种情况下是不会说出自己心里话的。

新闻报道要客观公正，带有明显倾向性或诱导性的问题，很容易让受访者言不由衷，从而掩盖了事实的真相，这是不符合新闻客观规律的，也有违新闻职业道德规范。

二、忌提笼统抽象的问题

记者采访的主要目的是从采访对象那里获知新闻事实或是对某一新闻事件的看法和观点，因此提问时越具体越好，切忌笼统抽象。因为面对笼统抽象的问题，采访对象往往不知从何谈起，只好应付其事，很难深入下去；甚者有的受访者会选择不回答。

中央电视台著名主持人敬一丹到石家庄签名售书，活动结束后有记者采访她如何看待中国目前的新闻舆论监督作用，以及怎样处理生活和事业的关系，敬一丹听后回应："问题太大了，恐怕回答不了。"记者好不容易获得的提问机会就此溜走。再例如"你有什么感想？——我感想很多很多。""你是不是特别激动？——是的，我非常激动。"记者泛泛提，受访者泛泛答，看似采访了很多内容，实际上都浮在表面，没有深下去，等采访结束回办公室写稿时，常常感到这个材料不足，那个材料欠缺，不得不重新采访。

采访提问的问题要问到点子上，提问的前后也要有连贯性，不能东一榔头西一棒槌，要做到具体、有逻辑性，切忌笼统、抽象、模糊，最忌空话、套话、大话。

三、忌提审问式问题

采访过程中，新闻记者和受访者之间是平等独立的关系，无论受访者是何种身份，哪个阶层，他们和记者都是平等独立的，没有高低贵贱之分。但有的记者自恃自己是"无冕之王"，采访过程中常常流露出高人一等的念头，采访提问时也就有了盛气凌人之感，对受访者的采访提问如同"提审"。

2008 年北京奥运会，雅典奥运会男子 10 米气步枪冠军得主朱启南憾失金牌，赛后有记者提问："为什么只得了一个银牌？为什么没发挥好？你是怎么想的？"听到这些问题，无法回答的朱启南失声痛哭……有记者更是质问射击选手谭宗亮："你奋斗了 20 多年，参加了四届奥运会，而只获得了一枚铜牌，你觉得你有愧于祖国吗？"

记者凌驾于被采访者之上的提问是不平等的，这样的提问势必会破坏采访氛围，甚至会造成记者与受访者之间对立的情绪，让采访陷于僵局。

四、忌提伤害对方的问题

新闻采访尤其是灾难事故采访中，记者一定要有人文关怀的意识，提问过程要顾及被采访对象的感受，不能伤害对方；更要充分尊重被采访对象谢绝采访的权利。

2008 年汶川大地震中，民警蒋敏在痛失 11 位亲人的情况下，仍然坚守在抗险救灾一线，感动了全国人民，网友都称她为"最坚强的中国警察"，因为她最亲爱的母亲和女儿去世，她曾因伤心和劳累几次都昏厥倒地。有媒体记者为了深挖新闻内容，向蒋敏追问："当你得知家人去世的情况下，你是怎样做到依然坚持工作的？看到其他被救出的孩子，你会不会想到自己的女儿？"蒋敏深深地受到了刺激，令她直接受到了身体上的伤害。此外还有记者问两个小姐妹："如果你爸爸妈妈都不在了的话应该怎么办？"记者话音未落，两个小姐妹就放声痛哭。这些问题可能会是读者所关心的焦点问题，这样可以帮助媒体吸引更多的读者，但是这样做给受访者带来了巨大的心理上的伤害，采访也并不会成功，所以记者在采访的过程中不能为了吸引读者，而不顾被采访对象的想法和感受，一定要换位思考：用什么样的方法可以打开他们的心扉、又不会带来伤害？所以一定要表现出自己的真诚，尊重他们，尊重意愿不勉强，强人所难步步紧逼的事情不要做，不要对受访者进行"二次伤害"。当然，也可以留下自己的联系方式，告诉他们：如果有一天想讲述自己的故事，就可以给记者打电话。

五、忌提信口开河的问题

一篇新闻报道应该报道什么样的主题？记者想通过这篇报道传递给受众什么样的信息与观点？采访过程中该提问哪些问题？这些事情记者采访前都应该有所思考、有所谋划，而不能在提问的时候漫无目的、信口开河。

案例分析1：

2008年北京奥运会，女子体操团体拿到冠军，教练员与队员们沉浸在胜利的喜悦中。有记者采访教练员："拿了冠军，队员们开心吗？"

"都挺开心的。"

"那你开心吗？"……

案例分析2：

一个六七岁的小孩蹲在奥运场馆外边贴地缝看里边正在举办的羽毛球比赛。

记者问："累不累？"

"嗯有点。"

"那你享受这种过程吗?"

"……"

六、忌提无法回答的问题

采访提问的过程中,最大的忌讳就是记者提的问题,受访者无法回答。无法回答的问题,就是无效的问题,而且会影响后续的提问。

案例分析1:

美国某电视台记者在一次"氢弹之父"爱德华·泰勒举行的记者招待会上,毫无常识地提问:"泰勒先生,现在可否请您解释一下相对论与现代空间时代的关系?"泰勒非常生气地瞪大眼睛反问:"这让我怎么解释呢?爱因斯坦花费了13年时间才确立了这个公式!"

案例分析2:

2008年北京奥运会,陈艳青夺得58公斤级举重冠军,记者采访陈艳青的父亲:"陈艳青平时吃什么?"

陈艳青的父亲:"青菜。"

记者:"不爱吃肉吗?"

陈艳青的父亲:"家里穷,吃不起。"

记者:"她爱吃什么?"

陈艳青的父亲:"红烧肉。"

记者:"为什么?"

陈艳青的父亲:……

课后思考与练习

1. 美国新闻学家麦尔文·曼彻尔将提问分为哪些类型?这些类型各有什么特点?

2. 什么是陈述引题提问？陈述引题提问与直接提问有何不同？

3. 德国文学家歌德曾说："如果你想得到一个明确的答案，就要先问出合理的问题。"如何问出合理且水平高的问题，这里面是有技巧的。请举例说明提问都有哪些技巧。

4. 新闻记者在采访提问的过程中，要视采访情境避免提问一些问题，请举例说明。

5. 请仔细阅读拓展阅读中奥莉亚娜·法拉奇采访邓小平的新闻稿件，试分析法拉奇的采访技巧。

拓展阅读：

1980年：法拉奇对话邓小平（节选）

访问时间：1980年8月21日、23日

天安门上的毛主席像还会继续挂下去吗？

问（法拉奇，以下同）：邓先生，您最近说过，中国正处于一个转折点，称得上是第二次革命；事实上，今天来到北京的访客，都切实地感觉到情况要变了，人们的衣着不那么单调了，标语再没有贴出来了，毛泽东的像悬挂得很少，连紫禁城门上的那一幅，我总共才看到三幅，这几幅毛主席画像还会继续挂下去吗？

答（邓小平，以下同）：会的，肯定会永远挂在那里，你知道啦，过去在公众地方，毛主席的像挂得太多了；挂得这么多，一看反而不够庄重，所以我们把它们除下来。不过……请你听着，毛主席犯了错误，这是真的；但是，他也是中国共产党和中华人民共和国的主要缔造者。要评价他的功过，我们认为他的过失是次要的；这是说，他对中国革命的贡献不能够抹杀，而中国人民将永远怀念他。

问：对了，大家都知道，现在把所有的过失都归咎于四人帮，但是这符合历史真相吗？我们一提到四人帮，就有人告诉我，许多中国人都竖起五个手指同时愤怒地回答说:"对!对!不过四个人!"

答:(他笑着)那我更有必要讲清楚毛主席的错误,和林彪、四人帮所犯下的罪行,在性质上的分别。我得提醒你,毛主席几乎把一生奉献给中国,并且在最危急的时候挽救了党和革命。换句话说,他做出很大的贡献,没有他,中国要花更长的时间在黑暗中摸索道路;我们不要忘记,是毛主席将马克思列宁主义的原则和中国的实际情况结合起来的,毛主席不仅把这些原则开创性地应用到政治方面,而且还应用到哲学、艺术、文学、军事方面;是的,直到六十年代,说得准确一点,在五十年代后期之前,毛主席的某些原则十分正确,通过他这许多原则,我们得到胜利。然而,不幸得很,他在晚年犯了错误、特别是文化大革命所犯的错误,给党、国家和人民带来了很大的灾难。(欲知全文,请扫二维码)

第六章
采访类型

【学习要点】

新闻采访的类型有很多种,根据采访方式和手段的不同,可分为以下八种类型:直面采访、视觉采访、体验式采访、书面采访、电话采访、暗访、网络采访和非言语采访,每一种类型都有自己独特的特点和优势。实际新闻采访过程中,常常是几种采访类型联合起来使用,很少"单打独斗"。学生们通过学习本章相关内容,在实践中能够熟练运用所学采访类型,独立完成相关采访任务,这是本章学习的重点。

第一节 直面采访

一、什么是直面采访?

直面采访是指新闻记者直接与采访对象面对面进行的采访,或称面对面采访。这种采访可以是一对一采访,也可是一对多采访,是记者以口头提问的形式向受访者了解客观情况来获得新闻素材。这是新闻记者用得最多、也是最基本的一种采访方式。

二、直面采访的特点

直面采访有 3 个特点：1. 记者通过口头提问，采用一问一答的形式。2. 这是最早出现的一种采访方式，也是现在用得最多的一种。3. 记者职业生涯中的基本功。

三、直面采访需要把握的原则

直面采访需要把握住以下三个原则：第一，采访者和受访者之间是平等的，新闻记者千万不能有高高在上、盛气凌人的姿态。第二，采访的时候要因人而异，采取不同的提问方式，比如碰到性格开朗、热情健谈的采访对象，可以采用开门见山的提问方式；若是碰到一些性格内向、不善言谈的采访对象，就要采用启发引导、婉转迂回的采访方式；若遇到戒备心重的采访对象，先不要着急采访，先和受访者聊天，在聊天过程中慢慢消除其戒备心理，直到最终顺利打开其心扉；而如果碰上攻击性强的采访对象，则可以通过激将法，用一系列比较尖锐的问题挫减其锐气，让其主动说出我们需要的信息，总之，面对不同性格的人，要采用不同的提问方式，因人而异，绝不可一种方式用到底，这是一个新闻工作者圆满完成采访任务的前提，也是每一个新闻工作者都应该着重培养并具备的能力。第三，采访过程中要始终掌握主动权，一旦发现采访对象述说的信息远离采访主题，就要赶紧想办法把采访对象拉回来，千万不能被采访对象牵着鼻子跑，否则既耽误了时间，又没有采访到需要的内容，可谓是"赔了夫人又折兵"，搞不好得重新采访。

四、需要注意的问题

第一，新闻记者在采访的过程中要随时观察对方，揣摩对方表情的细微变化，及时调整自己的思路和话题。

第二，不能随意打断受访者的谈话，这样做既不礼貌，也容易打断对方的思路,让采访质量打上折扣。当然,也不能任由受访者天马行空大谈特谈,以致离题万里。

新闻范例:

1998年3月,刚刚出任中国国务院总理的朱镕基在北京人民大会堂举行了任内第一次记者招待会。在这次招待会上,来自香港凤凰卫视中文台的记者吴小莉获得了朱镕基总理"钦点"提问的机会,香港凤凰卫视和吴小莉也因此在内地声名鹊起。

朱镕基:你们照顾一下凤凰电视台的吴小莉小姐好不好?我非常喜欢看她的节目。

吴小莉:谢谢!首先我要谢谢朱总理,我必须这样说,您也是我的偶像!大家好,我是香港凤凰卫视中文台的吴小莉,想要请教朱总理的是:我们知道在亚洲的金融风暴当中香港的影响在今年已经陆续显现了,想要请教的是中央政府对于香港经济遇到困难和困境的时候,会采取什么样具体的措施来加以支持?另外海外的媒体对您的评价相当高,外界有人说您是"铁面宰相",或者说"经济沙皇",想请您谈谈您在进行改革过程当中的心路历程,有没有曾经想过沮丧?想要放弃过?(欲知全文,请扫二维码)

第二节 视觉采访

一、什么是视觉采访?

视觉采访有广义和狭义之分。狭义的视觉采访是指只通过眼睛观察进行的采访;广义的视觉采访,则不仅仅只是通过眼睛看,还包括听、闻、身体感受等,也就是说记者在视觉采访的过程中,主要通过眼睛观察,同时也耳听、身触,更多的时候是将自己的五官——眼、耳、鼻、舌、口充分调动起来感受新闻。

意大利著名记者法拉奇也曾经说过,记者要正确认识报道对象并搜集有新闻价值的事实，就必须调动多种手法全方位展开进攻，进行"全感采访"。所谓的"全感采访"，就是记者采用眼、耳、鼻、舌、口的全部感官，通过这些感官对事件、场景、人物进行全面了解、体验、观察，以此来复原人或事物的各种神态、质地与质感，以便在文稿中更生动更真实地再现人或事物的本质特征。

二、视觉采访的特点

在视觉采访中，眼睛是记者采访的重要器官，记者要学会用眼睛去观察世界、观察生活，从大千世界、浩瀚信息海洋中提取有意义的新闻素材，进而写成新闻。视觉采访的特点是"新闻视觉化"，带给读者一种"眼见为实"的感觉，正所谓百闻不如一见，通过记者在现场亲眼看到新闻，增强新闻报道的视觉冲击力，让受众读了有一种"如见其人，如闻其声，如临其境"的感觉。

新华社原社长穆青曾在《学会写视觉新闻》中说道："所谓的视觉新闻，无非是将新闻稿件形象化、立体化，有典型的细节、生动的画面，读来有声有色，使受众能够具体形象地看到记者所报道的事实的真面目。这样报道出来的新闻就可以克服干巴枯燥和概念化的不良缺陷，更好地适应当今这个电视发达的时代。"而要写好视觉新闻，新闻记者就必须具有良好和过硬的观察能力。

视觉采访适用于只能远观不能接近的新闻事件，诸如领导人物、重要人物的活动，记者不被允许接近采访对象，并向他们提问，此时只能运用视觉采访报道新闻。通过观察采访对象的一举一动，观察事件的进程和状态，记者同样可以客观地报道新闻。通过眼睛发现生活中蕴藏的新闻，是记者激活新闻敏感最有效的方法。

三、视觉采访需善于观察

新闻记者要想做好视觉采访，就必须善于观察，想方设法提升自己的新闻敏感和观察能力，不让新闻从自己眼皮子底下溜掉；同时，还要善于通过观察抓住事件的本质、生活的本质和新闻的本质；此外，观察事物、人物时要全面具体、注意细节。

观察要抓住本质，是指记者观察事件或人物时，不能只浮光掠影地泛泛看。观察事件时要抓要害、抓矛盾点；观察人物时，则要抓住人物的个性特征、有特点的语言。

观察要全面具体，则是指不能盲人摸象，只看局部漏看全局。为避免片面性，观察时最好运用对比的方法，比较出局部与全局的关系；观察还要注意细节，采访人物要注意从采访对象那里获取感性的细节、故事；采访事件则要留意观察现场细节、现场气氛、人物表情、群众反应等。如果是经济报道，数字也可以说是细节，是具有说服力的细节。在采访中注重细节，从细节中"放大"新闻价值。

新闻范例：

《基辛格——三面人》

1975年10月22日基辛格在华参观北京自然博物馆，合众国际社的记者理查德·格罗沃德通过视觉采访，写了一篇题为：《基辛格——三面人》的精彩报道。报道内容如下：

合众国际社北京1975年10月22日电（记者理查德·格罗沃德）今天在参观北京自然博物馆的时候，亨利·基辛格把他的三幅面孔表演得淋漓尽致，这使周围的人大为开心。

当北京文物局王延洲指着一件古物，说那是一个龙头时，前哈佛大学教授基辛格立即摇头："不对，是猫头鹰！""是的，是猫头鹰！"王说。

当王说一具古动物的角是犀牛的角时，基辛格教授又摇头了。"不对！"他说，"我从没见过长一对角的犀牛"。

"对！犀牛角！"王说。

这时，一位中国专家挤到前面对王说那是一副古代牛角。

外交家基辛格立即满面春风地对左右的人说，他先后八次访问中国，每次都是王充当他的向导，王既忠于职守，又有学问。（欲知全文，请扫二维码）

亨利·基辛格参观北京自然博物馆的时间可能很长，过程中也发生了一系列有趣的故事，作为随行记者，理查德经过自己的观察、思考，只截取了几个生动的细节，就淋漓尽致地刻画了基辛格作为学者、外交家和丈夫的三重性格，使读者看到作为学者，亨利·基辛格在学术问题上坚持自己的看法，一旦自己的观点占了上风，便立即表现出宽宏大量的外交家风度来；作为丈夫的基辛格，则处处显示出对妻子亲切的感情，但不失外交家的身份。

《基辛格——三面人》为什么写得如此成功？合众国际社记者理查德·格罗沃德抓住了亨利·基辛格的性格特点，通过生动、具体、引人入胜的细节，把亨利·基辛格多重性格展现出来。如果理查德·格罗沃德不动脑筋，只是看到什么就记录什么，不反映人物的本质特征，这篇视觉新闻一定不会这么生动有趣。

四、视觉采访如何观察？

首先捕捉形象特征。应该注意第一印象，包括环境与人物的外貌特征。记者采访所处的环境与新闻人物的外貌特征，都是极具区别力的观察点，许多记者都特别注意将自己和新闻人物见面时的场景与第一印象描写出来，以提高新闻稿件的真实感和可读性。

新闻范例1：

《中国人征服中国》片段描写

"杨家岭是一条狭长的山沟，它是中国共产党中央委员会的所在地。我在进山沟不远的地方下了车，登上一条很陡的小路，小路两边满是玉米和番茄架，最后来到一个小山坡，这里有 20 来个窑洞，其中四个窑洞彼此相连，这就是毛主席居住的地方．

毛泽东身材非常魁梧，衣服宽大；举止稳重、大方，像美国中西部农民。他的圆脸略有些平，态度平静含蓄，微笑时则顿时显出勃勃兴致。满头黑发下面有着宽大的前额和一双锐利的眼睛，体现了他灵敏的头脑和洞察力。他具有一种深邃而灵活的理智所驾驭的自然生命力。

我们坐在一棵苹果树下的平坦土台子上，这是傍晚时分，落日的余晖映照在这贫瘠的山上。毛的小女儿穿着一身花布衣裳围着他父亲……"

这是安娜·路易斯·斯特朗在采访毛泽东，写作《中国人征服中国》一书中的片段，此书 1949 年在纽约出版。书中，安娜形象地描写了毛泽东所居住的杨家岭的周遭环境和毛泽东的外貌特征，读者就像跟着安娜的笔触走进了杨家岭、看见了毛泽东主席一样，如临其境如见其人，非常生动形象。

其次选择独特角度。记者采访新闻人物或到新闻现场采访，可观察的角度和场景不少，这里面一定要选择独特的角度，这有点儿像摄影，好的摄影师一定是选取有独创性的摄影角度。视觉采访的关键是取舍，是以新闻角度还是生动细节？是选择人物还是事件、场面？都需要记者对采访现场进行取舍，进行选择。

摄影记者选取画面时，一般有宏大场面和局部特写两种，特写着力片段、局部，所以观察角度，无论是宏观场景还是局部场景，都应该注意抓有视觉冲击力的画面。这样便于在写作时放大场景和刻画局部。

新闻范例 2：

2003 年 10 月 16 日 9 时 52 分，中国首位访问太空的航天员杨利伟顺利返航，回到首都北京西郊机场。

"在喧天的锣鼓声中，杨利伟的妻子张玉梅和儿子杨宁康怀抱鲜花迎上前去。

杨利伟一手将妻子拥在怀里,一手将儿子抱在胸前,脸上挂满着幸福的笑容。

军乐队演奏出高亢嘹亮的迎宾曲,杨利伟与前来迎接的人们——握手。航天员系统总设计师兼总指挥宿双宁难抑心中的激动,与杨利伟紧紧地拥抱在一起。

随后,现场欢迎的人群簇拥着杨利伟走向迎接车队。车队载着杨利伟向北京航天城驶去。

北京航天城有数千人参加了欢迎杨利伟的仪式。喧天的锣鼓和飘扬的彩旗为航天城披上了节日的盛装,夹道欢迎的人群打出了'杨利伟,你是中国人的骄傲!''杨利伟,欢迎你回家'的大字横幅标语。"

在这篇题为《杨利伟顺利返航 首都喜迎太空勇士归来》的报道中,新华社记者采用视觉采访的方式,选择了"妻儿和同事喜迎杨利伟凯旋"的独特角度,细致描写了杨利伟凯旋归来后与妻儿、与同事紧紧拥抱、首都民众夹道欢迎英雄凯旋的感人一幕,文字营造的画面感、视觉冲击力都很强,读来非常令人感动。

再次观察动态变化。首先应该捕捉那些让读者有随同记者亲历现场之感的场景;其次,应该将这一场景的变化盯牢,追踪新闻瞬息万变的动势,将其用生动的语言描写出来。

新闻范例3:

温总理看望清华学子吐心声:思及"非典"泪流满面

2003年5月4日下午,清华大学公共管理学院02级研究生胡薇薇和往常一样,来到图书馆搜索最新的资料,为硕士转博士做准备。突然,安静的图书馆传来一阵欢呼,胡薇薇抬起头来惊讶地发现,温家宝总理来到了她的面前。

"总理好!"胡薇薇立刻站起来打招呼。"你坐着吧,在干什么呢?""我

在查阅一些资料。"胡薇薇回答。

新闻与传播学院01级本科生史浩宇和同学们一听说总理来了,都忍不住离开座位前去张望。"快看书!别让总理认为咱们不读书!"一位同学提醒大家。

——《中国青年报》(2003年5月6日)(欲知全文,请扫二维码)

这篇稿件中,记者的目光始终追随着总理的足迹,记录下总理到清华大学看望学生、与学生亲切交流的全过程,"平民总理"的形象跃然纸上。

第三节 体验式采访

一、什么是体验式采访?

体验式采访是指新闻记者亲身参与、体验被采访对象的工作、生活或者亲身经历新闻事件的发生、发展、结束等过程,之后将亲身感受、体验写进新闻作品中的报道方式,它包含参与、感受、再现三个环节,是新闻记者深入生活、体验生活、体察民情的一种好方法,对记者良好思想作风的形成、扎实的新闻写作水平和能力的提升都有很好的帮助作用。

二、体验式采访的优缺点

在体验式采访中,新闻记者成为新闻的参与者、体验者,这样的在场状态使得记者几乎是零距离地面对、参与到新闻事件的进程中,这种完全不同于普通现场采访的报道方式,使得报道内容呈现出独特的魅力和优势:1.体验式采访有助于新闻记者尽快熟悉、接近采访对象,缩短与采访对象之间的距离,拉近彼此的感情;2.有助于新闻记者更好地理解采访对象;3.有助于新闻记者更深入地了解新闻事实本身;4.有助于新闻记者积累生活经验、工作经验,完善丰富自己,从而把新闻报道写得更加生动感人。

体验式采访有许多优点,也有一些缺点和不足,不足之处在于:采访过程中,由于新闻记者体验时间短,深入的程度也有限,对新闻报道的深度和力度会有影响;另外,由于是亲身体验,新闻记者易受情感影响,有时会在强烈情感的影响支配下,无意识中夸大或者缩小了新闻事实,在一定程度上影响了新闻的客观与公正。

三、如何进行体验式采访?

由于体验式采访事先已经确定了采访主题、采访对象和采访地点,是一种策划后的采访,因此体验式采访必须做好选题策划,要紧扣时代脉搏,关注社会热点、政府工作难点和老百姓心中的疑点,不能只顾唱赞歌,要站在群众角度看问题、想问题,要贴近实际、贴近生活。做好选题策划,是体验式采访成功的关键。

1.紧扣热点,指导性和可读性相统一。梳理近几年的体验式报道便可看出,凡是新闻界较为成功的体验式采访报道,大多是以紧扣时代脉搏、百姓关注的热点话题为主,报道内容可读性强,很好地做到了指导性和可读性的统一。

2017年的春节期间,中央电视台《新闻联播》策划推出大型系列报道"新春走基层·零点后的中国",将镜头对准那些午夜后仍在忙碌奋斗的人们,每期选择一个午夜零点后仍在奔波忙碌的行业,通过体验式的采访,用原生态纪实的手法呈现消防员、环卫工人、高铁隧道工人等严冬午夜里在各自岗位上的坚守与奋斗,通过这些个案故事折射出特别行业人们的生存现状,从一个普通人的角度,去感受他们工作的不易,感受辛苦背后的感动和温暖,让观众在平凡里看到了自己,在不平凡里看到了民族的希望。走心的故事、新颖的报道方式让网友们直呼新闻联播越来越好看、越来越感人!

2.以小见大,大主题和小角度完美统一。对于很多意义重大和主题深刻的选题,比如说涉及再就业、教育、环保、雾霾等与老百姓生活密切相关的问题的报道，记者在采访的时候就要选好角度，采用以小见大的方式。比如，现在"优化发展环境"是个热词，也是一个很大的主题，但优化发展环境在黑龙江省究竟实行得怎么样呢？黑龙江广播电视台《新闻联播》特别推出了《科所队的"九级风浪"》，通过记者实地体验的形式，看优化发展环境后黑龙江省的变化，引起了观众的极大反响，也让各地客商对黑龙江省的发展环境有了更好地了解。

选题策划好了，再选取合适的采访对象、确立好所要宣传报道的新闻主题，之后通过记者的体验式采访，零距离去聆听、观察、感受，切实深入到受访者的生活中去调查、体验、发掘，这样采写出来的新闻报道才能生动鲜活、思想深刻并富有可读性。

四、体验式采访需注意的问题

首先要真体验，不作秀。有些新闻记者认为体验式采访就是装装样子、走走过场。其实，这种想法是错误的，如果只是装装样子、作作秀，完全起不到体验式采访的作用，达不到体验式采访的目的，也就失去了体验式采访的意义。新闻记者之所以要做体验式采访，就是希望在真实的体验中走近采访对象，"融"入采访对象，"成为"采访对象，这样才能够获得切身的体验与感受，让报道更加生动感人。

其次写感受不片面，不夸大。记者在写作过程中要防止片面和夸大，有时候记者因为自身素质和经验缺乏的原因，采访的时候容易"钻的进去，跳不出来"，使观察体验产生片面性，影响了报道的质量，比如有的记者为了表现体验行业的艰辛，会故意夸大工作的劳累与辛苦，这就违背了新闻的真实性原则，让体验式报道变得不可信，从而失去了报道的意义，起不到应有的宣传效果。所以当新闻记者体验某种角色时，千万不能被一人一事牵着鼻子走，也不能同情心泛滥，要解决好"身入"和"心入"的关系，把握好二者之间的度。

最后新闻记者要不断学习，增加积累。新闻记者日常工作、生活中要注意积累新闻素材，要不断加强自身的学习，积极提升自身素质，锻炼增强自己的采写水平和能力，以便在体验式采访中更好更准确地把握新闻事实，在后续的新闻报道中让新闻作品更客观、更理性。

第四节 电话采访

一、什么是电话采访？

新闻记者通过电话这种现代化的通讯工具对受访者进行采访、采集新闻信息的报道方式，这种采访最大的优势是快捷，也突破了采访必须见到采访对象本人所带来的时空限制，对于提高工作效率，赢得采访时间很有好处，美国媒体同行将其称之为"快餐式采访"。

电话采访具有明显的优点，也有一定的弊端。如果运用得当，充分发挥电话采访的优势，就会实现采访效果的最大化。

二、哪些情况宜用电话采访？

作为新闻工作者比较喜欢的一种采访方式，电话采访非常适用于突发事件核对快速报道、事实补充采访、热点话题征集反应、咨询专家答疑解惑。

全球化的今天，世界各地发生的重大事件，特别是灾难事件，是各国媒体记者共同关注的新闻。为了尽快报道突发新闻，记者在不能第一时间赶赴新闻现场的情况下，可以通过电话采访事发现场周围的知情人，证实新闻的发生及传闻的准确性，及时把新闻抢报出来，随后记者再赶赴现场，或者媒体派遣离新闻发生地最近的记者赶赴现场详细采访，这样安排既保证了突发事件的快速报道，又能够进一步深挖突发事件的事实真相。

此外，记者通过新闻线人获知的新闻信息要素不全、细节不详时，也可通过电话采访补充核对事实；电话采访还可用于采访专家，请专家就某个问题亮出自己的观点，为广大受众释疑解惑。

电话采访还非常适用于话题类的采访，因为话题类的采访是就一个受众普遍关心的热点话题，征求不同人的不同反应和意见。为了充分听取方方面面的意见，记者需要采访不同层次、不同年龄的受访者，这个时候，电话采访就可以派上用场。比如说国家出台新的政策、法规，有人拥护，有人反对，记者就可以用电话采访各界人士和普通百姓，听听拥护的人怎么说，反对的人又怎么说，然后不加评论地报道出去，让读者看了报道之后自己做出评判。

三、哪些情况不宜用电话采访？

电话采访不适用人物报道、批评报道和深度报道。

电话采访之所以不适用人物采访，是因为新闻记者无法通过电话采访看到对方的表情，只能通过声音、语气来猜测对方的某些反应，如果新闻记者仅凭电话采访去写这个人物的话，其中必然夹杂有新闻记者的主观推测，这与新闻最基本的真实原则不符；人物特写还需要在稿件中适当地运用描写人物说话时的表情、手势、动作甚至穿衣打扮，而这些信息通过电话不能获知。缺少与采访对象的直接接触，就不能全面整体地认识采访对象，写出来的人物报道也就会有偏差，不够全面客观；电话采访还会对人与人之间的情感交流造成障碍，记者很难挖掘到人物的内心世界，这样采写出来的人物报道也就不鲜活、不生动，可读性自然差。

电话采访也不适用于批评报道，因为电话采访很难确定受访者反映的事实是真是假，很多时候受访者为了逃避罪责，说假话；或是出于保护自己利益的目的，不说对自己不利的话，记者又看不见对方的表情，无法判断虚实，如果仅凭这些话为依据写报道，就很容易出现失真的情况，批评报道一旦失真，记者就很容易惹上官司，成为被告。

深度报道也不适宜用电话采访报道。新闻事件发生后，如果新闻记者不第一时间赶到新闻事件现场，不亲眼看到，不亲身感受，就会漏掉一些事实和细节，就不能全面立体地思考问题，也就不能进行深度报道。在深度报道稿件中，电话采访只是寻找新闻线索和广泛了解客观情况的辅助手段，记者应该更多地采用面对面的采访，与采访对象深入交流；或是采用视觉采访、暗访、体验式采访，多种采访方式并用，才有利于记者全方位、立体化的掌握新闻材料，挖掘事实真相。

四、怎样做好电话采访？

电话采访一定要做好采访前的准备工作，制定好采访提纲，提问的问题要简单易答，不要提太大的问题，一个大问题，受访者原本就不知道从哪里讲才好，又看不见你点头或摇头，不知道他说了这么多，你是否听明白了？这种疑虑会影响受访者的情绪；电话采访也不要提暗示性的问题。在缺乏交流的情况下，暗示性的问题很容易造成误会，让对方误解或者怀疑记者的采访动机；电话采访也不要提过于轻率的问题。轻率的问题容易让受访者看轻这次采访，认为这是一次随意性的电话聊天。电话采访如果提较为尖锐性的问题，最好把这个问题放在最后，因为一上来就提尖锐的问题，容易刺激到受访者，导致采访进行不下去，整个的采访计划也会因此泡汤。

提问的问题设置好了，采访过程中就要想办法引导对方口出妙语，多用比喻，形象化地表达自己的思想。

最后，电话采访时要记得核实重要新闻元素。记者电话采访的过程中，一旦遇到线路有杂音或者对方有口音，都会形成听觉障碍，统计数字和地址也很容易听错，这个时候对重要的新闻元素要多加核实，追问一句："您说的是这个意思吗？"或者"是这个地方吗？"等等，做到每一个重要新闻元素都核实清楚、准确、明白。

新闻范例：

2003年，中国篮球运动员姚明加盟美国NBA职业篮球队并表现出色，一时成为NBA接受采访最多的运动员。他随火箭队比赛所到之处，或在休斯敦训练地，每天要接受十几家媒体的采访，一个星期还要接受四五次的专访。

除此之外，NBA方面每两周还安排姚明接受45分钟采访。如此繁忙的情况下，中国媒体经过努力，请NBA亚洲公司安排，终于让姚明接受了亚洲媒体的一次联合电话采访。以下是姚明接受此次电话采访的实录节选。

记者：你认为在NBA打球和国内有什么区别，你的最大感受是什么呢？

姚明：我感觉最大的是NBA的挑战更大一些，这是由水平来决定的。如果在国内，我利用我的身高和技术，并不需要用我在NBA里用到的一些技术就可以轻松得分。而在NBA比赛时，我觉得除了在身体上对抗以外，在智力上也需要激烈的对抗。每时每刻都要分析场上的情况、分析对手的情况，合理使用自己的技术和身体。这些在国内或在亚洲好像都考虑得少一些。

记者：听说这两天包括汤帅等其他教练都对你进行比较深入的谈话，谈话内容是关于"新秀墙"的问题，是这样吗？

姚明：他确实说了一些，史迪夫（弗朗西斯）也跟我说过一些，他跟我说他在新秀赛季一年里打过4次架，我说我在CBA打了5年才打过一次架。他问我有没有被停赛，我说没有（大笑）。鲁迪（汤帅）也跟我说，说他们那时候必须大清早起来赶飞机，和普通的乘客一样等座位、买经济舱的机票，天气很冷，但他们仍然在打球。

记者：能简单谈一下你现在的生活吗？

姚明：每天就是训练馆和家，中间用一辆吉普车连接。

记者：自从你当选NBA状元秀之后，并且有1800万美元的合同在身，我想问你是否计划好了如何使用这笔钱，还有你个人对经济收入是怎么看的？

姚明：我曾经幻想过很多东西，但最终得到的不是金钱，而是实实在在的东西。我很喜欢各种各样新兴的东西，比如说电脑，我还很喜欢那些音乐CD，他们最终带给我的是一些精神上的愉快，并不是一些数字。

记者：听说你在美国买了很多电动游戏，是吗？

姚明：是的，大概一个也就20美金吧。

记者：众所周知，你在国内篮坛是电玩高手，我想知道凭你的电玩技术，你能不能也进入NBA电玩全明星队？

姚明：我玩了很多的游戏，但是跟NBA里很多球员玩的游戏不太一样，火箭队有些球员也玩游戏，我见过，和我玩的属于不同风格。

在记者对姚明的电话采访中，姚明在 NBA 篮球队的教练和同事的名字、合同金额以及"新秀墙"的有关事情，都容不得出错，如果记者在电话采访中没有搞清楚，就需要在电话访谈中反复核实，直到确认准确、清楚为止。

第五节　书面采访

一、什么是书面采访？

指新闻记者因各种原因无法对与采访对象进行面对面采访，只能通过书面提问的形式进行间接采访、得到书面答复的报道方式。

书面采访的新闻时效性要求不太严格，比其他几种采访方式的时效要求要低。

二、适用书面采访的情况

1. 采访对象工作繁忙，没有时间接受新闻记者面访，这些受访者一般在某领域或某行业具有一定的影响力和权威性，比如政府官员、学术权威、商界领袖等。2. 采访对象因工作原因到外地出差，记者抽不出时间前往，但又必须采访。3. 新闻记者没有办法接近采访对象，书面采访就成为一种很好的交流方式。4. 需要在同一时间内采访不同地区、不同国家的许多人，这是书面采访最大的优势。

三、书面采访的优缺点

与电话采访相比，书面采访可以使受访者有充足的时间思考记者给出的问题，或为记者准备必要的材料；答复也可以全面详细一些，不仅可以作为新闻报道的重要依据，还可以作为资料永久保存。

但书面采访也有缺点，比如：不是每一次书面采访都能收到受访者的答复；不能和受访者进行面对面的交流，所以不能在思想上与受访者进行直接的交锋，产生不了思想碰撞的火花和灵感，新的、深刻的思想也就难以产生；得到的信息不如直面采访和视觉采访那么直观，无法正确判断受访者的真实意图；无法追问、强调，受访者就可能泛泛而谈，避重就轻，无法保证采访素材的有效性。

四、书面采访所需环节

书面采访时，新闻记者首先要真诚地向受访者表明自己的身份，说明本次采访的目的；其次事先设计好所提问题，问题最好要具体，数量也要适当；并向受访者说明答复期限，以免延误刊发时机；最后，对受访者的回复表示诚挚的感谢。

新闻范例：

2019年9月15日，在对俄罗斯联邦进行正式访问并举行中俄总理第24次定期会晤前夕，国务院总理李克强接受俄罗斯塔斯社书面采访，《俄罗斯报》全文刊登。本书节选如下：

塔斯社：今年是俄中建交70周年，两国关系进入新时代，请问总理先生，您如何评价俄中关系70年来的发展成果？您对未来两国关系发展有何期待？

李克强：很高兴在中俄建交70周年之际，应俄罗斯总理梅德韦杰夫邀请对俄进行正式访问，并举行中俄总理第24次定期会晤。中俄互为最大邻邦。70年来，两国关系走过了不平凡的发展历程，日益稳定、成熟、坚韧，处于历史上最好时期。双方顺应世界发展大势，开创性地建立了不结盟、不对抗、不针对第三方的新型国家关系模式。双方互相视彼此为本国外交优先方向，建立起完备的高层交往和各领域合作机制，开展内容丰富、具有战略意义的务实合作，形成全方位、深层次、立体式互利合作

格局，取得了惠及两国人民的丰硕成果。中俄同为联合国创始成员国和安理会常任理事国，在国际事务中密切协作、展现担当，成为维护世界和平稳定的中坚力量。（欲知全文，请扫二维码）

第六节 暗访

一、什么是暗访？

暗访又叫"隐性采访"，是指记者不公开身份，或伪装成其他身份或公开记者身份但不说出真实意图，通过秘密的拍摄、录音等合法手段，获得未被披露的新闻素材的采访方式。

暗访是新闻媒体进行揭黑报道等调查性报道、舆论监督报道时经常采用的一种有效采访手段，已被媒体广泛采用，但暗访有前提，有原则，不可滥用或尽量少用。

二、暗访的前提条件

暗访是一种比较特殊的采访手段，所以用暗访必须具备以下条件：1. 报道题材牵涉重大公众利益，与一己私利毫无关联；2. 新闻记者穷尽所有正常的公开采访手段都不能获得事实真相和所需新闻信息。具备上述两个条件后，新闻记者就可以采取暗访手段，例如，早在2011年8月份，中央电视台《焦点访谈》栏目记者就暗访了"地沟油"的产销链条，揭开了地沟油制作和销售的黑幕，在全国观众中引起强烈反响，之后，关于食品卫生安全问题一直是新闻记者暗访的重要内容之一。除了食品质量，生态环保、医疗卫生、金融保险行业等多个领域存在的违法违规现象，新闻记者都可采用暗访手段，直击这些社会痛点话题，揭露触目惊心的违法违规现象，以保障、维护公众利益。

三、暗访分类和特点

著名学者、中国人民大学新闻传播学院教授陈力丹在《暗访新闻要谨慎》一文中,将暗访分为两大类:介入式暗访和非介入式暗访。[1]

介入式暗访是指记者乔装打扮,假冒各种身份,与新闻事件的当事人交往,以获得新闻信息。例如《焦点访谈》栏目曾播出一期《恐龙蛋化石亟待保护》的专题节目,就是记者乔装打扮成"倒蛋分子""参与交易"采集而成。为了接近倒卖现场,中央电视台记者化身变成"倒蛋分子",佯装专业的行家里手,与"走私分子"认真评"龙"品"蛋",和其讨价还价。这样,把非法交易的内幕真相一一揭开。可以说,没有记者主观上在一定程度上对事件的"参与",的确很难构成隐性采访,并确保采访到真实的新闻事实。[2]

非介入式暗访,是指记者不显露自己的真实身份,以旁观者的眼光悄悄观察,没有介入或干预整个事件的发生、发展过程而获得新闻信息。例如:重庆电视台《天天630》栏目对"假尼姑当街行骗事件"的暗访,暗访记者自始至终只是以围观者的身份静静站在行骗尼姑的身边,通过隐藏的摄像机暗中记录事件的自然状态。

无论是介入式暗访,还是非介入式暗访,都是新闻记者自主发现新闻线索或是接到新闻线人报料后主动出击进行采访的;另外,由于暗访的新闻事件大都是工作中存在的问题,或是社会上存在的一些腐败、丑恶现象,都事关公众利益,所以受众关注度高;暗访过程中,尽管存在种种困难,但新闻记者不畏艰难困苦、想方设法将调查做得扎实客观、详尽深入,顾理平教授据此用24字,简明扼要地总结出了暗访的六大特点:"主动出击、事实周详、关注面广、隐瞒身份、隐藏目的、隐藏手段"。[3]

---

[1] 陈力丹:《暗访新闻要谨慎》,《新闻与写作》2006 年第 12 期。
[2]《新闻报道中的隐性采访》,百度文库第 4 页。
[3] 顾理平:《隐性采访论》,北京:新华出版社,2004 年版,第 14 页。

四、暗访适用对象和场所

新闻记者使用暗访有前提条件，有原则规范，不可滥用或尽量少用。

新闻记者暗访的对象可以是政府的公职人员，也可以是民营企业家、私企业主；当然，还可以是政府机关、企事业单位。但绝对不能对未成年人进行暗访；部队军事驻地、宗教场所等单位以及国家机密、军事机密、商业秘密、成年人个人隐私等内容也不能进行暗访。

新闻记者暗访的场所也有范围限制。暗访可以在公共场合进行，也可以在私人场合实施。公共场合是指用于公共事务的物理空间，如政府办公地点、工厂、商场、饭店、城市道路等；私人场合则是指个人办公室、客房、包间等私人活动、私人交往的物理空间，不允许外人自由出入。不管是在公共场合，还是私人场合，只要采访的目的是揭露社会上存在的一些违法行为和丑恶现象，打击假冒欺诈犯罪行为，同时没有影响其他人的正常生产、生活、学习和工作，就可以大胆进行暗访。

五、暗访需遵守的原则

暗访是新闻记者行使舆论监督权的有效手段，是戳穿谎言、假象、蒙骗伎俩的利剑，但由于暗访本身具有的特殊性和隐秘性，新闻记者进行新闻采访时决不能为一己私利暗访，也不能想怎么暗访就怎么暗访，必须是为了公众利益，也必须在穷尽所有正常采访手段都无法获知新闻事实和新闻素材的情况下才能暗访，暗访过程中需要遵循以下这些原则：

首先，暗访一定要合法合规。新闻记者不可以在违反法律的情况下暗访，即便是为了曝光违法行为也不可以。记者暗访曝光违法的行为并不等于可以违法犯法。例如海南某报纸的两名实习记者通过乔装打扮到定安、琼海两县去暗访娱乐场所赌博情况。然而两人参与了赌博行为，输掉了1000元和200元，用曝光来要挟当地公安机关并且进行敲诈，结果被依法逮捕；再如某记者暗访洗浴会所的淫秽色情行为，记者可以假扮客人，但决不能嫖娼。其次是暗访和舆论报道坚决不能触碰禁区。不能够泄露隐私，不能去损害未成年人的相关合法权益，不能泄露各种机密，例如国家机密、军事机密和商业秘密。宗教民族问题也是暗访的禁区，另外涉及外国政府，外国驻华的人员等相关敏感问题不可暗访。第三是不能通过暗访谋求私人的利益或是敲诈所暗访的对象。四则是暗访不能违背伦理道德和职业规范。尤其在采访报道负面的新闻时，新闻记者如果承诺匿名消息源对其身份进行保密，就一定要信守自己的承诺，不能够做出当面一套背后一套的行为。

其次，暗访一定要遵循真实、客观、公正原则。不策划炮制虚假新闻、不夸大新闻事实、不对新闻事实添枝加叶，也不对新闻事实变相炒作。记者必须尊重客观新闻事实，不能为了提升媒体收视率或者是吸引受众眼球，故意策划炮制虚假新闻，或诱导暗访对象进行违法行为，人为导演失实新闻。"纸馅包子"事件的惨痛教训应当时时汲取。

2007年7月8日，北京卫视生活频道一栏目播出了一期名为《纸做的包子》的节目，"业内人士马先生"爆料称，"用废纸制作肉馅已经成了行内公开的秘密"，并且安排了记者在朝阳区一村子暗访。但是这是一起自编自导自演的假新闻。六月中旬，"纸馅包子"事件制造者訾北佳化名"胡月"，来到了朝阳区的太阳宫乡十字口村，对制作早餐的卫全峰等四人谎称需要定购大量包子用来分发早餐。然后，做包子所需要用的肉、面粉和纸箱都是"胡月"自己购买带到这里来的，以喂狗为理由，让卫全峰等人把纸箱泡在装水的大铁盆里面，加入工业火碱，然后再将这些纸全部弄碎后加入进肉馅，撒上猪肉香精，制作了二十余个"纸馅包子"，同时，"胡月"秘密拍摄了卫全峰等人制作"纸馅包子"的过程，将其编辑，用这种恶劣的欺骗的手段在北京电视台的栏目播出。訾北佳因炮制虚假新闻获刑一年，并且予以处罚人民币1000元。

再次，暗访一定要把握适度介入的原则。新闻记者是新闻事件的记录者和报道者，而不是新闻事件的导演者和策划者。记者暗访时应该只抱着"记录者"的心态出现在新闻事件的现场，客观、理性、公正地报道新闻事实；即便是介入式暗访，记者也应该把握适度介入的原则，不能做"钓鱼式"暗访，秘密设置"陷阱"引人入瓮；也不能根据自己的主观臆想和判断，主动假装去为采访对象提供犯罪客体，这样的话就有诱发暗访对象犯罪的嫌疑，有违职业道德和职业伦理。央视《焦点访谈》栏目的记者暗访过程中会严格遵循这条原则，忠于新闻事实、客观报道，在暗访中只是充当侦探者、旁观者、体验者的角色，以"第三者"（非矛盾的双方当事人）身份、客观中立的态度置身事中，绝不有意或者刻意影响事件、推动事件的发生、发展。

最后，暗访必须坚持正确的舆论导向原则。虽说暗访是为了揭露问题、曝光社会丑恶现象，但暴露问题、揭露丑恶现象的终极目的，是为了激浊扬清，为了推动问题的解决和社会的进步，所以暗访的新闻稿件一定要坚持正确的舆论导向，不能为了曝光而曝光，也不能泄私愤和哥们义气而去曝光，新闻工作者应当始终坚持正确的舆论导向原则、始终出于公心、维护公众利益！

六、暗访适用对象和场所

暗访使用有前提，有条件，不可滥用，所以暗访场所是有范围限制的。暗访可以在公共场合进行，也可以在私人场合实施。公共场合是指用于公共事务的物理空间，如政府办公地点、工厂、商场、饭店、城市道路等；私人场合则是指个人办公室、客房、包间等私人活动、私人交往的物理空间，不允许外人自由出入。

暗访的对象也有范围限制，既可以是政府的公职人员，也可以是民营企业家、私企业主；当然，还可以是政府机关、企事业单位。但不能对未成年人进行暗访；也不能暗访军事驻地、宗教场所等单位；国家机密、军事机密、商业秘密、成年人个人隐私等内容也不能进行暗访。

七、暗访注意事项

1.新闻记者暗访时不能乔装警察、军人、执法人员和政府工作人员，但可以根据暗访情况，乔装打扮成病人、农民、客户、消费者等等。比如可以假扮患者到医院、诊所暗访，乔装打扮成农民到农场、农产品批发市场暗访，或是巧施妙计变身成客户到工厂、工地暗访，或是假扮消费者到汽车4S店、商超购物消费。

2. 暗访时新闻记者要想尽一切办法保护好自己。新闻暗访具有一定的危险性，特别是涉及违法犯罪新闻的暗访，极易出现安全问题，所以暗访前，新闻记者要从安全的角度对此次采访进行评估，如果风险系数太高，就要考虑是否放弃采访；如果决定暗访，就一定要采取相应措施保护好自己，比如向主管或报社分管领导报备，让同事和单位掌握自己的行踪并给予配合，以防身份暴露或者出现意外情况时施以援手；此外，想办法获取执法机关尤其是公安机关的支持与帮助，有了执法机关尤其是公安机关的支持与帮助，一旦出现险情，也能及时化解，确保新闻记者的人身安全。北京电视台的新闻记者徐滔在暗访方面有丰富的保护自己的经验，她在开展暗访的过程中，会积极寻找执法机关特别是公安机关的支持帮助，暗访过程中警方始终秘密守护于四周，一旦出现险情或发生危险，警方会立即出动赶往现场抑制事态的发展，因而每一次都能够化险为夷。再就是，暗访要注意保护好录音、录像等相关视频资料，这些资料既是新闻记者写作新闻稿件的素材，也是暗访对象违法违规的铁证，当被曝光的企业、个人、机关不承认报道事实，甚至被曝光企业和个人到法院起诉新闻记者和媒体时，新闻记者和媒体就可以亮出这些确凿证据来证明报道事实的真实性和准确性，从而避免不必要的麻烦。

3. 俗话说，工欲善其事，必先利其器，完好的暗访工具，对记者暗访成功会起到非常重要的作用。江西南昌电视台记者深入"绝味鸭脖"的生产一线，揭露"绝味鸭脖"的经营黑幕。但是暗访过程极其困难艰辛，卧底记者进入生产仓库之前，规定必须佩带长袖的橡胶手套，且要经搜身后才能进入。那么在这种情况之下，应该选用何种暗访设备以保障拍摄顺利进行呢？事实上，偷拍眼镜为此次曝光行动立下了汗马功劳，可谓是功不可没。得益于偷拍眼镜的隐匿性，使得暗访材料的收集难度大大降低。

新媒体时代，伴随着科技的不断进步与发展，各式各样先进的暗访设备层出不穷，常见的暗访设备比如手机、DV，专业的、高级的暗访设备包括手表、眼镜、打火机、纽扣、偷拍笔、偷拍包等，这些暗访设备都没问题，但新闻记者不能使用专用的间谍器材，所以进行暗访前，要先检查一下自己的工具是否合法，千万不能在工具上栽跟头。

新闻范例：

《焦点访谈》：哪来的"国际认证"？

近年来，国家陆续取消了一大批职业资格许可和认定事项，"心理咨询师资格证"就在被取消的范围之中。但是眼下在网络上搜索"心理咨询师资格证"，立即就能出现大量的培训广告："晚一年 少挣20万""缺口巨大 高收入每小时100-1000元"。一个早在两年前就已经被国家取消的资格证，为什么直到今天，培训机构还在组织着所谓的考前培训呢？对此，央视《焦点访谈》栏目记者进行了暗访，并于2019年11月8日在《焦点访谈》播出，对所谓的"心理咨询师资格证"国际认证进行了揭秘，培训机构打着"国际认证"幌子疯狂敛财的真相浮出水面。（看完整报道，请扫二维码）

第七节　网络采访

一、什么是网络采访？

网络采访有广义和狭义之分，广义的网络采访是指新闻记者运用先进的网络技术和网络手段对新闻事实进行采访，获取相关新闻素材和新闻信息的活动和过程。它强调的是网络采访的信息收集功能。

而狭义的网络采访，是指新闻记者以互联网为介质，综合运用文字、图片、音频、视频、动画等手段，对新近发生的具有新闻价值的事实进行报道的采访活动。它强调的是网络记者对新闻信息的原创功能。

2015年11月6日网络记者正式拥有了自己的新闻采访证。在此之前，只有少数网络媒体，如新华网、人民网、光明网等中央级网络媒体的记者才有采访权。

二、网络采访的特点

网络采访既具有传统采访的优势，也具有传统采访不具备的鲜明的特点：

1. 工具的数字化。网络采访是依托网络进行的，所以让网络采访天然地具有了数字化的特点。网络采访借助电脑和与其相连的其他使网络运行的硬件设施，通过微信、QQ、电子邮件、聊天室、BBS等软件，完成对新闻线索的搜集整理、新闻人物以及新闻事件的采访，并在此基础上完成新闻稿件的采写及其传输工作，彻底实现了无纸化办公。

2. 信源的多样性。网络采访中信源丰富多样，微信、微博、播客、QQ、网站论坛等都是网络采访的信源渠道，新闻记者可以从这里获知丰富的新闻线索，并通过QQ、微信、电子邮件等进行深入的沟通、交流，获知相关新闻信息和事实真相，据此写出新闻报道。

3. 突破空间限制。无处不达的网络使整个世界变为一个小小的地球村，依托网络进行的网络采访自然也可以将采访触角伸到世界的各个角落，空间的障碍荡然无存。2000年，《文汇报》记者在看到美国华裔科学家杨向中博士克隆出五头牛犊的消息后，想对他进行人物专访，通过互联网，记者很快进入了美国康涅狄格大学的网址，并在该校转基因动物中心找到了杨博士的电子邮箱，记者通过Email向远在大洋彼岸的杨博士表明自己的身份和采访意图，并列出明确的采访提纲。随后，杨向中很快就回复了Email，并发来了在实验室的工作照。

4. 采访的及时性。网络采访突破了地域、空间的限制，也使得采访变得更加畅通、更加便捷。有时因地理距离阻隔等原因，传统媒体需要数天或数月才能完成甚至看上去根本无法完成的采访工作，通过微信、QQ等社交媒体的网络采访，数秒或几分钟之内就可以搞定。

5.过程的交互性。这种交互性不仅仅是指记者与受访者和记者与编辑的交互关系，也指在新闻采访过程中的采访者与受众的交互关系。网络是新闻发布工具，又是便捷的通讯工具，记者在网络采访的同时，可以直接接收到网民的反馈意见，然后根据网民受众的意见及时调整采访报道的内容，这种快速将记者与受众之间的互动内容呈现在报道中的情况，在传统的新闻采访过程中几乎不可能实现，而在网络采访中比比皆是。

6.内容的多媒体性。网络采访的内容具有非常强的多媒体性，要求采集的信息表现形式除了文字之外，还有音视频、图像等多种表现形式。网络采访运用多媒体技术和超文本技术，集文字与声音、图画、照片、影像以及三维动画等于一身，实现了有声有色、声情并茂、图文并茂地全方位地报道新闻事件，从而使内容具有了多媒体性。

三、网络采访的方式

网络采访的方式灵活多样，可以通过电子邮件、社交媒体、搜索引擎和数据库以及在线调查等多种方式进行，具体如下：

1.电子邮件：新闻记者将需要提问的问题通过电子邮件发送给受访者，之后受访者再通过电子邮件将答复回传给记者。记者需要做的就是事先对所提问题仔细斟酌、反复考虑，将问题设计得具体详细。这种采访类型比较适合对时效性要求不高的新闻事件当事人和相关人员进行采访，或对新闻事件相关信息进行核实等。

新华社记者熊蕾曾通过电子邮件对来自英国、美国、日本、加拿大等国家的十位科学家进行采访，采访报道刊登在美国的《科学》杂志上。熊蕾本人认为，使用电子邮件的方式进行采访，便于专家们充分思考问题，详细发表个人见解，大大增强新闻稿的说服力。

2. 社交媒体：社交媒体是人们用来分享各自意见、见解、个人经验和观点的工具和平台，现阶段主要包括微博、微信、播客、论坛、博客、社交网站等，网络采访可以通过这些社交媒体进行新闻线索的搜集、相关新闻事件和新闻人物的采访等。社交媒体采访一般有两种方式，一种是纯文字采访；一种是通过QQ电话或者微信电话进行采访。

社交媒体采访，如果是在聊天室等公共类论坛上进行，因其具有公开性，所以只要在线的网友都可以插入对话回答或者提问，在采访对象回答网友提问时，记者还可从中观察采访对象，也便于了解网友更关心采访对象哪些方面的内容、随时调整采访策略，提高报道的可读性。

3. 搜索引擎和数据库：当新闻记者需要了解新闻事件相关背景或对新闻事件进行核实时，可以充分、正确、准确利用搜索引擎，随时随地对自己所需要的各种信息进行查询，既没有恼人的时空限制，也非常省时省力。重要的资料记者还可以将其下载储存在个人电脑资料库中。目前常用的搜索引擎有百度、谷歌、雅虎。

数据库也是各路媒体记者广泛使用的重要网上资源。例如，1996年，美国乔治亚州有一架飞机因为撞上了灯塔而坠毁，美联社一名记者获知线索后，立即通过PhoneDi数据库找到了遇难者的电话号码，第一时间跟他们的家属和亲友取得联系，之后根据他们的描述，迅速在网站上发表了新闻特写。

4. 在线调查：通过网络进行的在线调查也是网络采访的重要方式之一，网络调查要设计好问卷，问题的设计要主题明确、简明扼要、避免模棱两可，以便受访者能够真实、准确、迅速地回答。最普遍采用的网上调查方式是通过受访者点击问卷完成，点击率由计算机后台自动记录并统计完成；当然，也有需要受访者键入文字作答的，但为方便起见，新闻记者大都将问卷设计成点击式问卷，有的会辅加少量文字回复。

新闻记者在使用这种简单的、凭受访者点击率得到的网上调查结果时，最好只是作为参考数据，做阶段性报道使用，不做全面性报道的依据，报道引用时也需要做出相应的分析判断，并加以说明。例如：有一年春节，中央电视台曾推出一个话题节目：《年夜饭在家吃，还是在外面上馆子吃？》，通过网络进行调查，在引用统计数字时，主持人就特地说明："网上统计的调查者年龄偏小，如果加上不外出吃饭的老年人，外出吃饭的比例会比这个数字低一些。"

四、网络采访需注意的问题

网络采访是一种实时性的快速采访，有很多优点，比如采访的快速便捷性、新闻资源的丰富多样性以及与受访者的及时互动性等等，但网络采访也有不足，也有需要注意的问题：

1. 注意新闻的客观真实性

网络信息浩如烟海，里面鱼龙混杂、真伪难辨，所以新闻记者在进行网络采访时，一定要注意新闻的客观真实性问题，对网络信源一定反复核实，慎用网络匿名信息源，要坚持核实两个以上独立的信息源，对细节的真实性也要多加核实，要多问几个为什么，以保证所采访的新闻信息客观、真实、准确。

2. 注意新闻的生动形象性

网络采访依托网络进行，如果新闻记者不到新闻现场，只是单纯依靠网络对受访者进行采访，就会失去耳闻目睹新闻现场的机会；因为新闻记者没有抵达现场，也就感受不到现场氛围，观察、采访不到鲜活的新闻事实和生动的新闻细节，也就没有办法让新闻鲜活生动起来，新闻稿件的可读性、生动性和影响力也就大打折扣。因此，事件性新闻的深度报道一般不宜通过网络采访进行。比如，烟台上演了一场惊心动魄的男篮比赛，或是发生了一件惊天动地的大事，仅仅依靠网络是采访不到深入其境的新闻的，也就难以让受众有深入其境之感。

3. 注意知识产权纠纷问题

网络采访需增强"版权"意识，注意知识产权纠纷问题，严防抄袭和剽窃。网络采访时，新闻记者千万不能从网上搜索一些新闻素材，然后复制粘贴，将异地新闻改头换面、写成本地新闻予以刊登。

综上所述，网络采访最好与传统采访结合起来，做到"取长补短"，"扬长避短"，这样，网络采访才能发挥更大作用。

案例赏析：

《网上风景无限》

于卓

在上海的"第1号咖啡桌"，来的第一位朋友颇有领袖风度，此时只有我和他，他说："hi，大家好！""你好！"我立即回他，我很兴奋。这是我在电脑互联网络遇到的第一位采访对象。今晚，1997年3月14日19点整，我在北京魏公村，在瀛海威时空一位网员的协助下，鼠标一点，来到上海。

今晚的异地采访，没有汽车、火车、飞机运载，没有电话、传真预约，不用敲门，不用互相打量，也不用掏出采访本和录音机，采访就开始了。

在信息高速公路上，我们用手交谈，键盘敲多快就能说多快，屏幕上飞快地跳出对话。"领袖"（以下简称D）开场就说："网络将会改变人生，你的人生。"在我们互道职业之后，倒是D先发问："你认为网络是何？"与此同时，我的问题也跳上屏幕："你为什么自投罗网？"D说："我喜欢带网的活动，两年等于两百年，在网络上！"（欲知全文，请扫二维码）

第八节　非言语采访

一、什么是非言语采访？

所谓非言语采访，其实就是指不通过语言交流进行的采访，它包含两层含义：一是指新闻记者通过语言之外的传播方式采访受访者获取新闻信息的活动；二是指新闻记者通过对受访者非言语行为及其环境的敏锐观察、全面分析获取新闻信息的活动。

获取新闻信息可以通过语言表达完成，也可以通过非语言方式传递。有时，在一些重要、特殊的环境及场合中，非语言信息所传递出的内容甚至远超言语，并起着言语无法代替的强大作用。"语言符号主要表现意识的活动，非语言符号主要展示潜意识的波动，而一切高贵的情感、一切深刻的体验、一切微妙的思绪大都隐藏在潜意识的汪洋大海中，很难并极少浮出意识的海平面。"这就是说：人们一些丰富细腻、变幻莫测的情感可以通过非语言符号充分显示，却很难用语言准确表达。

二、非言语采访的重要性

20世纪50年代的一位研究肢体语言的先锋人物阿尔伯特·麦拉宾研究发现："一条信息所产生的全部影响力中7%来自语言（仅指文字），38%来自音调，剩下的55%则全部来自无声的肢体语言。"[1]我们看到，人际沟通交流中，高达93%的交流沟通都是通过非语言沟通方式实现的，非言语沟通的重要性由此可见一斑！因此，新闻采访过程中，记者正确解读并利用非言语采访与受访者沟通交流，就非常有必要且重要了。

三、非言语采访的方式

非言语采访主要有以下几种方式：
1. 通过视觉进行的非言语采访

眼睛是心灵的窗户，在传递心灵信息的过程中，眼睛会起到不可低估的重要作用。人们可以闭上嘴巴保持沉默，但眼睛却会"说话"，眼神会在不经意间把你的真实想法暴露给对方，所以当眼神与语言所传递的内心深处想

---

[1] 亚伦·皮斯，芭芭拉·皮斯.身体语言密码[M].王甜甜，黄佼，译.中国城市出版社，2007：3.

法不一致时，眼神比语言具有更大的可信度和感染力。

新闻采访的过程中，新闻记者目光投向之处会对采访结果产生非常大的影响，因此，当新闻记者采访政界商界要人、专家学者，与对方目光相遇的那一刻，要敢于正视他们的目光，切记不可避开或者躲闪，否则，受访者会认为你是个水平不高又不自信的记者，不利于平等沟通和交流；而如果要采访多个受访者，比如群体采访或者开座谈会时，记者则要采取环视、扫视和正视相结合方式，照顾到每一位受访者，不至于使有的受访者感到受冷落影响心情，继而影响采访效果。

新闻记者要善于运用视觉对受访者进行观察，捕捉人物特点、心灵变化、典型场面，并给予形象的描绘和刻画。"视觉采访"在前文第二节中已有详细解读，这里不再赘述。

2. 通过物体进行的非言语采访

进入采访环节，新闻记者可以寻找一些相关物体作为媒介去激发、打动受访者，营造一种亲切友好的采访氛围，助力接下来的采访成功顺利。有一次，中央电视台《新闻调查》栏目组去采访一个被希望工程资助的人，名叫张胜利。他考上了上海师范大学，毕业后，回到了河北省桃源县桃木疙瘩村小学工作，在那里做乡村教师。央视记者为了报道他的感人故事，选择了四个不同的现场进行采访，其中一个现场在他的办公室，办公室的墙上挂满了张胜利在上海读书时和同学的合影，通过这些照片，记者成功唤起了张胜利对过去上海读书生活和同学真挚友情的回忆。

3. 通过体态语言进行的非言语采访

体态语言是指受访者的面部表情或肢体动作传递出来的信息；也指记者的面部表情、肢体动作传递给受访者的信息；体态对于表情达意起着非常重要的作用，高兴时、生气时、悲伤时、反抗时都会有不同的体态语言与之呼应。

美国名记者朱尔斯·洛在谈到采访经验时说："告诉读者主教踢倒了废纸篓，医生砰地关上了门就够了，不必再费力地描述他的精神状态；把失去妻子的农夫用脏手给他的女儿编头发的细节以及这个孩子在夜间哭泣的情况告诉读者就行了，不必再对孩子母亲死后带来的痛苦和悲哀进行吃力的抽象描写了。"

如果被访者拒绝采访，那么，对其体态语言的具体陈述也是极为重要的采写内容。比如："他不耐烦地推开记者，拒绝谈话"、"他阴沉着脸，钻进汽车，冲上了高速公路"、"有人看见他进了屋，记者按了门铃，却没人来开门"……这些具体的体态语言的描述比被访人的语言更能说明问题。

而记者的体态语言也会被受访者解读，所以采访过程中，记者也要时刻注意自己的体态语言，确保没有无意识中传递了自己不想传递的信息。例如，采访中，有的记者喜欢把笔拿在手上或放在桌子上转来转去，这种动作很容易被受访者解读成："他对我说的话不感兴趣，我是不是需要打住这个话题？"而实际上这只是记者潜意识中的一个习惯动作而已。

4. 通过副言语进行的非言语采访

要想了解通过副言语进行的非言语采访，就需要先搞清楚什么是副言语。有声的辅助语言和类语言就是副言语；辅助语言指说话过程中的声调、语速、音量、音质等要素，是语言表达的一部分；类语言是指有声无义的功能性发声，如哭声、笑声、叹息声、咳嗽声等。

俗话说：听锣听声、听话听音。人与人的沟通交流中，说话语气、声调本身就具有沟通作用。一个人的态度是友好还是充满敌意，是激动还是冷静……都可以从他的语气、声调中表现出来。因此，采访中，特别是电话采访中，记者的语音语调应礼貌友好、热情亲切，装腔作势、哼哼唧唧的声调都是非常忌讳的；同理，微信采访中，如果受访者在与记者沟通交流中连用两个"嗯"字，会向记者传递出受访者心情不错的信息；如果受访者只回复一个"嗯"字，则传递出受访者可能对此话题不感兴趣，有敷衍、心不在焉、不想跟记者继续聊的意思；在回答问题时，如果受访者的语调、语速等方面发生变化，新闻记者要敏锐地"闻出"并关注这种变化，因为这些变化意味着受访者的心境、情绪有所改变，例如，受访者刚开始接受记者采访时，情绪平和、语调语速都很平稳正常，但在回答某个问题时，突然语调上升、语速加快，情绪也高亢起来，记者此时要敏锐地捕捉住变化并及时把握住，耐心倾听受访者的诉说，并用微笑或者点头的方式回应受访者，鼓励受访者说下去，说出更多富有新闻价值的信息。

课后思考与练习

1. 根据采访方式和手段的不同，新闻采访可分为哪几种采访类型？

2. 新闻记者在视觉采访中最需要具备哪种能力？这种能力如何培养？

3. 体验式采访如何开展？新闻记者在体验式采访中应该注意什么问题？

4. 暗访是舆论监督报道里面最常用的一种采访类型，但暗访是有前提条件的，也有必须要遵循的原则。请问暗访的前提条件和必须遵循的原则各是什么？

5. 网络采访具有什么特点？采访过程中需要注意哪些问题？

6. 什么是非言语采访？请举例说明非言语采访的重要性。

第三部分 新闻写作

新闻写作是新闻采访与写作的收官环节，所有的采访最终要落实到写作上。如何将一篇新闻稿件写出彩？新闻标题如何提炼？新闻导语又如何制作？一篇新闻稿件的写作中，除了新闻标题和导语的制作外，结构如何选择、如何谋篇布局？在新闻写作环节，新闻标题和导语的写作最为关键。速读时代，只有标题和导语吸引人，受众才能将视线转移到稿件的主体部分，主体部分又需要采用故事化技巧写作才能将受众留住。一篇优秀新闻稿件的出炉，需要新闻工作者在新闻写作实践中好好磨练。

第七章

新闻写作的结构

【学习要点】

　　本章主要介绍新闻的结构。明确新闻结构的组成要素，然后熟悉新闻写作的基本体例。掌握五种常见的新闻写作结构："倒金字塔"式结构、时间顺序结构、悬念式结构、并列式结构，以及《华尔街日报》体结构。能够熟知这些新闻写作结构的结构性特点，并能够实际地进行相应的新闻创作。

　　"文章以体例为先"，也就是说文章写作首先要考虑的是其编写格式以及组织形式。新闻写作也具有其体例要求，新闻编写的格式及其组织形式也都具有一定之规。本章将学习新闻结构的构成要素，以及新闻写作的几种具体结构形式。

第一节　新闻结构的构成要素概述

　　新闻具有形式的结构化特征，以此能够吸引读者并使读者能够更加容易地理解新闻所要传达的内容。经过100多年的惯例化的形式发展，题目与导语的制度化写作方法已经形成。

　　简单来说，新闻消息的写作分为题目、导语、正文、结尾四个部分。题目包含将最重要的内容进行压缩提炼的主标题，用来交代新闻发生背景、说明原因、烘托气氛、解释意义等的引题，以及对主标题进行补充和说明的副标题，而正文之中也是存在小标题的。

消息的构成部件一般包括：消息标题、导语、消息躯干、结尾，外加新闻背景。

一般来说，消息的结构是倒叙，也就是我们通常所说的"倒金字塔结构"。

一、标题：head，headline，subhead

标题又称之为题目，决定了作者阅读的方向。大部分的读者根据标题的内容来决定自己是否进行新闻内容的整体阅读，也就是标题决定了读者对新闻的兴趣。新闻标题以新闻事实为基础，并反映新闻记者力求表达的主旨。

消息标题就是内容高度概括的、简明而醒目的题目。或者说，标题就是用以揭示、评价新闻内容，吸引受众关注的文字，是新闻内容的形象概括。而新闻标题在制定上有其自身的要求。具体来说，消息标题的要求如下：

1. 新闻标题要反映新闻事实

新闻的特点决定了新闻必将最重要、最精彩的新闻事实浓缩到标题之上。与一般的文章题目进行比较，新闻标题的显著特点在于其事实性、在于其新闻性。也就是说新闻标题既要显示新闻的价值，也必须揭示新闻事实。

2. 新闻标题必须符合新闻事实

受众阅读新闻首先接触的便是标题。如果标题和新闻事实不符合，就会把错误的消息传递给受众，如果标题和新闻内容不符合，就会让读者心生疑窦或者引起读者的反感，长此以往将会削弱读者对新闻乃至媒体的认同感。所以，标题需要吸引读者的眼球，但是标题需要以新闻事实为基础才能从根本上吸引受众，否则再生动的标题都没有任何的价值。

消息标题的类型分为单一型和复合型。其中单一型只有主标题，复合型有主标题、引题或肩题，副题。

① 主标题，它是标题的躯干，表达消息的主题思想和核心内容，位置居中，字号大于引题和副题。

主标题可虚可实，但一般以实为主。

范例：

非洲国家杯喀尼两队杀入决赛（主）

"狮""鹰"将作殊死搏斗（副）

② 引题，它是在主标题前面强调意义、渲染气氛、交代原因、背景，起铺垫的引导作用。

范例：

引题：大搞钱权交易 生活腐化堕落

主标题：江西省原副省长胡长清被开除党籍和公职

③ 副题，又叫子题。位于主标题之后，对主标题起补充、印证、解释等作用。

范例：

主标题：我国自然保护区面积逐年扩大

副标题：占陆地国土面积 7.64%，超过世界平均水平

二、导语

导语是新闻的开头部分，是消息开头的第一句话或者第一段话。也可以说是新闻记者向读者投掷的"诱饵"，或者正餐之前的开胃餐（appetiser）。

在记者实习的时候，实习记者接受教育之时，经常听到的是将导语比喻成"第一纽扣"。即，在穿衣服的时候，如果第一个纽扣系错了，那么以后所有的纽扣也就无法系对，所以导语写得不好，后边的正文也无法正常呈现。而且，导语的形态也不是一定的，是根据新闻的比重和内容而呈现出众多的形态。

再次强调新闻导语重要的原因，在于它是新闻读者最先接触的部分，在"倒金字塔结构"中尤甚，导语是对新闻所赋予的重要性和意义的压缩，确定了读者阅读新闻的方向性。

消息导语的以下几点应该高度重视：

① 消息体裁所特有；

② 位于文章的开头；

③ 新闻事件或问题的浓缩。

导语的沿革：

① 第一代导语：最初的导语是五要素或六要素（5"W"+1"H"）俱全的导语。

范例：

1889年3月30日美联社记者约翰·唐宁在他所发的一则消息中写了这样一段导语：

萨摩亚群岛阿庇亚3月30日电　南太平洋沿岸有史以来最猛烈、破坏性最大的风暴，于3月16日、17日横扫萨摩亚群岛。结果有6艘战舰和10艘其他船只要么被掀到港口附近的珊瑚礁上摔得粉碎，要么被摔到面对阿庇亚小城的海滩上搁浅。与此同时，美国、德国的142名海军官兵有的葬身珊瑚礁上，有的则在远离家乡万里之遥的无名死者墓地上找到了永远安息的场所。

② 第二代导语：又称"微型导语"。它的特点是不再要求"六要素"俱全，只选择最重要的、最能激起受众兴趣的两、三个要素写进导语，其余要素放在躯干中再作表述。

范例：

1945年8月14日的消息导语："日本投降了！"

1969年7月21日的消息导语："人类今天登上月球"。

新华社雅典（2004年）8月24日电　杜丽射落奥运首金

③ 第三代导语：它打破了传统的倒金字塔式结构写作模式，趋向于自由式、散文化的灵活多变的结构，如时间顺序导语、延缓性导语、复合式导语等许多新形式。一般仅突出一个非常有趣的吸引人的事实。

范例：

美联社法兰克福（1986年）3月5日电　日本航空公司为了能让一名前往东京的奥地利人乘坐飞机，不得不腾出一架波音747飞机头等舱中的6个座位。

三、正文

标题和导语之后便是正文部分。正文由若干的段落构成，而每个段落又由若干的句子构成。而这些句子正是支撑导语的具体的事实。正文要求内容充实、层次清楚、语言简明。正文是新闻的主干，它要承接导语，用实在的、典型的、具体的材料，印证导语的提示，对导语的内容做进一步的扩展和阐释。

四、结尾

新闻结尾是深化或者强化新闻内容，出现在新闻最后的一段或者一句话。结尾的作用是阐明事实的意义或者指出事件发展的趋向，既给受众以结构上的完整感，也给受众留下思索的余味。

第二节　新闻写作的具体结构

一、倒金字塔结构

倒金字塔结构，是消息写作中最常用的一种结构方式。它以事实的重要性程度或受众关心程度依次递减的次序，先主后次地安排消息中各项事实内容，犹如倒置的金字塔，因而得名。它多用于事件性新闻之中。

"倒金字塔结构"是1860年代在美国的新闻界所树立起来的新闻形式，其目的是为了排除党派性以及意见等主观性要素。是以事实为中心的客观性新闻主义逐步占据主流地位的过程之中逐步得到完善的。其基本的原理是将判断为最重要的事实展示于最初的位置，而次重要的内容依次递减的顺序而排列的方式。

这种方式是新闻写作的最基本的、最具有代表性的结构。其长处主要有两点：一是，读者可以很容易地得知新闻最重要的、最核心的事项是什么。二是，在编辑的过程之中，新闻的后半部分即使被编辑删掉，也不会对全文造成多大影响，有利于编辑工作的进行。

以"倒金字塔结构"为中心，新闻的构成要素分为样式和内容两部分进行考察，将题目、导语以及正文的相互关系弄清，那么新闻写作所需要的最基本的能力也就具备了。也就是说，只有掌握了基本的"倒金字塔结构"的写作，才能以此为基础进行多样化的叙述体新闻的创作。

案例赏析

Assassination of President Lincoln

This evening at about 9：30 p.m. at Ford's Theatre, the President, while sitting in his private box with Mrs. Lincoln, Mrs. Harris and Major Rathburn, was shot by an assassin, who suddenly entered the box and approached behind the President.

The assassin then leaped upon the stage, brandishing a large dagger or knife, and made his escape in the rear of the theatre.

The pistol ball entered the back of the President's head and penetrated nearly through the head. The wound is mortal.

The President has been insensible ever since it was inflicted, and is now dying.

About the same hour an assassin, whether the same or not, entered Mr. Seward's apartment and under pretense of having a prescription was shown to the Secretary's sick chamber. The assassin immediately rushed to the bed and inflicted two or three stabs on the chest and two on the face. It is hoped the wounds may not be mortal. My apprehension is that they will prove fatal.

The nurse alarmed Mr. Frederick Seward, who was in an adjoining rented room, and he hastened to the door of his father's room, when he met the assassin, who inflicted upon him one or more dangerous wounds. The recovery of Frederick Seward is doubtful.

It is not probable that the President will live through the night.

General Grant and his wife were advertised to be at the theatre...

——New York Herald, April 15, 1865

（这是纽约先驱报1864年的一篇电报报道。报道了林肯总统在剧院遇刺的消息。这篇报道是按照倒金字塔式的书写结构进行创作的。第一段包含着"5W+1H"，即符合金字塔结构的"六何"原则。所以，第一段提到了谁、何时、何地、为什么、什么和如何。随着本文的继续，介绍了不太重要的细节。一位具有金字塔结构意识的记者或编辑会在前两句话中增加两个细节：一是枪击头部，二是预计会被证明是致命的。关于格兰特夫妇的过渡性句子表明，不太重要的事实正在被添加到故事的其余部分。）

二、时间顺序结构

时间顺序结构又称为编年体结构、纵向结构、沙漏型结构。时间顺序结构是叙述体新闻写作结构的重要代表之一。它是以时间的延续为基本线索，按照时间的发展顺序对事件的进展依次进行叙述。这种结构叙事条理清晰，现场感强，适合于故事性强、以情节取胜的新闻，尤其适合写现场目击性新闻。时间顺序结构在消息写作（主要运用倒金字塔结构）之中运用得相对较少。时间顺序结构的缺点是开头平淡，消息的精华也可能埋没在长篇的叙述之中。因而习惯于"碎片化阅读"的读者可能并没有耐心对这种结构的写作进行全文式阅读，也就因此阅读不到新闻的精华所在。

案例赏析

银行雇员协助警方抓获劫匪

昨晚，两名银行雇员协助警方抓住了抢劫蒙大拿州弗雷市的布特曼银行中的四名犯罪嫌疑人。杰弗逊镇司法局的艾德·凯姆警长说道。

家住费斯图斯附近一名叫丹费斯·布舍的雇员，徒步追上了一名嫌疑犯。来自圣路易斯的另一雇员威利·莫尔，驾驶银行运钞车追逐歹徒逃跑的汽车。艾德·凯姆警长说道。

那辆企图逃跑的汽车上有三人被抓，现已被关在皮弗雷市的监狱中，警方曾怀疑此三人执有毒品。（欲知全文，请扫二维码）

三、悬念式结构

悬念式结构结合了倒金字塔式结构和时间顺序结构而形成的一种新的结构形式。其开头是一个带有悬念的导语，以最精彩或最重要的事实引而不发，然后在以后的段落中，按照事件发生、发展的顺序写作。其优点是：叙事具体、完整、条理清晰、重点突出，使读者容易理解和接受新闻信息。适用于以戏剧性见长的新闻事件，如现场目击记、新闻故事等。

案例赏析

十亿元大骗局的破产

1993年3月31日下午7时许，一名西装革履的中年男子手提密码箱，从一辆小轿车中钻出来，行色匆匆地走向北京首都机场入口处。

"这是你的身份证吗？"机场工作人员一边检查他的身份证，一边说，"这个身份证是假的！"

"这……这……不可能。"中年男子的神情中流露出一阵惊慌。

"你到底叫什么名字？"

在安保人员严厉的盘问下，这位急于离京出走的男子终于低下了头："我叫沈福太……"时候发现，此人随身携带了3张身份证，其中两张为化名的假身份证。沈太福到底是什么人？他究竟干了什么事？他为什么早就准备好多张假身份证？又为什么要用假身份证匆忙逃离北京呢？（欲知全文，请扫二维码）

四、并列式结构

这种结构方式常会用于综合消息和经验消息的写作之中。特别是在综合消息中，报道的具体事实不局限于一个，需要在新闻中并列地叙述若干个新闻事实，这样就形成了并列式结构。

并列式结构的层次清楚，层次与层次之间的关系不是因果的关系，也不是递进的关系，而是彼此平行的关系，也就是从意义上说并无主次之分。每个层次都是相对独立的，各层次之间相互补充，共同说明一个新闻主题。

案例赏析

爱尔兰全民公决否决《里斯本条约》 欧盟各国反应强烈

新华网北京 6 月 14 日电 综合新华社驻外记者报道：据英国天空电视台 13 日报道，爱尔兰在 12 日进行的全民公决中否决了旨在取代《欧盟宪法条约》的《里斯本条约》。欧盟委员会以及德国、法国等欧盟国家随后表示遗憾，一些国家表示将继续全力推进条约批准进程。

爱尔兰选民以 86.24 万票对 75.25 万票的投票结果，否决了《里斯本条约》，从而使欧洲一体化进程再次陷入困境。爱尔兰是欧盟 27 个成员国中唯一就《里斯本条约》举行全民公决的国家。（欲知全文，请扫二维码）

五、《华尔街日报》体结构

《华尔街日报》体遵循从具体到一般的固定性原则。文章先从一个小故事或一段描述开始，可能是某个人，某件事，这个故事承载了文章的主题。然后会用一段被称为"核心段"的文字阐明报道的目的，以及为什么这个故事具有重要性。后面的内容则提供了对文章主题的各种支持性证据。文章结尾，会使用直接引语或一个小故事，回到文章开头，旨在引发读者思考。

《华尔街日报》体并非为《华尔街日报》专属，许多记者都使用这种报道方法，讲述故事新闻。之所以命名为《华尔街日报》体是因为其发明了"核心段"这个概念，并积极倡导其记者使用这种体例，而这种体例适合报道趋势类新闻。

《华尔街日报》体的具体显现：遵循从具体到一般的原则，从小故事开头，总结规律或者趋势并进行补充说明，结尾回到开头的小故事以点题。可以使读者深刻地意识到某个趋势、某个新闻事件对人们的影响，其能够强化故事中人性化的一面，使读者的阅读更具趣味性。

《华尔街日报》体的写作已经成为一种程序化的写作方式，因此具有"公式"可以模仿。其构成框架总结如下：

①导语开头要生动；

②继而呈现反映主题核心段；

③提供导语、核心段的支持性材料；

④提供支持性的材料；

⑤继续展开（材料）；

⑥结尾要回应导语。

由此可见，《华尔街日报》体，总是有一个生动的人物、场景或事件作为开头。其理念是从特殊到一般，借助人物、地点或事件来引出文章的重点。需要注意的是，开头的导语选用的人物或场景，必须是受到后面核心段所阐述问题的影响的众多人或事物之一。

紧接着导语的是展示新闻焦点的段落，即核心段。核心段是文章的主要内容，这一段要向读者交代这篇文章写了什么内容以及它的重要性。简单地理解，核心段就是我们经常在倒金字塔结构中写出的导语。然后，要为导语和核心段提供支持性的材料。这部分就是正文，也就是公式中的③④⑤。如果细分，支持性材料应当包括采访对象的引语、几个不同侧面的新闻事实；展开性材料应当包括新闻的原因、结果、解释、影响、观点。结尾必须呼应开头，回归到开头的人物身上，进行主题升华，意味深长。正文部分停止了对开头的人物（场景、事件）的叙述，在结尾时必须再次提及他们。用人物的引语，或故事的进展、未来趋势收尾。《华尔街日报》体能够应用到许多消息和特写报道中去。

进一步归纳《华尔街日报》体的特点如下：

1. 故事化特性

从传播心理学的角度看，受众阅读除了求知层面的需求外，还有消遣和娱乐的需求。《华尔街日报》体借鉴了文学写作中的故事描绘手法，能把枯燥、干瘪、索然无味的硬新闻变得生动活泼、通俗有趣。故事性增强了新闻的趣味性、可读性。

2. 人文关怀特性

《华尔街日报》体叙述路径客观上要求寻找一个极具代表性的人物个案，强调人物故事、个案命运的重要性。任何一则报道，总要涉及和影响或将影响一些人。人是构成新闻事件的主体，新闻报道说到底，是报道人在社会生活中的各种表现，人与自然，人与社会，人与人之间的各种关系的变化。人和人的生活对读者来说，具有最高的心理上的接近性。新闻报道里有了人，有了他们的动作、语言、感情以及生活状态的报道，很容易唤起读者的兴趣。

3. 贴近性原理

新闻价值学说中的"接近性原理"，是指要寻找所报道的事实与读者在时间、地点、心理或者利益上的接近点。接近的因素越强，读者阅读的愿望也就越大。从读者关切点上找角度，回答读者普遍关心的问题，解答读者想知而未知的问题，这就是最佳的新闻角度。贴近性越高，读者对这一消息的关心程度、注意和兴趣就越大。以普通人的视角来写作，透过普通人这个点来深化有主题的面，一方面赋予了人情味，另一方面又突出了贴近性，极易使读者产生共鸣。"华尔街日报体"个性化的开头可以为记者节省大量笔墨，同时受众可以在轻松的阅读状态中获得丰富的信息。

活用这种文体将给记者和编辑带来一定程度的挑战。对记者来说，至少将增加采访工作量。以一条会议消息为例，以前采写只需要将新闻通稿改改就交差了，但如果使用华尔街文体写作，将要求记者采访若干个对象并加入通稿中没有提供的新闻背景才能成文。

案例赏析

卡西诺毁掉了大学梦

住在卡西诺赌场附近的大学生更容易染上赌瘾；近几年去赌场赌博的大学生人数一直呈上升趋势

美联社记者 齐亚·桑特·布鲁克斯（Kia Shante Breaux）

密苏里州堪萨斯城迈克尔·哈兹派斯在初中时就开始了赌博，那时候他在食堂的地板上用午饭钱与别人掷骰子赌博；当他上大学后，他到密苏里河上的游艇里赌博。（导语：聚焦于某个人物，揭示文章主要内容）

他从一天输掉母亲给他的2美元午饭钱，发展到一夜之间输掉他借来的2000美元助学贷款。

"我每天都会去那船上赌博。"24岁的哈兹派斯说，他经常从位于圣约瑟的密苏里西部学院逃课，到5分钟路程之外的名叫圣乔治弗朗蒂尔的卡西诺赌场去赌钱。

"我不知道为什么，只知道那里的人们以及那里令人兴奋的事情吸引着我不断地去那里。"（2、3、4段为支持性引语）（欲知全文，请扫二维码）

课后思考与练习

1. 将教材中时间顺序结构案例改写为一篇"倒金字塔"结构消息。
2. 将教材中悬念式案例改写为一篇"倒金字塔"结构消息。
3. 将教材中并列式结构案例改写为一篇"倒金字塔"结构消息。
4. 试将一则校园消息进行扩张改写成《华尔街日报》体。
5. 思考不同结构的新闻写作，其标题拟定上是否存在差异性？

第八章
融媒体时代的新闻文本写作

【学习要点】

什么是新闻文本？根据童兵在《新闻传播学大辞典》中的解释，新闻文本，是指新闻作品或新闻报道的存在形式。广义的新闻文本与广义的新闻是对应的，包括消息文本和通讯文本；狭义仅指消息文本，即纯粹的新闻文本。[1] 本章在这里提到的新闻文本是指广义的新闻文本，包括了图片文本、视频文本和H5等众多新技术文本。

新闻文本重要吗？当然重要，本质上新闻文本是为了受众的文本，它意味着记者能否将事实准确、快速地传递给受众。但遗憾的是，传统意义上媒体和媒体工作者对他们所面对的受众知之甚少，他们只是提供给了受众他们认为受众需要的新闻，新闻文本的风格也主要是由新闻工作者及其新闻机构的风格决定。

融媒体时代，新闻文本又发生了哪些变化？融媒时代，新闻文本是为了受众的文本的本质特征更为凸显，公众参与到新闻事件的爆料、扩散和评论等新闻活动中来，自然而然地，新闻文本的风格要增加"受众"因素影响的新特征。

---

[1] 童兵：《新闻传播学大辞典》，中国大百科全书出版社，2014年5月出版。

第一节 融媒体时代新闻文本运用的基本要求

融媒体时代的新闻文本首先要坚守优秀的传统新闻写作手法，坚持准确、客观等新闻文本写作的基本要求。

一、准确、客观

一些人认为自媒体当道，新闻业将死，还有什么必要强调准确、客观、公正的新闻文本要求？人民渴望并需要真相，权力需要监督，自由讨论的公共空间中需要秩序，社会需要持续的正向推动力，所以，准确、客观、公正应该是任何时代都需要的。2018年普利策新闻奖调查性报道奖获得者Stephanie McCrummen是《华盛顿邮报》的记者，她曾言，作为记者的职责是去伪求真，而不是成为社会活动家。另外，准确、客观也是对记者最基本的保护。

在融媒体环境下，自媒体爆料开始挑战传统媒体的新闻主导地位，但同时，自媒体提供的信息也是鱼龙混杂，立场、角度、利益诉求各异，这就对媒体工作者提出了更高要求，他们必须在时间、数量、程度等方面更加审慎地对待新闻事实。

（一）准确

真实的东西都是具体的，具体的东西往往是生动和可感知的。

新闻文本要求准确性较高，尤其在硬新闻写作中要求将时间、地点、数字、程度都描述准确。这一准确性要求与文学作品的合理想象，语法灵活使用形成鲜明对比。下面案例1、2一篇是选自浩然长篇小说《艳阳天》，一篇选自1983年6月17日《南方日报》刊登的消息《今天凌晨广州市降特大暴雨》。

【案例1】

狂风暴雨摇撼着东山岛，雷鸣夹着闪电，闪电带着雷鸣。那雨，一会儿像用瓢子往外泼，一会儿又像筛子往下筛，一会儿又像喷雾器在那儿不慌不忙地喷洒——大一阵子，小一阵子；小一阵子，又大一阵子，交错、持续地进行着。雨水从屋檐、墙头和树顶跌落下来，摊在院子里，像烧开了似的冒着泡儿，顺着门缝和水沟眼儿滚出去，千家百院的水汇在一起在大小街道上汇成了急流，经过墙角、树根和粪堆，涌向村西的金泉河。

【案例2】

昨晚午夜前后，广州市雷声隆隆，电光闪闪，倾盆大雨，下个不停。据广州市气象观测站报告，仅今天凌晨一个钟头之内，就已降雨145.5毫米。这场特大暴雨，是广州市今年以来下的最大的一场雨。由于这场暴雨来势猛，雨量大，暴雨时间长，使得广州市地势低洼的一些路段渍水淹进了部分厂房、仓库和民房等，郊区一些地势低洼的菜地渍水成涝，造成了一定的损失。有读者来电，东风东路水均大街和水均南街有近200户住在大楼底层的居民受水浸，室内积水深30多厘米，至2时发稿止，暴雨还在继续不停地下着。

【思考】以上两个案例，哪个是文学作品，哪个是新闻消息，并给出判断理由。

（二）客观

1. 词语的感情色彩要客观，找到最准确的词句。中性词多于褒贬词，修饰语的限制性多于形容性，句子的陈述口气多于感叹口气。

【案例3】一个灾区农村中学校长的避险意识[1]

他矮，胖胖的。

他所在的中学，是四川安县桑枣中学，是一所初级中学，在绵阳周边非常有名。

学校因教学质量高，连续13年都是全县中考第一名，周围家长都拼命把孩子往里送。学生最多的班，有80多名学生，最前排的学生几乎坐在老师下巴前。

---

[1]《一个灾区农村中学校长的避险意识》，新华网四川安县，2008年5月24日。

地震来临时,他正在绵阳办事。大地震动,他站不稳,只好与学校的总务长互相抱着。

手机打不通,电话断了,第一波震荡过去后,他立即驱车往地处重灾区的学校赶。

车开得飞快,路上他一句话也不说。

他惦记着学校那栋没有通过验收的实验教学楼,心里最怕的是那栋楼出事。

上世纪80年代中,那栋楼建设时,学校没有找正规的建筑公司,断断续续地盖了两年多。到后来,没有人敢为这栋楼验收。

【思考】上述文本中,哪部分没有体现客观性?

答案是"他惦记着学校那栋没有通过验收的实验教学楼,心里最怕的是那栋楼出事。"

很明显,这里的表述不客观了,准确的表述可引用来访中"他"的原话。

2. 写得准确无误,没有错别字。

的、地、得三个字的用法,包括一些新闻记者在内,经常用错,大家习惯用"的",吕叔湘、朱德熙所著《语法修辞讲话》认为,"的"兼职过多,负担过重,力主"的、地、得"严格分工。

① "的"用在名词或代词的前面,起修饰作用。例如:

美丽的鲜花　高大的楼房　宽敞的教室　圆圆的脸

② "地"用在动词或形容词的前面,起修饰限制作用。例如:

快速地跑　伤心地哭　开心地笑　用力地拎起

③ "得"跟在动词或形容词的后面,补充动作或形容的结果。例如:

看得清楚　写得规范　开心得跳起来　红得可爱　白得像雪

二、具体

所谓具体,就是原原本本地描述出事物的具体情况,把细节都提供出来,把新闻六要素体现出来,要体现出现场感。与具体相对的是从整体出发,中国记者喜欢从整体出发进行综合报道,对具体细节的阐释较弱。比如,大多数会议报道都是从政府传播者的角度去传递信息,而不是为民众解读信息,解读会议带来的影响,这样的会议报道会让民众误认为此次会议与日常生活无关,长此以往,会让民众对会议新闻报道产生排斥。

要做到文本语言的具体化,要尽量化抽象为具体,使新闻具有画面感,案例4通过人、汽车、狗的反映来衬托天冷,这些具体的动态词"鼻涕稀啦"、"不能发动"、"狂叫着不肯出门"等具体喧闹动词与极冷天气的"静"形成鲜明对比,人们极易想象出这样一个寒流对生活的影响,也可以鲜活感知极冷的程度。

【案例4】"人畜不宜——寒流袭击美国东北部"[1]

人们鼻涕稀啦。汽车不能发动。狗狂叫着不肯出门。在纽约州的一个的地方,天冷得简直连冰都冻不成。

再看下面一篇报道,记者敏感地捕捉到一个典型的形式主义官风报道视角,用有的……有的……具体真实地反映出了群众呼声强烈的办事难、办事机关作风懒散的现实问题。记者观察细致入微,新闻的即视感扑面而来。

【案例5】领导来了窗口全开——哈尔滨公安局出入境管理大厅:"秒转作风"目击

二楼的办事大厅里,已经有数十人在座位上等候,然而办理进度却十分缓慢。记者观察发现,13个窗口中有的没人,有的有人却摆上了"稍后办理"的牌子,有的办完了一个业务却迟迟不叫号。一个接一个连续办业务的,只有4个窗口。

通讯的新闻文本用具体的描写可以反映出新闻的人性化,突出表现情感丰富性。比如下面这个案例,这篇消息写于2002年,据介绍,记者为采访此稿,在海拔近4800米的可可西里生活近一个月,对藏羚羊问题进行了专题调查,

---

[1]《人畜不宜——寒流袭击美国东北部》,美联社电,2000年1月28日。

掌握了大量的第一手材料，新闻发生时，又亲赴现场采访，描写十分具体。

【案例6】请过路吧 亲爱的藏羚羊[1]

昨晚，约有500只藏羚羊带着刚满月的儿女们，通过可可西里青藏铁路建设工地，向黄河源头的扎陵湖、鄂陵湖迁徙。

为不惊扰这些可爱的精灵，可可西里至五道梁一线，铁路夜间停止施工，拔走彩旗，灯光休眠，机器熄火；作为高原生命线的青藏公路，过往车辆在夜间停驶3个小时。这里又呈现一种远古洪荒的宁静，只有高原的夜风为这群母子结成的队伍送行。

潜伏下来的观察哨称：跨越铁路线，母藏羚羊若无其事，像跨过自己家的门坎一样；小羊羔紧依着母羊，流露出一种莫名其妙的惊喜。

每年6至8月，藏羚羊集结成群，长途跋涉，前往可可西里腹地的卓乃湖、太阳湖一带产崽，去完成一年一度的延续种群的历史使命。小羔羊满月后，再由母羊呵护着返回原栖息地。

【思考】报道对小藏羚羊跨越铁路线的描述有哪些体现了具体的特征？

三、简洁、凝练

树立起"吟安一个字，捻断数茎须"的追求，善于反复打磨推敲，力求文本简明凝练。英国著名作家乔治·奥威尔认为写作中要遵循的原则，在新闻写作中依然适用：能删除的字一定要删除，能用1个字说明的事情坚决不用2个；能用日常词语解释明白的，坚决不用外来语、科学名词和专业行话。这里有些小技巧可以用：

1. 多用动词，用准动词。要实现简练地描述人物或事物的动作、行为、变化等，必须依赖"动词"。通常的规则是要求尽可能选择及物动词，并使用主动语态。一个准确的动词可以增强新闻的画面感和视觉效果。

---

[1]《请过路吧 亲爱的藏羚羊》，中国铁道建筑报，2002年8月17日。

【思考】"掌声经久不息"和"掌声持续了一分钟",哪个更好?

2. 使用动词时多用主动语态,少用把、被句子。

原句:　　　　　　　　　　　改为:
他被这件事情难住了。　　　　这件事难住了他。
老师对概念进行了解释。　　　老师解释了概念。
学生把手机收起来了。　　　　学生收起手机。

3. 删掉无用多余的词。

一是要尽量避免使用术语和行话的情况。记者如果为了炫耀知识而使用术语;如果因为没有理解透彻一些定义或概念,没有使用大脑解码难理解的信息,这种情况下写出来的稿件会"面目可憎",不受欢迎。钱学森说:"科学报道要让人愿意读,看后能懂一点,也就是说,科学报道要有科普作品的味道。"[1] 如何让普通人愿意读?唯一的途径是要使科学新闻报道通俗化、大众化。对术语进行通俗化解释,尽量使用短句,多举例、多类比是常用的手法。

二是什么情况下可以使用术语和行话?科学报道要追求准确,一旦失实,科学家和记者的声望受损,对他们今后的工作产生不利的影响。那么如何实现准确呢?有些术语能非常准确地表达科学内容和含义,比如"暗物质",是有用的新词汇。不能被一般大众化词语取代但高深的术语又会让读者敬而远之,究竟应该怎么做呢?我们看下面案例7的方法:

【案例7】我科学家刷新暗物质探测灵敏度[2]

从清华大学获悉,该校主导的中国暗物质实验合作组利用一种国际首创的高纯锗探测系统,在一定范围内将暗物质直接探测灵敏度提高到目前国际最高水平。研究成果于北京时间13日在线发表在国际顶级期刊《物理评论快报》上。

---

[1]《钱学森谈科学报道》,新疆新闻界,1987年第4期。
[2]《我科学家刷新暗物质探测灵敏度》,光明日报北京,2019年6月14日。

暗物质是指宇宙中那些既不发射光，也不吸收和反射光的物质，更严格地讲，就是不参与电磁相互作用和强相互作用，但依然能够施加引力影响的不可见物质。天文学的众多观测数据和结果表明，暗物质约占整个宇宙物质质量的85%，在物质起源和宇宙演化过程中具有十分重要的地位。

"暗物质"是一个一般民众听说过但并未深究的概念，如何给民众解释清楚"暗物质"的概念？

我们看上述报道的第二段"暗物质是指宇宙中那些既不发射光，也不吸收和反射光的物质……"，这一段话将暗物质解释得通俗易懂，科学报道就是这样往往在能够基本看懂的前提下才有勇气接着读更难更艰涩的新知识。

为了更清楚地了解该研究成果的意义本文从光明时报处摘取了部分信息作为背景信息，如案例8。

【案例8】我科学家缩小暗物质"藏身之地"[1]

最新一期的《物理评论D》快报栏目11日刊载了这一来自中国暗物质实验（CDEX）合作组的研究成果：通过建立目前国际上最大质量的极低能量阈高纯锗探测器系统，进一步提高暗物质探测实验的灵敏度，他们确定性地排除了美国CoGeNT实验组过去多年宣称的已经发现暗物质存在的区域。

四、通俗、互动

融媒体时代，从传播主体的社会角色来看，传播者与受众之间的关系发生了根本性的变化，广大网民积极参与到一些事件的讨论过程当中。国家层面对一些人与事进行了嘉奖，这些嘉奖在民众层面有什么影响？这就要通过网民的留言来观察。记者通过选择网友留言的方式将整个报道串联起来，这符合融媒体时代的互动语言特征。

---

[1]《我科学家缩小暗物质"藏身之地"》，光明日报北京，2014年11月11日。

【案例9】打造"雷达铁军"、铸就"地下钢铁长城"[1]

国家科学技术奖励大会8日上午在北京举行，广受关注的2018年度国家最高科学技术奖由哈尔滨工业大学刘永坦院士和中国人民解放军陆军工程大学钱七虎院士获得。网友们纷纷为他们点赞，称他们是"共和国脊梁"，并表示"这才是我们该追的星"。

刘永坦院士坚持自主研发新体制雷达，打破国外技术垄断，为我国海域监控面积的全覆盖提供技术手段；40年坚守，带出一支驻守北国边疆的"雷达铁军"，为祖国海疆雷达打造"火眼金睛"。钱七虎建立起我国现代防护工程理论体系，创立了防护工程学科，引领着防护工程科技创新，为我国铸就坚不可摧的"地下钢铁长城"。新华社微信公众号推送了两人获奖的消息，引发网友热烈祝贺，写下上万条留言点赞。

五、幽默、新潮

新潮是伴随着互联网的兴起，新闻文本才具有的新特征，是一种新文风的表现。"蛮拼的、点赞"都是具有满满正能量的网络热词，媒体适度使用这些新潮的词语有利于吸引更多年轻人的关注，是网络文本与官方文本的互动。

【案例10】从清晨到日暮，冷得朝朝暮暮

【@朱广权：从清晨到日暮，冷得朝朝暮暮】[2]这几天一推门，寒潮裹挟着冷风瞬间让你急速冷冻，连跳带蹦，上身毛衫棉衫棉毛衫，下身毛裤棉裤棉毛裤，从清晨到日暮，冷得是朝朝暮暮，哪敢露出脚踝和颈部。再用围巾紧紧地捂住头部，睫毛长得长都会被冻住，你说这得零下多少度。

---

[1]《打造"雷达铁军"、铸就"地下钢铁长城" 网友：这才是该追的星》，新华社北京，2019年1月8日。

[2]《朱广权：从清晨到日暮冷得朝朝暮暮》，央视新闻，2018年12月26日．http://tv.cctv.com/2018/12/26/VIDEXFuj6lmflAyVlBK9JqLs181226.shtml。

就像青春抵挡不住发际线,东南也阻止不住零度线,而东北地区早就被冷空气攻陷,冷到发紫,零下30摄氏度的气温几乎冷得窒息,还在"年底冲业绩";华北地区持续降温,还好有暖气护体;长三角地区湿冷入骨,随随便便冻哭你……记得加外套哟~

美国学者杰弗瑞·S.威尔克森[1]提醒我们:融媒体时代,我们再也不能像以前那样自由地使用文字了,文字数量的多少要配合其他媒介形式。瞧,你使用多少文字也要有比例的:

融媒体时代文字量的控制

	报纸	广播（音频）	电视（视频）	网络
测量单位	栏	秒	秒	满屏
典型长度	12栏	20秒	90秒	1个满屏
典型数字	400个字	50个字	130个字	250个字

注意:网络文本语言具有媚俗性特征,网络新闻语言媚俗化是指网络媒体运用醒目、夸张、刺激之词报道一些非主流的事物,利用大众猎奇和追求感官刺激的心理,片面夸大新闻事实,造成轰动效应,提高点击率。这反映出网络媒体责任感不足,把关不严。针对网络语言的媚俗形式,新华社列出了新闻信息报道中的禁用词和慎用词(2016年7月修订),具体见本章拓展阅读。

第二节 图片新闻

图片新闻是以图片的直观形象和简要文字说明结合起来报道新闻、传播信息的一种新闻报道形式,图片新闻适合碎片化和浅阅读的时代特征。图片新闻一般由标题、新闻文字、图片、图片文字说明四部分组成,特别说明的是:标题的制作要求在标题章节中体现,本节暂不做阐释,其他三个部分是

---

[1] [美]杰弗瑞·S.威尔克森等:《融合新闻学原理》,北京:中国时代经济出版社2011年版,第25页。

本节说明的重点。

图片新闻具有以下特点：一是识别力强。人们对图片的识别不受年龄、种族、语言等阻碍，赫尔马斯根舍姆1962年就曾写道："摄影是世界各地都能够理解的唯一'语言'。"戈公振提出："图画为新闻之最真实者，不待思考研究，能直接印入脑筋，而引起其爱美之感，且无老幼，无中外，均能一目了然，无文字深浅、程度高下之障碍。"[1] 二是现场感、真实性强。图片新闻可以实现最大程度的新闻场景还原，几乎所有的新闻元素都能覆盖。三是视觉浸入感和体验感强。图片能够激发人们的情感认同，这就要求摄影记者需要具有一定的新闻敏感、审美能力和精湛的摄影技巧。

我们必须承认的是，在实际操作过程中，新闻工作者往往较为重视图片的拍摄，对图片说明却重视不够。图片新闻文字部分包括了新闻文字说明和图片说明两个部分，主要包括如下特征：一是注重"提要"性。图片新闻的一大特征是人们会先被图片吸引，当图片信息不能满足公众需求时，公众会向文字说明寻求解释，文字说明要交代几个要点：图片新闻发生的时间、背景、人物。一般情况下，一幅图片的文字说明不要超过3句话，全文不超过60字。二是注重扩展性。如果只是在图片的文字说明中重复图片中可以看到的内容，势必导致信息重复，文字说明与图片之间是互相补充的关系。

图片新闻分为单个图片新闻和组图新闻两种。下面就不同类型图片新闻的文本进行说明：

一、单个图片新闻

单个图片是这则新闻的重点，所以对图片的要求格外高；新闻文字和图片说明分别从全面和重点的角度，互相补充说明图片，一般情况下，新闻文字需要全面交代清楚图片发生的时间、地点、发生了什么，而图片说明则重点描述需要让公众特别聚焦的部分。

---

[1] 樊成：论"读图时代"图片新闻的传播效应，《新闻采编》，2005年第6期。

【案例11】请放野生动物一条生路[1]（图片新闻）

1月8日,在克拉玛依市西月潭小区西侧的戈壁上,一只前腿拖着兽夹的狐狸在雪地中逃生,并不时回望赶来救助它的市森林公安局民警和热心市民。这只狐狸是弄断了绑在兽夹上的钢丝而逃脱的。参与救助行动的市民张先生呼吁：请放野生动物一条生路。

狐狸的前腿被兽夹死死夹住

上述图片获得了第二十九届新闻奖,该新闻摄影作品是从克拉玛依日报社发布的系列图片中选择的一张抓拍照片,图片简单、有力、冲击力强,画面的构图、光线突出主体地位,野生狐狸的眼睛里充满警惕,直视镜头,为了躲避追捕在戈壁的雪地里带着兽夹逃跑。

新闻文字部分交代了新闻事件发生的时间——1月8日,地点——戈壁雪地,主体——带着兽夹的野生狐狸,不出现在图片当中的人物——公安民警和热心市民以及新闻主题的落脚点——呼吁对野生动物的保护,而图片说明"狐狸的前腿被兽夹死死夹住"只强调了最需要人们去关注的焦点——狐狸的前腿被兽夹死死夹住这一事实。

如果想更清楚地区分单个图片新闻和组图新闻的区别,请与下面案例12

---

[1]《请放野生动物一条生路》,中国新闻摄影学会,2019年6月23日,http://www.zgjx.cn/2019-06/23/c_138121306_2.htm。

中的全稿进行对比分析，并思考其中的差异。

【案例12】请放野生动物一条生路[1]（全文）

1月8日下午，市区昆仑路西延段南侧、西月潭小区天和园西侧，一只被人用兽夹夹住腿的狐狸，最终逃进戈壁滩的一处洞中。

这只狐狸是先弄断了绑在兽夹上的钢丝得以逃脱的，但在逃生路上，它的一截腿被兽夹夹掉了。

在对其救援的过程中，克拉玛依市森林公安局的民警发现：这只负伤的狐狸非常警觉、怕生，一旦发现有人靠近，就在戈壁滩上一路逃、一路躲。

为了不对狐狸造成再次伤害，三名民警在现场取证后，不舍地离去。（欲知全文，请扫二维码）

二、组图新闻

组图新闻是图片新闻的一种，是使用一组图片和简要文字说明结合起来报道新闻、传播信息的一种新闻报道形式。组图新闻与单个图片新闻不同，有哪些不同呢？大家可能会认为是图片数量的不同，请思考图片数量的不同会带来哪些变化？在此抛砖引玉。图片的数量不同至少会带来报道维度、报道逻辑结构等方面的不同。在组图新闻中，图片说明的新闻元素表述有什么逻辑关系？组图新闻的表现方式也有几种形式，比如新闻文字＋图片＋图片说明，图片＋图片说明等。具体来看：

---

[1] 《请放野生动物一条生路》，克拉玛依日报社，2018年1月10日，http://www.kelamayi.com.cn/xw/rx/2018-01/10/content_1293232.htm。

1. 新闻文字＋图片＋图片说明

在这种形式的组图新闻中,新闻文字的部分基本是一则短消息,会交代新闻发生的时间、地点、人物、事件发展的程度及影响。图片展示更多的细节和可视化体验,图片说明可以强调图片中的焦点,也可以补充图片没有表达出来的信息。看下面这则案例:

【案例 13】南粤水灾[1]

2018 年 8 月 29 日至 9 月 1 日,广东汕头连降暴雨,3 天降雨量就达到 340 毫米,达到五十年一遇。潮阳潮南两区多地出现严重内涝,众多村庄被洪水围困,最深处达 3 米,总受灾人口 87.9 万余人。2018 年 9 月 16 日至 9 月 19 日,受台风"山竹"及其外围云系影响,共造成广东、广西、海南、湖南、贵州、云南 6 省(区)328.9 万人受灾,6 人死亡,1300 余间房屋倒塌,直接经济损失 53 亿元。(欲知全文,请扫二维码)

9 月 2 日,汕头市潮南区司马浦镇潮汕特色的老宅群被洪水围困。

(1)图片增加了新闻的表现维度和可感知性。这十则新闻图片从远景、全景、近景、特写等不同角度展现了灾害的情景,信息中既有老宅群和交通被洪水围困的画面,也有政府救援、官兵救援、个人自救的情景,过膝或者

---

[1]《南粤水灾》,南方网,2018 年 12 月 30 日,http://news.southcn.com/n/2018-12-30/content_184664138.htm。

过腰的洪水,这些信息将洪灾生动、直观、立体地展现在人们面前。

(2)组图新闻遵循一定的逻辑性。

2018年8至9月广东接连遭遇洪水袭击,在灾害面前,如何报道灾害新闻?灾害给人们带来的痛苦、损失、无奈和灾害面前的军民同心、守望相助如何平衡,这恐怕是记者必须要考虑的问题。这就涉及组图新闻的逻辑问题。

比如,灾害全景照片,个人自救、政府救援、官兵救援照片按照怎样的顺序,如何穿插报道来满足公众的情感、情绪需求都是记者必须要考虑的问题。

思考评析【案例13】新闻版本与【案例14】版本的区别:

【案例14】南粤水灾[1]

9月17日夜晚,阳江阳春市,消防战士从被洪水围困的房子里解救出一名儿童,放上救生艇。

2.图片+图片说明

图片+图片说明的形式又有所不同,没有任何消息类新闻的铺垫,人们在理解新闻时会遇到障碍,怎么办?在这种情况下,图片说明必须要承担起

---

[1]《南粤水灾》,中国新闻摄影学会,2019年6月23日,http://www.zgjx.cn/2019-06/23/c_138118862_2.htm。

消息类新闻的功能,所以,一般开头的图片的文字说明部分会多一些。

【案例 15】日本老龄化严重 "银发"上班族遍布东京街头[1]

从以上图片新闻的文字说明字数来看,前两张图片的文字说明最多,后几张较少:图 1 的文字说明最多,190 个字;图 2 的文字说明其次,152 个字;图 3 至图 6 的文字说明字数大致相当,在 20-50 不等的字数。

图序 字数	图一	图二	图三	图四	图五	图六
	190	152	30	52	23	30

从图片说明的内容来看,前两张的文字说明较为详细,图 1 除了基本的时间、地点、人物等信息以外还具体分析了该组图片新闻的社会背景,即日本社会老龄化严重,导致老人在退休以后继续工作的情况在东京较为普遍;并说明了日本政府为解决人口老龄化提出的政策,即企业有义务继续雇用面临退休但有工作意愿的 65 岁以下员工。

图 2 进一步深入解释日本老人工作的两种情况:一种是为了发挥余热,目

---

[1]《日本老龄化严重 "银发"上班族遍布东京街头》,财新网北京,2018 年 10 月 30 日,http://photos.caixin.com/2018-10-30/101340613.html。

的不是为了赚钱；还有一种情况则是生活所迫，不得不工作谋生。至此，前两张图片的文字说明已经将整组图片新闻的背景、原因解释清楚。

图片3-6则是为了丰富信息表达的场景，用尽可能多的镜头表现职业老人在不同场景下的生活状态。

第三节　视频新闻

融媒体时代下，新闻的呈现方式越来越多样性，视频传播开始步入全场景时代，新闻资讯类内容需求旺盛，视频新闻本身的生动性和沉浸性较好，发展前景广阔。视频新闻的文本有三大功能：解释画面、补充画面和点缀画面。在画面的主体部分，也就是视频新闻的主体部分，文本一般是解释画面；文本中的背景信息介绍是补充画面，弥补新闻的画面空白以及帮助受众更好的理解事实；其他的一些文本信息则主要起点缀作用。新闻文本应该是画面的解释和补充，引导观众观看和思考画面上的重要内容。

对视频新闻而言，画面是非语言的视觉符号，具有模糊性和多义性特征，导致了受众思辨能力降低，因此，必须依靠解说词来获得确定意义，弥补缺陷。因此，对视频新闻记者而言，不能只注重图像、画面，而忽略了文字上的要求，写好解说词不仅是应当的，而且也是必须的。

视频新闻中的解说词、画面、同期声是什么关系？我们在一些电视新闻中经常看到解说词与画面，解说词与同期声重复传达信息的情况。

1. 用解说词突出新闻事件的时效性

画面在反映事件发生的空间环境、现场氛围、细节强调方面具有独特的优势，但在反映时效性方面，却非常含糊。这样一来，文字解说就要承担起准确交代时间，突出强调新闻时效的责任。

2. 用解说词交代新闻事件的背景

一般情况下，背景大多是一些较为抽象的间接信息，新闻报道也不可能用大量的资料画面去重现背景过程。而解说词可以运用简洁概括的语言，配合新闻画面交代新闻事件发生的时代、社会、历史背景、主要的因果关系以及新闻人物的基本情况等。

【案例 16】庆阳为何封堵 409 口石油井？背后真相竟是……[1]

正在封堵的这口石油井位于我市柔远河东沟水源保护区，按照省、市要求，长庆油田陇东油区共涉及子午岭一个自然保护区和鸭儿湾水源保护区等 18 个一、二级水源保护区的 573 口石油井需要关停封堵。关停石油井只是第一步，生态环境好起来才是最终目的。……目前，我市境内已完成 409 口石油井的封堵任务，剩余 164 口到 2020 年底全部完成封堵退出。……今年，长庆油田计划实施钻井 6000 多口，进尺上千万米。如何在石油开发中保护生态环境，一系列新技术的应用起到了关键作用。这是位于华池县境内的华 H6 钻井平台，是长庆油田迄今为止钻井数最多的水平井平台。……建设一个油田，改善一方环境，修建一座井站，增添一片绿色，长庆油田计划用 20 年时间，为我市境内植绿 100 万亩以上，如今已完成 60 万亩。……生态变好了，受益最多的还是老百姓。庆城县东山以前也有 9 口石油井，封堵后全部种上了油松，让位于山上的周祖陵景区环境越来越好，来这里旅游的人也越来越多。……当地老百姓也依托旅游产业鼓起了钱袋子。

3. 用解说词突出主要信息，确定报道角度、方向与主题

同样的新闻事件，同样的一组电视画面，不同的记者笔下，会写出角度不同、立场迥异，甚至方向、主题也不同的报道来。例如对一场火灾的报道，有的记者侧重报道事故中救灾的情况，有的记者选择反映事故发生的原因、责任及损失情况，这种角度的差异主要是通过新闻的文字解说来体现的。

4. 用解说词深化和升华主题或细节

既然解说词发挥的是锦上添花的作用，那当我们需要对画面所阐述的主题和细节进行深化和升华时，就需要解说词了。例如我们在报道火灾时，通

---

[1]《庆阳为何封堵 409 口石油井？背后真相竟是……》，庆阳新闻，2017 年 8 月 21 日。

过画面，观众可以看到熊熊大火和因大火而引发的爆炸声，但是无法感觉到现场的温度，那这是我们可以用解说词去说明，以此来渲染、强调火情的严重。

画面、解说、同期声各司其职，分工不同：解说词脱离了画面会索然无味，画面离开了解说词就只剩下零星片段，信息表达不完整、不深入。

第四节 数据新闻

全球第一本专门探讨数据新闻的著作是《数据新闻手册》（Data Journalism Handbook），由欧洲新闻学中心（European Journalism Center）和开放知识基金会（Open Knowledge Foundation）共同倡导，初步成型于2011年在伦敦Mozilla大会（Mozilla Festival）上的48小时工作坊，然后通过几十位来自BBC、德国之声、卫报、纽约时报、美国在线新闻、ProPublica等机构的数据新闻倡导者与操作专家以网络协作方式编写而成，并由O'Reilly出版，可在"知识共享署名共享协议"（Creative Commons Attribution-ShareAlike license）下在线免费阅读。该书不仅尝试解答数据新闻是什么，为什么的问题，还展示了国际各大主流媒体运营数据新闻的案例。[1]

【案例17】

长幅互动连环画 | 天渠：遵义老村支书黄大发36年引水修渠记

2017年4月23日下午，澎湃新闻刊发H5产品《长幅互动连环画 | 天渠：遵义老村支书黄大发36年引水修渠记》，沿用大气磅礴的海报封面，开篇69个字为整个报道奠定了基调：

一道万米水渠

---

[1] 方洁，颜冬：《全球视野下的"数据新闻"：理念与实践》，国际新闻界，2013年第6期。

跨36年建成

过三个村子

绕三重大山

穿三处绝壁

越三道险崖

一位村支书

用一辈子的时间

彻底打破了村庄干渴的"宿命"

带领千余人打开了

脱贫致富之门

"为了水，我愿拿命来换。

沟没有修好，

不好说自己是共产党人，

只有

把家乡建设好我才放心。"

——黄大发

　　H5还原了老支书黄大发从20多岁的毛头小伙到60岁的花甲老人，青春耗尽，"拿命去换"终于带领村民修通了万米水渠的故事，布局条理清晰，感人至深。第二页由黄大发清唱的当地歌谣，带着历史的沧桑，一开篇就把整个产品的讲述带入高潮。之后，第一次修渠失败、一个字一个字认新华字典学习水利知识、挨家挨户走遍7个村民组、带头在腰间绑上绳子吊上悬崖、"为了水，我愿拿命来换"、在卡车下过夜等细节无不令人感动，画面与文字均令读者印象深刻，而最后4名80后和90后的口述，更是体现了天渠精神的传承。

　　据澎湃新闻的记者介绍，首先是文字脚本的确定，也就是H5画面上需要的文案内容，为了更好的阅读体验，切记勿使用太多文字，这就需要与前线的文字记者保持沟通，通过选取其现场采访后的稿件精华，重新归纳整理编排，经总监审核后就可以开始针对文字的脚本进行画面设计了。

【课堂练习与课后作业】

1. 课堂练习

（1）选取一篇新闻报道，分析报道中的准确、客观、具体要求在哪些地方得到了体现。

（2）选取一篇科技类新闻报道，分析术语、行话的使用。

（3）任取几篇报道，找出其中的"的、地、得"使用错误的地方，并改正。

2. 课后作业

（1）选取单个图片新闻报道，分析其图片及新闻文本的写作好坏。

（2）选取一组图片新闻报道，分析其逻辑结构。

（3）选取一个视频新闻，分析其解说词等新闻文本语言。

（4）选取一个H5新闻作品，分析它的新闻文本语言。

拓展阅读：新华社新闻信息报道中的禁用词和慎用词（2016年7月修订）

第九章

新闻标题的制作

【学习要点】

俗话说：题好半篇文。新闻标题，被称作新闻的"眼睛"，"眼睛"传神，新闻才能吸引人。好的标题，可以增强新闻的可读性、强化新闻的表达效果，让人产生继续阅读正文的强烈欲望。新闻标题是新闻记者、编辑对稿件内容的提炼和总结，体现了一篇报道最精辟、最重要的内容。一个好的标题不仅要符合新闻事实，还要有好的思想内容。新闻标题的制作要力求准确、鲜明、生动，力求出神入化、言有尽而意无穷。换句话说就是用最简洁、最生动、最形象的文字，表达最重要、最新鲜、最丰富的新闻内容。融媒体时代，信息海量化，阅读碎片化，制作鲜活生动、吸引力强的新闻标题尤为重要，这也是本章学习的重点。

第一节　新闻标题的作用和功能

标题是新闻报道的眼睛，它起到提纲挈领、吸引受众的作用，标题对于新闻来说通常是一个版面上最为重要的元素。被称为"新闻的眼睛"的新闻标题是一篇新闻的总括，提纲挈领，让人对内容一目了然，它引导受众理解新闻的纲要，是帮助受众选择新闻信息的向导，是满足受众新闻信息的需求。

新闻标题不但是新闻稿的重要组成部分,而且因为其最先进入读者视线,很容易产生"先入为主"的效果,对于电视新闻来说,一个"即将播报"的电视新闻标题足以让一个观众放下遥控机,收看节目。一则好的标题往往会起到画龙点睛、提升新闻事实的作用,使新闻增色不少。新闻标题的作用和功能,具体有以下几个方面:

一、标题增强版面的美感

如没有标题,整个新闻版面就没有层次感。我们可以通过标题本身形式的多样化,在版面的众多标题之间,产生互相映衬的效果,以避免版面的单一化,从而使读者赏心悦目,产生美的感受力。

二、标题引而不发以吸引读者

人们通过新闻来了解世界。而互联网时代,信息的泛滥,使人们不可能穷尽阅读所有的信息。同时,互联网的遍在性(Ubiquitous)使人们的时空感受碎片化,也使信息的传达和接受碎片化,从而使受众形成碎片化的阅读习惯以及思维习惯。这客观地奠定了标题在融媒体时代仍然具有不逊于传统媒体时代的地位,甚至有过之而无不及。融媒体时代,标题的作用仍旧是发挥吸人眼球的作用,通过引而不发,激发读者的阅读兴趣。标题通常通过以下三种方式来吸引读者。

(一)标题彰显文采以吸引读者

标题彰显文采,即以修辞的方法来制作新闻。融媒体时代,碎片化的阅读方式使"动宾式结构"句型的重要性日渐凸显。单纯地使用动词,确实能够快速实现吸引读者眼球的功效,但是刻意地隐藏宾语却存在着"欺瞒"受众的嫌疑。标题以文采取胜,需要强调"动宾式"句型的重要作用,以此凸显事实或者观点。

（二）标题以情感来吸引阅读

"在心为志，出言成诗。"记者的思想不仅仅是存在于心中，也可通过文章诉诸笔端。新闻内容需要将情感融入文脉之中。即标题的写作需要有情感（affection）性，情感性并不与客观性相矛盾，反而能增强沟通效果，有利于吸引读者的阅读。

（三）标题以稀缺性吸引阅读

稀缺性是新闻价值的体现，是新闻选择的重要依据。而标题凸显事件的稀缺性，才能更有效地吸引读者。

三、标题提示新闻的内容并凸显新闻的价值

标题提纲挈领有提示文章内容、增强文章内容价值性的功效。标题成功与否表现为是否能够抓住读者的眼球。只有标题能充分吸引读者，才能使读者有兴趣和耐心继续进行正文的阅读。否则，一篇文章匆匆一掠而过，不会为之付出时间来精读。因为，融媒体时代，阅读终端的移动性以及互联网的遍在性，使受众难于集中精力进行深度阅读。但是，好的标题以及好的内容仍然能够有效地吸引读者。所以，标题一定要精确提示新闻内容，从而彰显新闻的价值。

四、标题需要表达立场与态度

标题有表达立场与态度的功效，即标题往往起着引导受众的作用。标题简明扼要，短小而精悍。标题通过评论表明观点，能够有效地揭示事件的本质，从而更好地表达立场与态度，从而引导受众发生态度以及行为改变的功效。标题能够发挥这一作用，主要体现在如下两点：

1. 标题能够揭示事物的本质，引导受众正确解读新闻事件。标题的选择表明记者或者编辑对事件的理解以及选择。由于受众对事件解读的立场不同，

常常出现"一千个读者就有一千个哈姆雷特"的情况出现。而标题在揭示事物本质之后，便可发挥"醍醐灌顶"的功效，使读者眼前为之一亮，从而能为受众正确理解事件性质，对事件本质进行判断奠定了基础，并避免莫衷一是的情况出现。

2. 标题发挥评论功效。新闻业在社会之中作为"社会公器"，发挥着"中介"性的社会调节能力，而社会调节能力的发挥其重要的表现便是通过评论来进行引导。媒介发挥社会调节的功效不但表现在其信息传达的能力，同时表现在其"仪式"性功效，即维系各种社会关系，从而达到维持社会秩序，建构社会共同体的目的。而一则新闻标题，在整个新闻框架之中，发挥着重要的"引领"作用，特别是重大舆情事件发生之时，一个优秀的标题能够通过评介来表明立场与态度。马克思1843年提出了"报刊的有机运动"揭示了新闻真实存在延时性，而标题如若能够发挥评介作用，则有可能推动新闻真实更早地呈现于大众面前。

第二节　新闻标题类型与结构

一、新闻标题的类型

1. 按标题表现形式划分，新闻标题可分为大标题和单条新闻的标题两大类。

大标题指多条新闻共有的标题，用以概括这些新闻的共同主题，有表述事实的、有提出观点发出号召的，也有既表述事实又表明观点的。

大标题统领若干篇有共同特点的稿件，独立于新闻标题之外。

单条新闻的标题，包含引题、主题、副题、小标题和提要题五种类型。

主题是整条新闻标题的核心和灵魂，用以说明整条新闻中最重要或最引人注意的新闻事实和思想，是整个标题中最重要的部分，居于最显著的位置，所用字号最大。

引题又名眉题或者肩题，用以解释、说明主题的背景和意义，为引导出主题铺路架桥。引题所用字号小于主题和副题。

副题又名子题，主要用于对主题容纳不下的内容予以补充和说明。副题字号明显小于主题，略大于引题。

提要题则位于新闻稿件标题（含引题、主题、副题）之后、正文之前，以简明扼要的形式提示稿件的主要内容。近年来，提要题的内容、形式和位置都有新的发展和变化：第一，内容上，有选择、有侧重地对主体部分内容加以提炼、概括，甚至只对引出新闻主要事实的某些内容和现象加以提炼揭示，制造悬念，激发受众好奇心，从而阅读正文；第二，形式上，运用多种表现手法，结构上讲求灵活多变，富有层次和节奏感；第三，位置上，根据版面情况不拘一格、灵活处理。

小标题又名插题、分题，通常用于篇幅较长的稿件，用于概括介绍小标题统领部分稿件的内容精华，在不影响稿件内容表达的前提下，提炼的小标题内容、字数、结构均应相近。

小标题分散、镶嵌于稿件正文之中，具有长文短化、美化版面、方便读者阅读的作用。

2.按标题表现内容划分，可分为实题和虚题两种类型。

实题指新闻标题中包含的内容具体翔实，着重刻画、表现具体的人与事、展现事件发展进程与动态等；虚题是指新闻标题中发表观点和议论的部分，着重说明原则、道理、愿望等。

注意：主题可以是实题，也可以是虚题，但虚题不能单独做标题，必须依附实题存在。

二、新闻标题的结构

根据新闻标题的组合构成形式，新闻标题的结构可以分为两种类型：单一型结构和复合型结构。

（一）单一型标题

如：冬奥会首个新建比赛场馆完工（单行题）（《北京晚报》）

单一型双行题

标题一：国务院 中央军委
　　　　发布征兵工作条例

标题二：我国海上石油对外合作
　　　　二轮招标首批合同签字

单一型三行题

　工业和信息化部
　与国家外国专家局签署协议
　加快推进工业转型升级

要求：单一型的消息标题必须是实题，意义也必须完整。

（二）复合型标题

复合型标题的结构有主题，也有辅题，主题与辅题字号有大小之分。

1.引题引出主题的方式大概有以下3种：

①引题引出主题的第一种方式：用交代、解释和说明新闻相关背景、意义、原因、性状等引出主题。

书信一封报上登，离散骨肉喜团圆（背景）
段玉明为养子养女找到亲生父母（主）

鼓励实施"星火计划"有功之臣（目的）
国家设立"星火奖"（主）

透水透气"手术"后弱树叶量增加三成 落叶时间推迟（原因）
钓鱼台银杏林美景今年更持久（主）（《北京晚报》）

车辚辚 马萧萧 凯歌贯云霄（氛围）
最可爱的人回来了（主）
安东举行盛大欢迎大会和欢迎宴会

笔触伸向贫困百姓的下一代（性状）
张平力推《对面的孩子》（主）

②引题引出主题的第二种方式：用直接叙述主干事实起始部分的办法引出主题，使长主题变短，便于阅读。

关广梅在京接受中外记者采访
对答如流 语惊四座（主）（《经济日报》）

国家计委对78个项目稽查发现
招投标：96%失灵（主）

注意：引题使长主题短化，目的是为了交代"何人"与"何事"，是整个标题中不可删除的必须有的一部分。

③引题引出主题的第三种方式：以提出疑问或发表议论引出主题。
豆芽为什么这么肥？激素催的！（主）（《华商报》）

说来令人心痛，听起来难以置信（议论）
农民郭元英捐赠的飞机三年无人问（主）

2. 副题补充主题的方式有以下几种：

①补充主题中没有交代的事实：一是与新闻主题属同一事实的不同方面；二是与主题事实相关联的另类事实。

首钢滑雪大跳台今天完工（主）
已基本具备比赛条件，冬奥后"变身"体育公园（《北京晚报》）

防蓝光眼镜到底靠不靠谱？（主）
国家标准有望年底出台 （《北京晚报》）

②补充交代主题所叙述的事实产生的结果和影响。

琉球世遗陷火海（主）

主要建筑完全被烧毁（交代结果）（《北京晚报》）

一顶神奇帽子让你"心想事成"（主）

科幻技术走向应用　脑机互联用"意念"开车不再是梦

（交代影响）（《北京晚报》）

③印证主题的观点或回答主题的提问。

害人的噪声有"法"治了（主）

我国环境噪声污染防治条例今起施行

（验证主题中的观点）

地下自行车库为啥被闲置弃用？（主）

记者调查发现：不好用、管不好双重因素导致居民弃用

（回答主题中的提问）（《北京晚报》）

④解释新闻主题中概括的新闻事实或描述的细节。

京津冀大气污染确认"病根"（主）

京津冀区域大气污染要协同治理　应重点强化挥发性有机物和氮氧化物减排

火焰和飞石从天而降（主）

意大利斯特龙博利岛火山突然喷发

（解释主题中描述的细节）（《北京晚报》）

3. 复合型标题需要注意的问题

①主题与辅题之间的逻辑关系不正确。

如：把可爱的祖国建设得更加清洁美丽

　　中央领导同志走上街头和群众一起打扫卫生（主）

正确表述：

②标题的虚实结合不当。

标题虚实遵循的原则：复合型的标题可全部由实题构成，但不可以全部是虚题；主题的虚实需根据新闻报道意图决定。

禁毒 迫在眉睫

我国禁毒工作成绩显著（主）

正确表述：

③标题分行不合理，致使读者产生误解。

中台办、国办负责人发表讲话——

坚决反对分裂势力

按"两国论"修宪（主）

《人民日报》今天发表评论员文章指出祖国统一高于一切

正确表述：

④各行标题语意连接与转换不连贯。

如：全国政协、中共中央统战部举行

八旬以上老同志春节团聚会

多活几年 多做些事（主）

正确表述：

第三节　新闻标题的制作

在新闻采编写作过程中，一个好的标题，会起到画龙点睛的作用。事实上，新闻标题可以看作是最短的新闻，新闻标题的概括，能够了解新闻的大致内容。因此胡乔木说，想一个好的标题等于写一篇文章所用精力的三分之一。标题是新闻的"眼睛"，一个好的标题，能够吸引人展开阅读，提高文章的传播与扩散，使人久久回味文章的奥妙。标题的本身具有检索功能，它通过关键词的使用，强化对于新闻内容的传播。报纸期刊的新闻标题，往往影响到读者的阅读，据笔者所在学校的统计，有47%的读者看到标题，便决定对于正文是否感兴趣，并确定是否阅读下去。广播的新闻标题，主要通过声音传达信息。因为广播转瞬即逝的传播特性相比于其他媒体，广播的新闻标题应该更加形象、生动，富有亲和力和感染力，让听众更加明晰广播新闻的内容。电视作为声画结合的媒体，一个简洁、醒目传神的标题，能够吸引观众的注意，由此提高电视的收视率。互联网是一种特殊联系，它有着超文本、超链接、交互性、及时性等特征，因此，标题的检索功能更趋强大。网络媒体的新闻标题一般较长，达到15~27字，这样的标题，有利于呈现更多的文章内容，便于阅读者检索、点击和传播。

一、新闻标题的语体运用

新闻报道中的标题的语体，是指在具体的标题中使用恰当的语言材料，由此形成修辞、词汇、语法等稳定的形态与结构。出色的标题，往往体现出丰富的语体运用，包括语言的准确性，文字的简练性和富有感染力。

1. 修辞的使用

修辞使用是新闻标题的一大特色。在具体的新闻标题中，通过拟人、比喻、夸张、设问、双关、借代与对偶等修辞方法，提高新闻标题的意蕴。

拟人
《台风"达维"撕扯海南岛》（《工人日报》）
《私宰羊"走"进春城》（吉林电视台《纪实》栏目）
《征地造房为啥等煞人（肩题）
一道公文背着39颗印章旅行（主题）
希望有关部门舍繁就简，多办实事，加快住宅建设步伐(副题)》(《文汇报》)

比喻
《光天化日竟敢顺手牵猪》
《鸡窝里飞出金凤凰》
《乡镇企业不是"唐僧肉"》

夸张
《一个直冲云霄的中国人》
《"飞天"凌空——跳水姑娘吕伟夺魁记》
《后仓"老鼠"大如斗　前店豆浆淡如水》

设问
《"重点保护"保护谁？》（吉林电视台《纪实》栏目）
《烧烤城咋盖在了河道上？》（吉林电视台《纪实》栏目）
《"检查生产"七天吃掉公款三千（肩题）
请问电白县经委领导：像话吗？（主题）》（《羊城晚报》）

双关
《有欺诈怎"安然"　无诚信"安达信"（主）
"两安"悬念越滚越大（副）》

《造林还是"造字"？》

借代
《"梁山伯"新婚燕尔 "祝英台"快做母亲》（《解放日报》）
《火烧湿地》（黑龙江电视台）

对偶
《曹雪芹卒年何妨一辨 大观园遗址有迹可循》
《"嫦娥奔月"圆满成功 "中国制造"不负众望》

2. 词汇的使用

作为语体表达的一种，新闻报道的词汇有其自身的特点。通过词汇的增删、减补作用，能够提高文章标题的可读性，回味悠长。

略语与简称：略语是通过减少标题中的全称表达，以展现语言的表现力，一如绘画中的留白。例如：

《明年中国 GDP 增长 10%》（《中国证券报》）
《方便面国标即将出台》

数字的使用：新闻标题中阿拉伯数字的使用，能够使读者对相关事件的信息一目了然，由此增强新闻报道的科学性和准确性。例如：

《从后排到前排 15 米走了 15 年》（东方卫视，中国世贸谈判）
《国债发行量预增 60%》（《新京报》）

口语的使用：新闻标题中的口语更容易理解与感受，口语的使用成为新闻标题的一大特色，增强了新闻的亲和力。例如：

《寻思后府》（吉林电视台，寻思是口语中的思考、忖量的意思，用在这里增加了文章的味道。）

《粉笔哥：暂时不会再卖艺了》（《新京报》）

3. 标点符号的使用

新闻标题中一般很少使用标点符号，标点符号一旦使用，就会产生意想不到的效果，能够强化强烈的语气引起读者共鸣，从而更好的引导舆论，常用的标点符号包括冒号，叹号，破折号，问号，省略号和间隔号。

引号。引号在新闻标题中的使用比较常见。具体在新闻标题中的使用，有以下几种情况：

话语引用：新闻人物的话语引用，突出受访者的观点和主张。

特定称谓的引用：表明特定的称谓的引号，如《"嫦娥"怎样奔向月球？》（《新京报》）

反义引用：表示"所谓的"意思，增加引号是为了不引起读者的误解。如《别把扩大优质资源等同于"名校扩建"》（《新京报》）

二、新闻标题制作中的问题

随着社会的不断发展与信息时代的来临，不少媒体在追求图文信息视觉冲击力的同时，在标题制作上不在精益求精，而是不负责任地随意编造，于是一些晦涩难懂的新闻标题开始出现在新闻媒体上，这在客观上弱化了读者（观众）对于新闻阅读的兴趣。互联网时代，是一个关注度经济不断提高的时代。为了提高新闻报道的受关注程度，随意编造新闻标题或滥用新闻标题的现象开始出现，"标题党"成为新闻标题制作绕不过去的话题，新闻标题制作中存在的弊端屡见不鲜。具体情况包括：

1. 低级趣味，强调刺激性的信息。为了吸引读者的关注，利用情色、暴力字眼拟定新闻标题的现象屡见不鲜，由此带来新闻标题制作的混乱。例如：《重口味西安性博会》《女厕所有个摄像头》《被包养女大学生的真实生活》《男星自曝携三女同床》，这些标题具有明显的挑逗和刺激性，通过迎合部分低级趣味的读者以提高点击率。

2. 故弄玄虚，文不对题。一些网络标题制作者为了吸引读者的关注，混淆视听，以博取读者（用户）的点击阅读。这样的标题一般夸大新闻事实，或者以驴唇不对马嘴的新闻内容吸引点击量。例如：

《那对情侣在阳台做了什么？全程被房东偷拍》（事实上是居民楼阳台有两只鸟筑巢、孵化，被市民用相机拍摄下来。）

《高潮来临前一群兴奋的男女（慎入）》（事实上是钱塘江大潮巨浪来袭，游客们四散逃走的照片。）

3. 软文广告被利益绑架。一些网络文章为了既定的利益将相应的广告掺杂在其中，用绑架的方式强化相关广告的传播。例如：

《江苏大姐巧用一物，28天彻底祛斑》，这种夸张标题为了减肥等利益手段，使用夸张标题，吸引阅读者的注意力，进而提高点击量赚取广告费用，商家则据此赚取收入。

《对中国有钱人来说LV过时了，保姆也能买得起》，这种标题看似在谈中国人的消费时尚，实际上是对与LV品牌相抗衡的爱马仕等奢侈品牌的营销。不过这样的标题文案，也造成了对于保姆等阶层群体的歧视，由此产生恶劣的社会影响。

在具体的标题制作上，一般来说，制作者为了提高点击率，不惜猛爆噱头，以耸人听闻的语气和用词夸张新闻事态的影响，浪费读者时间。常见的词语有："转疯了"，"难以置信的"，"不看会后悔的"，"全世界都在看"……

2018年5月11日，有人根据被杀害空姐的信息，在微信公众号上发布了一篇《托你们的福，那个杀害空姐的司机，正躺在家数钱》，这篇文章，采用了类似小说的写法，通过夸张的细节描写，甚至不堪的色情幻想，描述了被害空姐遇害的遭遇。这种以受害者为传播符号的蹭热点、由此完成营销任务的做法遭到了网友们的强烈谴责。此微信公众号的CEO也不得不于当日晚间发布道歉信。

如今随着互联网的迅速崛起，自媒体已经成为一个备受关注的领域，对此一些缺少社会责任感、缺乏自律的传播者利用互联网监管尚不成熟的时机，炮制大量耸人听闻的新闻标题，对新闻事件当事者产生了二次伤害。虽然赢得了市场青睐，但丧失底线的行为必然遭到社会的唾弃。

新闻标题给予我们的，不仅仅指向新闻信息检索，还应包括浓烈的人文关怀。因此，通过新闻标题的制作，提高人们对新闻事件本身的兴趣，引导新闻舆论，提高人们的审美情趣，这是我们在新闻标题制作过程中需要面对的问题。

拓展阅读

优秀新闻标题赏析

1. 难以想"象"的痛苦

2. 奥巴马和希拉里联手是"梦幻组合"还是"一场噩梦"？

3. 我很丑，但不妨碍做总统

4. "徒儿"休得无礼

5. 千里赴蓉　只为活出个熊样

6. （肩题）墓价4000元碑价1500，一亩地年租350元能建200座墓
（主标题）墓园暴利 人"死不起"了

7. （肩题）老师随意缺课　学生回家自修　家长困惑——
（主标题）上课咋也"缺斤少两"

8. （肩题）国足0∶6不敌巴塞罗那　遭遇1979年以来最大败绩
（主标题）脸是这样丢的！

9. （肩题）3∶0轻松拿下韩国队　中国女足拒绝冷门
（主标题）球是这样踢的！

10. （肩题）不到200米的大荔县司令部街
（主标题）县委这头是水泥路　村子那头是泥水路

第十章
新闻导语

【学习要点】

在当下媒介融合时代，新媒体技术成为研究热点，而作为新闻生产根基的传统新闻采写原理与方法研究越来越不受重视，粗糙的新闻文本如今比比皆是，记者新闻专业素养面临失范的危机。新闻导语作为新闻报道的"标志"，首当其冲。

导语是新闻报道的基础。新闻制作者要将最重要的新闻要素放在开头，用来吸引阅读者的关注。不是所有人在新闻开始没有被吸引的情况下依然有耐心接着看下去，不要在导语中给他们设置障碍。换句话说，如果你在导语部分失去了阅读者，想要在报道中间吸引住他们的可能性不是很大。"导语是弓，故事是箭"，导语的质量决定着新闻故事能否在受众的关注下到达故事的高潮。

好导语是记者新闻敏感度、采写水平的最直接体现。根据中国信息通讯研究院（CIACT）2019年的研究报告，用户开始形成有偿使用理念，超过三分之一的用户愿意为迫切需求、优质内容和便捷服务付费。一个好的导语，是成为优质新闻内容的基本前提；而如何写好导语，则是本章学习的重点。

什么是导语？导语是报道的开头，导语可以开门见山地报道最有价值的内容，也可以是最能引起受众关注的"引子"。

第一节　导语的类型及特点

导语是新闻事件中最重要的事实和亮点。打个比喻，新闻报道就像相亲一样，导语就是第一次见面，第一面就要把自己最吸引人的部分表现出来，让对方"一见钟情"最好；如果不能，至少可以形成"好印象"，有继续了解的欲望。

导语有两个特征，一是文字精练，不求概括所有新闻要素，只求突出重要要素；二是要尽可能打动读者，突出新闻价值。互联网时代，人们的信息消费呈现碎片化、娱乐化特征，一项监视读者移动视线的眼球跟踪项目显示，很多读者经常阅读只看开头几段而不是整篇报道。[1]

对于记者而言，导语是记者是自我完成材料组织、对自己报道结构和逻辑进行梳理。导语写好了，其他部分组织起来就非常流畅。

一般来说，导语分为直接式导语和延缓式导语两种类型。

一、导语的类型

1. 直接式导语

直接式导语是倒金字塔结构的新闻导语，在第一句话里报道最重要的信息内容，比较简短，开宗明义。主要在报道硬新闻时采用，要求记者高度凝练概括，不能拖沓烦冗。其他次要的新闻内容都要放在新闻的主体结构部分，如下图所示。

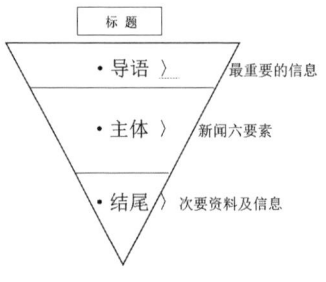

倒金字塔结构的新闻导语

---

[1] 里奇：《新闻写作与报道训练教程》（第三版），北京：中国人民大学出版社，2004:151。

硬新闻一般情况下导语要回答出新闻要素的 5W1H，5W 即何时、何地、何人、何事、原因，1H 即怎样，建议选几个重要的要素放在导语里，很多时候写全会显得累赘。比如下面这条导语：

【案例1】

中国周四将首枚用于探测暗物质的空间望远镜送入太空，这是人类在寻找暗物质进程中迈出的最新一步，这种神秘物质占据了宇宙总质量的绝大部分，人类却看不见。[1]

该导语将时间、事件、意义及定义等都写在了导语之中，但值得警惕的是这种写法强调要素过于全面，不如只突出该创举的"意义"来得更吸引人，也更能彰显出此举的重大意义。

如果突发事件的某些新闻要素还没有调查清楚，导语只需交代明确了的新闻要素。

【案例2】

中国地震台网正式测定：12月9日15时20分在四川绵阳市安州区（北纬31.56度，东经104.25度）发生4.6级地震，震源深度10千米。[2]

这类突发新闻的影响在短时间内无法统计清楚，导语部分要交代的主要内容只要是截至发稿前最新收到的信息即可。

2. 延缓式导语

延缓式导语与直接式导语的"刚性"刚好相反，比较"软"，不直接陈述最重要的新闻事实，而是运用描写、反问、设问等手法烘托和渲染气氛，引入情境。这类导语描绘了可知可感的新闻画面，趣味盎然，引发受众的好奇心。

---

[1] 《中国新发射卫星有望揭开暗物质之谜》，新华社北京，2015年12月17日。
[2] 《四川绵阳市安州区发生4.6级地震 震源深度10千米》，人民网，2019年12月9日。

二、导语的特征

1. 直接式导语提供最重要的信息

用倒金字塔结构写硬新闻比较适合硬新闻的表达需要,导语就是倒金字塔的"塔顶",交代最有意义和最具新闻价值的新闻要素,如果受众看了导语,可以不用再往下看就能知道发生了什么,这就是好导语。

一般情况下,反常的、突发、首发事件善用直接式导语,事件本身的冲击力充足,讲故事反而会削弱新闻价值。

【案例3】

港珠澳大桥海底隧道工程近日完成"最终接头"的安装,已经可以步行穿越了。昨天,记者来到这条世界最长的海底隧道采访,除了兴奋之外,还得到了一个令人震惊的消息:在"最终接头"成功安装后,还进行了一次耗时34小时"返工"式的精密调整,最终误差缩小到了"毫米",建设者们说:"我们没留遗憾"。[1]

这是一则消息的导语,篇幅较长,第一句话开宗明义,写明工程进展;第二句话现场感十足并吊足读者胃口,冒号后面的是此次报道的独家消息,高度概括又通俗易懂,然后用简洁凝练的直接引语突出建设者们追求完美的精神。

2. 直接式导语要惜墨如金

陆机在《文赋》说"立片言而居要,乃一篇之警策",新闻导语在整篇报道中就占有这样的地位。导语要惜墨如金是中外媒体的一致观点,也是新闻规律使然。新闻名篇《我三十万大军胜利南渡长江》导语只有短短25个字:

【案例4】

英勇的人民解放军二十一日已有大约三十万人渡过长江。

---

[1] 《创造港珠澳大桥的"极致"》,珠江晚报,2017年5月11日。

路透社北京10月16日电 今天格林威治时间7时,中国爆炸了一枚原子弹,从而闯进了核俱乐部。[1]

《普利策新闻奖名篇快读》一书,共收集了60篇获奖新闻作品,导语大多在100字以内。

3. 延缓式导语要语出"惊"人

延缓式导语尤其是讲故事型的新闻导语,要么能引起受众的敬意,引发情感共鸣;要么激发好奇心,放大想象空间;要么引发质疑,想进一步求证。

通过描写,引起"共情"效果。下面案例5通过一连串数字来描写环境的恶劣,公众像能身临其境,亲身感受一样,将环境的恶劣与人的顽强形成对比,一个用一辈子来改变村庄命运的老支书令人敬佩:

【案例5】

一道万米水渠,跨36年建成,过三个村子,绕三重大山,穿三处绝壁,越三道险崖,一位村支书,用一辈子的时间,彻底打破了村庄干渴的"宿命",带领千余人打开了,脱贫致富之门。[2]

制造悬念,抓住读者注意力。任何的导语,不仅要抓住用户的注意力,还要让他产生往下看的欲望。一般情况下,好的导语都有"神秘"的特质,抛给用户一些悬而未解的问题,激发其好奇心,使他有继续看下去的欲望。多数情况下,人们之所以产生好奇,不是因为新闻制作者说了什么,而恰恰是因为他们有意忽略了什么。

【案例6】

昨天晚上8:34分,文昌航天发射场直播大厅里灯火通明,警戒线内专家们很多都不在贴有自己名签的座位上,而是三三两两地聚在一起,指着有各种

---

[1] 路透社,1964年10月16日。
[2] 《长幅互动连环画 | 天渠:遵义老村支书黄大发36年引水修渠记》,澎湃新闻,2017年4月23日,http://image.thepaper.cn/html/zt/2017/04/tianqu/index.html。

密密麻麻数据的 LED 大显示屏低声交谈，所有的目光都齐刷刷地盯着前方。[1]

上述导语通过描写情境、人的行为动作的反常来衬托气氛的反常或紧张。

第二节 哪些不是好导语？

写新闻要有一个"虎头"，这个虎头就是导语。并不是每一个记者都能意识到导语的重要性，经常会写出一些无趣、冗长的导语来，无意间将受众推远。接下来我们就介绍几种导语写作的误区，避免大家在以后的导语写作过程中出现类似的问题。

1. 会议型导语

会议新闻可能是每位记者都会遇到的报道对象，在写有关会议新闻的报道之前，先思考几个问题：为什么做会议报道？会议本身是新闻还是会议所传达的信息是新闻？

一些记者对会议的认识高度不够，认为开会多半是无聊的事情，没有什么新闻可言，多半是走走形式，照着通稿把新闻稿写完，记记流水账，做一个搬运工，并没有消化其中的有价值信息，也没有想过会议新闻能提供给公众什么最需要的信息。会议型导语的格式一般是这样写的："XX 时间 XX 领导就 XX 议题参加了 XX 会议。"虽然我们一直在新闻采写的课堂上不断强调会议导语的写作问题，但写出会议型导语的学生还是不在少数。要做好会议新闻导语，李希光教授建议把会议新闻导语变成"行动性导语"，这里讲的"行动"并不是指"举行"，而是指"相关举措"：

非行动导语：海南省委全面深化改革委员会，于 1 月 7 日在海口举办督查工作动员会暨督查系统培训会。

行动导语：记者 1 月 7 日从省委深改办（自贸办）在海口举办的督察工作动员会暨督察系统培训会上获悉，我省已基本建成省委深改办（自贸办）督察

---

[1] 《惊心动魄 160 分钟——首次揭秘"长五"推迟发射》，中国之声，2016 年 11 月 4 日。

系统，准备出台改革督察办法，通过制度建设、系统建设和人员培训等方面强化督察工作，力推中央赋予海南的各项改革开放政策尽快落地见效。[1]

2. 埋葬新闻型导语

埋葬新闻型导语源于记者缺乏新闻敏感、对新闻价值判断不准有关，把一些新闻价值低或者无新闻价值的信息放在导语中。至于把什么样的新闻放在导语中还要根据受众群体的信息需求来综合判断。

【案例7】在青岛，见证一场青年创业的"大海之约"
——首届中国青年创新创业交流会侧记[2]

面朝浩瀚黄海的山东青岛，是中国改革开放的后起之秀。在这座滨海城市，一场场与大海的"约会"每天都在上演，新一线风口之城涌动着无限的青春与活力。

【思考】：如果我们尝试把上述新闻导语放到其他在青岛举办的活动中可行吗？

如果放在其他新闻中依然可行，这条导语就没有任何新闻性，那么可以如何修改呢？通常要通读全文，然后找到最适合受众需求的新闻"亮点"。

【案例8】

国务院发展研究中心资源与环境政策研究所副所长常纪文在4日举行的2019（第二届）环卫一体化高峰论坛上透露，预计明年1月份，北京市生活垃圾管理条例会获得通过。[3]

---

[1] 陈健丽：电视新闻导语写作的技巧与方法，中国记者，2019年第5期，110-112。
[2] 《在青岛，见证一场青年创业的"大海之约"——首届中国青年创新创业交流会侧记》，载《中国青年报》，2019年11月4日，http://zqb.cyol.com/html/2019-11/04/nw.D110000zgqnb_20191104_1-03.htm。
[3] 《专家：预计北京垃圾分类条例最快明年1月通过》，中国证券网，2019年11月4日，http://finance.ifeng.com/c/7rKXOqfKrdQ。

上述导语中虽然条例通过的时间也是一个新闻点，但最重要的新闻价值应该体现在北京市生活垃圾管理条例获得通过以后，会给市民的生活或北京的城市垃圾分类带来什么影响，这也是市民最为关心的，是不是像上海一样严格？

3. 无故事型导语

无故事型导语是指可以用故事来设计导语的新闻题材，记者却放弃了。比如，不要求有时效性的新闻，或者地方媒体在报道本地科学家获奖的报道中都可以采用故事性导语的写作手法。

【案例9】

11月2日下午，首届"科学探索奖"颁奖典礼在北京举行，来自全国11个省市26个科研单位、高校和企业的共50位科技工作者获奖。其中，山东省共1人获奖，为中科院海洋研究所高翔，入选领域为"天文和地学"。[1]

这是地方媒体的新闻报道，在导语中记者已经有意识地提到了本省获奖工作者，但如果能因此展开故事，那就更好了，更容易让本省或本市的市民有地域上的亲近感和自豪感，更愿意倾听这样的本土化故事。

4. 抽象型导语

用难解术语或数据堆砌的导语不是好导语，好导语不应该为用户设置障碍。拒绝抽象型导语就要注意少一些总结性的语言，多用变动的新闻事实，出现的宏观词语都需要解释，比如"重要力量"、"十分繁重"、"重大突破"、"重要贡献"等。比如案例10：

【案例10】

记者近日从宁夏固原地区林业局获悉，农民个体植树造林已成为当地生态建设的重要力量。[2]

---

[1] 《首届"科学探索奖"在北京颁奖 青岛1人获奖，为山东唯一入选者》，载《青岛日报》，2019年11月2日。

[2] 《宁夏固原涌动绿化潮——12万农户成为造林个体户》，载《中国青年报》，2001年2月4日。

对于抽象型导语,可以改进的方式是分步走,做成系列报道,对于典型案例尽量一人一报、一事一报。

5.无新闻型导语

在前面新闻价值的章节,我们已经讲到,冲突性、反常性都是我们评价新闻价值的重要标准。新闻新在"变动"当中,没有变化就不是新闻,不打破常规的不是新闻,这种变动应该首先体现在导语当中。无新闻型导语并不少见。

【案例11】

全国假日旅游办公室负责人、国家旅游局副局长张希钦日前表示,春节"黄金周"平稳度过,"旺而不乱、平安有序",假日7天,没有发生大的旅游安全事故。[1]

没有发生变动的不是新闻。如何改动呢?可以找找原因,是否是有科学可行的政策引导?或者和往年相比有什么变化?一味地报喜和肯定表面现象不是新闻。

第三节　融媒体时代导语写作的技巧

李希光建议,如果用2个小时写新闻,要花1个半小时写导语。

标题和导语的锤炼过程是伴随着整个报道的主体写作过程的。新闻报道制作的过程也是对各种资料梳理的一个过程,综合考察事件发生的先后顺序、重要程度、有趣程度等方面。导语的写作也是随着报道整体框架的清晰化而逐渐明朗化。写好新闻导语要明确几个问题:

1.我们服务的受众群体是谁?他们想知道什么,应该知道什么,喜欢什么,讨厌什么。在融媒体发展阶段,受众对长篇文字和不能快速进入主题的新闻都较为抗拒。在信息碎片化时代,科技和媒体息息相关,获取方式和阅读方

---

[1] 《国家旅游局盘点春节旅游》,载《中国青年报》,2001年2月4日。

式都有了很大的改变。受众接收信息的渠道多而杂，对于信息的接受主要是以自己的喜好为主。高质量的新闻导语，不但能让受众迅速获取新闻的主要信息，更能够激发受众的阅读兴趣。从长远看，还可以培养出固定的受众群体，增强受众黏性。

【案例 12】

昨天上午，市委常委会召开扩大会议，传达学习贯彻党的十九届四中全会精神。市委书记蔡奇主持会议。[1]

这条导语的格式就是"XX 时间 XX 召开 XX 会议，围绕 XX 主题，XX 领导主持"。这是一条典型的会议型新闻导语，几乎没有新闻价值可言，对一般民众而言，XX 领导主持会议并不具有新闻价值，记者在采写会议新闻导语时，要尽量避免按照会议流程稿顺下来，要尽量发掘对公众有价值的新闻。

2. 选择一个亮点，让新闻报道聚焦，言之有物。

【案例 13】

"今天要带您认识的第一位大国工匠叫高凤林，他的工作可没几个人能做得了，他能给火箭焊心脏。"[2]（欲知全文，请扫二维码）

这条电视新闻导语会引发公众疑惑，甚至不服气，全中国竟然没几个人能做得了？这得是多精密的工作？给火箭焊心脏又是什么意思？成功激起了公众的兴致之后，再用镜头来层层讲述。

3. 多讲具体问题，少发表高谈阔论，导语中要有具体的人和具体的事，不要笼统的词语和表述。诸多不规范的新闻导语没有把时间、地点、细节以

---

[1] 《市委常委会召开扩大会议传达学习贯彻党的十九届四中全会精神 切实把思想和行动统一到四中全会精神上来》，载《北京晚报》，2019 年 11 月 2 日。

[2] 《大国工匠高凤林：火箭"心脏"焊接人》，央视新闻，2015 年 4 月 29 日。http://m.news.cntv.cn/2015/04/29/ARTI1430276134651643.shtml。

及人物姓名呈现到导语中，让冗余信息淹没了导语对最主要事实的呈现；也有不规范的导语以宣传语言作为导语的内容，导致报道空洞乏味。

【案例14】

1月30日，浙江省十三届人大常委会第七次会议全票审议通过《浙江省保障"最多跑一次"改革规定》（下称《规定》），并将于2019年1月1日起施行。这是全国"放管服"改革领域首部综合性地方法规。全国人大常委会法工委行政法室主任袁杰评价说，《规定》在省级层面率先为实现"最多跑一次"提供了制度样本。[1]

这条导语是典型的会议型导语，虽然比较长，但记者并未高谈阔论，所言无物，而是提取到了最重要的新闻价值——"放管服领域首部""率先""制度样本"等评价凸显了该规定的前沿性和领先性，开了先河，在全国范围具有一定的标志性意义。

4. 能用故事型导语的新闻，就尽量讲故事，掌握好讲故事的节奏。目前多数故事型导语的一部分问题是导语缺乏受众本位意识，导语的内容本身没有任何问题，但是因为过于平铺直叙且切入点与受众本身距离过远，同时忽略了趣味性和接近性，使受众丧失阅读的兴趣；与之相反的另一种情况则是在导语中刻意渲染，使导语内容带有主观想象，这也是比较多的一种情况。新闻的功能重在传递信息，这就要求记者在写作时将事实与个人观点分离，刨除个人情感，不用想象和推测代替事实，即秉持客观性法则，这也是人们称之为"纯新闻"的由来。

【案例15】

加起来才4岁的三姐弟，组团去远方这可能是史上最萌的"离家出走案"。[2]

---

[1] 《浙江为"最多跑一次"改革立法审议通过全国"放管服"改革领域首部综合性地方法规》，浙江日报，2018年12月1日。
[2] 《加起来才4岁的三姐弟，组团去远方这可能是史上最萌的"离家出走案"》，钱江晚报，2016年6月14日。

这是昨天杭州最萌的一起"离家出走"案：3个小孩子光脚光身子在建德乾潭镇上闲逛，最大的姐姐"一丝不挂"，两个小的穿着尿不湿摇啊摇，摆啊摆……

吓呆了：最大的姐姐今年2岁，另两个小的是龙凤双胞胎，他们悄悄地从家里溜出来，走出门，走上街，他们是太渴望诗和远方了吧？

无论你信还是不信，事情就是这样离奇地发生了。

上述导语中表露出了作者明显的情感倾向和观点，再有诸多不必要的细节使导语冗长，记者过多强调其趣味性，反而使受众的阅读兴趣降低，多余的文字和过于强烈的情绪变成了报道里的"噪音"，使得叙述的效率低下。

5. 在融媒体环境下，新闻表现形式增多，文字、图片、音频、视频、漫画、H5等，但导语永远是开头的部分，把最出彩、最重要的部分放在导语中。导语中可以适当运用"点赞""打call"等网络用语或热词，更能吸引年轻人的关注，并且传递社会正能量。

6. 写完以后，删掉多余的字、词、语句，只留下不得不留下的。

导语中尽量不要有废话，如"记者最近了解到……"，"记者从……里获悉"，这些信息就算不写，读者也知道这是记者最近了解到的。更何况，在新闻报道中，新闻事件和新闻人物应该是最重要的主体，他们不应该成为记者为主体中的从句。此外，一些不重要的、重复的形容词、副词、抽象的词汇等或删除或移到后边的内容当中。

【案例16】

昨天16：23，杭州一先生来电：文一西路财经学院，一个男生刚才打篮球的时候晕倒在地，不晓得怎么回事……[1]

市民是新闻线索的重要来源，没有特殊情况不需要交代，记者像是将自己采访的笔记用来作导语了。新闻语言需要简洁、明晰。导语也是要一针见血：

---

[1] 《杭州小伙打球时突然倒地口吐白沫送医后不治身亡》，都市快报，2016年12月5日。

出什么事了？结局什么样？记者不能让无关信息干扰了最重要事实的传播。上述新闻导语其实可以用一句话概括：

杭州一名22岁的男大学生昨天下午打篮球时突然倒地，口吐白沫，送医后不治身亡。

【案例17】

记者从国家航天局获悉，11月3日11时22分，我国在太原卫星发射中心用长征四号乙运载火箭成功发射高分辨率对地观测系统重大专项高分七号卫星，并搭载发射了精致高分试验卫星、苏丹科学实验卫星一号、天仪十五号卫星等3颗卫星。高分七号卫星作为我国首颗民用亚米级光学传输型立体测绘卫星，将在国土测绘、城乡建设、统计调查等方面发挥重要作用。[1]

这是一则时效性要求非常强的新闻报道，导语将时间细化到分秒，我们从新闻报道的题目和对事件的评析来看，新闻重点是高分七号卫星成功发射，卫星发射的时间、地点、运载火箭的型号、是否成功发射？卫星有什么独到之处、卫星发射成功以后的功能是什么？这些信息都是公众亟需了解的问题，该导语都给予了解答。

但导语篇幅过长，共160个字，有拖沓的嫌疑。中间还介绍了"搭载发射了精致高分试验卫星、苏丹科学实验卫星一号、天仪十五号卫星等3颗卫星"的信息，"一箭四星"在早前的发射中已经有过，并不算是创举，此处可以放到后面来写，不必放到导语中。

一些没有必要的形容词或副词也可以删除。比如："我国在太原卫星发射中心用长征四号乙运载火箭成功发射（高分辨率对地观测系统重大专项）高分七号卫星"，"高分七号卫星作为（我国首颗民用亚米级光学传输型立体测绘卫星）"，以上两句话中的括号部分都强调了高分七号卫星的地位，建议留一处即可。

另外，"记者从国家航天局获悉"也是完全没有必要放在导语中的。所以，

---

[1] 《高分七号卫星成功发射》，新华社太原电，2019年11月3日。

根据以上建议，请在下面的空格中修改以上导语。

_____

_____

【课堂练习与课后作业】

1. 课堂练习：

组成3-5人的小组，完成小组作业：

（1）每个小组尝试从报纸、广播、电视、主流新闻网站、新闻客户端等平台找20条新闻导语，评价并修改导语。

（2）小组成员讨论，选出改写最好的5条导语。

（3）小组发言：每一组找一个最典型的改写在全班讨论，解释原因。

2. 课后作业：

阅读下面的报道，指出你认为导语写的好和不好的地方，并提出修改意见。

拓展阅读："大兴机场拉高了我的发际线"——"亚洲单体最大"机库建设纪实[1]

2018年9月3日，随着"整体提升标高到位"的报告从对讲机传来，总提升重量7200吨的北京新机场南航基地1号机库钢结构屋架，经过为期两天的整体提升，成功就位。

去年春节前夕，韦恒又乘公交车抵达正在建设的大兴国际机场，然后徒步3公里，穿越障碍物密布的工地，来到一片黄土飞扬的空旷区域。"公司让拍一些照片记录那里的春意"，他放眼望去，仿若置身荒凉的戈壁，"哪有春意，只有挡土用的绿色无纺布"。

当时29岁的韦恒没想到，一年多之后，他的梦想——一座"亚洲单体最大"机库，就在这片荒地上拔地而起；韦恒的同事，30岁的贾祖帅也没料到，

---

[1]《"大兴机场拉高了我的发际线"——"亚洲单体最大"机库建设纪实》，中国青年报，2019年11月4日，http://news.cyol.com/yuanchuang/2019-11/04/content_18222676.htm。

为了这个飞机的"4S 店",他把家从北京西北四环搬到了 60 公里以外的大兴国际机场附近;而提起建机库,这群年轻人里情感最复杂的当属曲承宝。他回味梦想的香甜时,忽然抬手捋了一下自己光亮的前额,笑道:"其实我以前头发挺多的……大兴机场拉高了我的发际线……"(欲知全文,请扫二维码)

第十一章
融媒体时代的新闻故事化技巧

【学习要点】

新闻为什么要讲故事?

故事可以让新闻语言变得"柔和","接地气儿"。习近平同志的很多讲话都是用讲故事的方式来进行的。比如,他在莫斯科的演讲中,他并没有干巴巴地讲两国人民友好,而是讲了一个抗日战争时期苏联飞行大队长库里申科来华同中国人民并肩作战的事例;再比如,他在坦桑尼亚演讲时,通过列举中国电视剧《媳妇的美好时代》在坦桑尼亚的热播,拉近两国人民之间的距离。通过学习领会习近平同志的语言风格,新闻工作者要努力使新闻语言具体实在,增强故事的说服力、感染力和传播力,推动新闻战浅深化"走转改"活动。[1]

在大数据时代,新闻制作者必须思考的一个问题就是如何让读者"一见钟情",在瞬间被新闻吸引。哪些元素在本质上能让新闻变得趣味横生?故事情节要如何安排才能让故事具有持续的吸引力?作为记者,你想听长篇大论吗?己所不欲勿施于人,如果我们把自己都不喜欢的东西强加给受众,他们能喜欢吗?没有什么比放弃阅读更容易的事情了。

"新闻故事化"方式能够增强新闻报道的客观性与可读性,趣味性和人情味,为新闻写作提供了一种新的思路和方式。

---

[1] 六汝旺,吴兴龙:《让新闻平易近人——学习习近平同志系列讲话有感》,新闻战线,2015年第4期。

故事的内容、结构和写作技巧是让一个故事受欢迎的重要因素。本章的宗旨就是提供一种系统的、循序渐进的指导方法，告诉大家如何将真实的故事变成优秀的报道，让写作者的痛苦少一点，如果不能，至少让你的痛苦可以得到相应的回报。

第一节　什么新闻需要故事？

其实，并不是所有的新闻都需要讲故事，尤其是一些硬新闻。比如消息本身时效性强，短小、精悍，要在有限的时间和篇幅里把事情介绍清楚，要展开故事情节是不太可能的。那么，硬新闻的素材能不能"软着陆"以后故事化呢？答案当然是能。现在有很多报道都是系列化的，中国新闻奖在评奖过程中也出现了系列报道的案例。

有些新闻事件本身新闻时效要求较低，必须用软新闻报道，例如人物报道，要讲述一名科学家的治学之路；要报道一名见义勇为的公民或报道偏远山区人们的脱贫攻坚行动，通过故事的讲述，既能够让人物变得鲜活、灵动、贴近生活，又能够传递正确的人生观、价值观。

一些国人认为西方媒体不对公民进行爱国主义、社会责任、人生观、价值观的教育，事实不是这样的，西方媒体进行了相当多的公民教育，只不过他们采用的是新闻故事化的方式，在潜移默化中就完成了使命，从这一角度讲，我国的媒体做得还远远不够，很多时候我们中国的媒体在用无趣的方式进行宣传教育，没有故事性，激发不起兴趣，反倒显得宣传太多了。事实证明，如果我们的媒体讲好了中国故事，国外的媒体也会转载和引用的。

今天，中国巨变。我们不仅要讲中国的"老故事"，更要讲好今日中国的"新故事"，这样才会有更多的国人对自己国家、更多的外国人对中国有准确的认识。

我们应该坦率地承认，我们有很多的好故事却没讲好、没讲充分、没讲明白。我们不把中国故事讲好，别人就会替你"讲故事"。有感染力的"新故事"是解疑释惑的良方。

第二节　如何找到好故事？

如果你的采访对象是名人、丑闻、热点事件、天灾人祸、奇闻异事等，这样的素材本身比普通人的素材更具有故事性，要将这样的故事讲好，要比讲一般人的故事要容易得多，因为他们本身拥有的新闻点、故事点、争议点要多得多。

一、选题要宽泛

要紧跟国家发展大势。著名新闻记者、经济日报社原总编辑艾丰同志曾经说过，一个好记者"就是要想总理想的事情"。一个好故事的选题自然也要紧跟国家的大政方针政策，因为这也是老百姓最关心的事情。国家近几年重点建设的雄安新区、粤港澳大湾区、精准扶贫、环保、高精尖技术创新、科学家、大国工匠等主题都备受关注。

【案例1】马氏"兄弟"跨越二十年的诚信[1]

2月11日，农历小年，下午6点，河南开封。

马保东与马奋勇挤坐在一张沙发上，兴奋地规划着今后的合作。

二人都姓马，兄弟相称，但不是亲兄弟。哥哥马奋勇是汉族，新疆哈密人；弟弟马保东是回族，河南开封人。

过去的半年里，马保东一再约马奋勇来河南做事，马奋勇也打算在河南建立新疆名优产品展销中心，投资物流和生态农业。马年结束之前，马奋勇如约而至。（欲知全文，请扫二维码）

一个1300多字的小故事，铺展开"讲诚信"、"一带一路"、民族团结的中国故事，报道获得了第二十六届中国新闻奖一等奖，2015年还入选中宣

---

[1]《马氏"兄弟"跨越二十年的诚信》，河南日报，2015年2月15日。

部征集的《行进中国 精彩故事》优秀作品集。

【案例2】等不是办法　干才有希望

岩头村从前真穷：嫁进来的媳妇儿熬不住，偷偷跑了6个；村民卖头猪，光雇工把猪抬出去，就得花去猪价的1/4。如今，致富之门豁然打开，外面的企业主动上门谈合作。偌大反差，皆因一条一公里长的水泥路——村民小组长李华明带着15户人家干了12年，在悬崖峭壁上劈出4米宽的进村路，"实干"二字刻在了村头。不仅是岩头村，整个西畴县，扶贫重扶志，唤起群众自力更生的"洪荒之力"。（欲知全文，请扫二维码）

这是一个不到1000字的头条，讲述了岩头村在小组长李华明带领下靠"实干"脱贫的故事，"岩头村""西畴"成为精准扶贫中"扶贫要扶志"的典型代表，甚至提升为"西畴精神"，这一精神丰富了打赢精准扶贫攻坚战的新内涵——等不是办法，干才有希望，将提高群众内生动力这一抽象的扶贫概念通过讲故事的方式生动展现出来。

阅读要广泛。我们在选题确定的过程中要进行大量的文献研究和背景调查，一方面补充我们没有的知识，另一方面还能帮助梳理并确定思路。要参考的资料包括以往的新闻报道、相关书籍、学术论文等。例如，在报道港珠澳大桥的选题时，记者就应该了解港珠澳大桥有哪些技术创新，比如世界首创的桥、岛、隧一体方案是什么？沉管的长度和重量、沉管对接的精度要达到什么程度，大桥的技术标准达到什么程度？大桥的选材和使用寿命上有什么创新？例如，在报道暗物质的新闻时，记者也需要了解什么是暗物质，人们如何发现暗物质，科学家对暗物质的研究到了什么样的程度，国内外在这个研究领域都有什么贡献等等。

记者在采访之前，应该尽可能多地去了解事件的背景及采访对象的信息，这会让采访更有效率，记者与被访人之间的交流也越畅通。

随时记录灵感。灵感与素材不同，灵感是一瞬间的小火花，是转瞬即逝的精华，如果不能随时记录下来，就很难记起了。跟着你的感觉走。在你采访一个故事之前以及整个报道过程当中,你都要审慎对待自己对于这个事情的感觉。特别是你感觉有可笑、可疑或者愤怒的地方,试着找出让你有这些感觉的原因,然后记住你对它们的分析,也许这就是一个有意思的故事开始的地方。

在被其他记者已经报道的情况下,就需要拓展思路,有两个办法可以参考使用:

一是具体法,具体法就是把别人没有细讲的故事接着讲完。有的时候,我们站在高处固然能看到更宏观的场景,却很难真正体味最底层的活生生的人物命运。这些活生生的人物生活、面孔、无奈才是好故事的灵魂,这些无奈会注定新闻故事构思的不平凡。

二是换角度法。即使是同样围绕一个中心,也可以综合不同事实。比如可以从底层工人、农民采访观察,可以从企业管理者的角度采访观察,可以从记者自身"客观性"的角度进行观察、描述,可以从政府管理者的宏观视角进行观察。

【案例3】第三届中国企业改革发展论坛11月2日至4日举行
1400名政企研媒"大咖"泉城献智企业发展[1]

记者从10月29日召开的新闻发布会上了解到,11月2日至4日,以"加快新旧动能转换、推动高质量发展"为主题的第三届中国企业改革发展论坛将在济南举办,搭建政、企、研、媒等各方对话、对接、对标平台,为企业更好转型发展献智献策。

推动高质量发展,要更充分地发挥企业家作用,通过持续深化改革营造企业和企业家成长的良好生态。据介绍,已在北京成功举办两届的中国企业改革发展论坛对推动中国企业改革发展起到了重要的作用,今年首次"花落"济南,将有国务院国资委、新华社、全国工商联和山东省及济南市领导,以

---

[1]《第三届中国企业改革发展论坛11月2日至4日举行 1400名政企研媒"大咖"泉城献智企业发展》,大众日报,2019年10月30日。

及央企代表、各省市国有企业代表、知名民营企业代表、专家学者和媒体代表共1400余名嘉宾齐聚泉城。数据显示，参加论坛的有50位央企董事长、总经理在内的280位央企代表；包括福耀玻璃创始人曹德旺在内的民营企业代表100余人；包括著名经济学家李稻葵在内的专家学者；各省（市、自治区）国资国企代表251人。参会嘉宾来源广泛、代表性强，将很好地汇聚各方智慧、助推企业发展。

发布会上，省国资委副主任尹刚表示，当前山东国有企业改革进入窗口期，在这样一个重要时期，上述论坛在山东举办，为山东企业提供了难得的学习借鉴、合作洽谈和混改机会。

据介绍，聚焦新旧动能转换，论坛将重点讨论交流"混合所有制改革""企业形象""科技创新""改革创新""5G时代"等热点话题。

在北京前两届基础上，本届论坛还进一步拓展内容、丰富形式，采取"报告发布＋演讲交流＋自由沙龙＋实地参观"的方式，研究分析经济趋势，介绍新旧动能转换情况，深入交流企业改革发展前沿动态。其间举办的"泉城沙龙"，围绕文化传媒、制造业、金融科技等产业领域为参会嘉宾提供自由交流空间。此外，论坛还设置了济南市新旧动能转换先行区、中国（山东）自由贸易试验区济南片区、国际医学科学中心、国家超算济南中心、浪潮集团等15处开放区域，开辟产业对接、项目合作、宣传推介等配套项目。

【思考】如果你是记者，需要围绕第三届中国企业改革发展论坛进行报道，你会怎么做？

二、与采访同行

穆青、李希光认为，新闻是一种叙事。现在的新闻写作越来越强调故事性，强调用生动感人的事例表达思想、引导舆论，增强说服力、传播力。生动的故事，仅仅靠看材料、听汇报是找不出来的，而只有深入基层、深入群众中调研采访，才能真正挖掘出来。

一个好的新闻故事往往来自于一个细致的采访，曾获普利策新闻奖的美国记者富兰克林说："用故事化手法写新闻，就是采用对话、描写、场景设置等，细致入微地展现事件中的情节和细节，突现事件中隐含的能够让人产生兴奋感、富有戏剧性的故事。"更具体的技巧请参考前面新闻采访的章节。

第三节 如何呈现好融媒体时代的新闻故事？

融媒体时代，记者如何呈现故事？报纸靠图片加文字、广播靠音频、电视靠视频的单打独斗的传统媒体时代的新闻制作手段已经不能够满足现在受众丰富、多元的全媒体视听习惯要求，必须求变，要打"组合拳"。融媒体时代，全媒体化带来的首先是思维的变化，记者、编辑、美编通过全媒体手段来呈现好新闻呢？

2017年4月25日，中央宣传部向全社会公开宣传发布"当代愚公"黄大发的先进事迹，授予黄大发"时代楷模"荣誉称号，是在"精准扶贫"的国家大背景下可以讲的中国故事，中国人的故事。澎湃新闻连续发表了三篇作品，分别采用文本加图片（案例4）、H5（案例5）、视频（案例6）三种方式来全方位、立体式呈现"时代楷模"黄大发的报道。下面来看一下澎湃新闻是如何用全媒体来呈现这一系列报道的：

第一篇使用文字稿的形式，文本能够在最短的时间里将细节解释清楚。如案例4。

【案例4】遵义老支书黄大发36年"拿命修渠"，激励年轻村民返乡创业[1]

沿着凿壁，山涧水一路依势向下，直至流经村民陈小敏老家附近。

---

[1]《遵义老支书黄大发36年"拿命修渠"，激励年轻村民返乡创业》，澎湃新闻遵义，2017年4月24日，https://www.thepaper.cn/newsDetail_forward_1667188。

陈小敏今年 20 岁。童年时期,她曾在玩耍时见过这道"像是从天上凿下来的水渠"。

那个时候,她还不知道这水渠是自己的外公黄大发带着大伙赌上了命修的。直到最近,在贵阳读大学的她无意中得知了背后的故事,直呼意外,"从没有听外公提起过"。

黄大发,今年 82 岁,2004 年退休以前,他当了 30 多年村支书。他这一生中大多数时光,都与这条水渠紧紧相连。从 20 多岁的毛头小伙到 60 岁的花甲老人,青春耗尽,用他自己的话说:"水是我的命,沟就是我的子女"。

从黑河到漠河、从高原到山丘,全国有 60 多万个行政村,60 多万个村支书,黄大发只是其中普通的一个。修渠引水、通电修路、改建学校,脱贫致富的每种可能他都会去尝试。(欲知全文,请扫二维码)

擦耳岩是大发渠最险的一段,黄大发带领着村民们沿着陡峭的绝壁巡查、清理水渠。

第二篇是用 H5 做的长达 17 页的长篇画卷,契合了黄大发带领老一代村民修渠脱贫、带动新一代村民致富的历史长卷立意。画卷以"大发渠"为主线,用下拉式长幅连环画、渐进式动画、360 度全景照片、图集、音频、视频、交互式体验等多种报道形式。背景音乐浑厚雄壮,凸显了黄大发的人物形象;民谣、山洪、炸药的音频增加了身临其境之感,还有来自村民的同期声,村民的肯定与信任,增强受众对黄大发认知。整个界面以黑白风格为主,配以金色点缀,稳重大气又不失活泼,带来不一样的视觉体验。

【案例5】长幅互动连环画 | 天渠：遵义老村支书黄大发 36 年引水修渠记

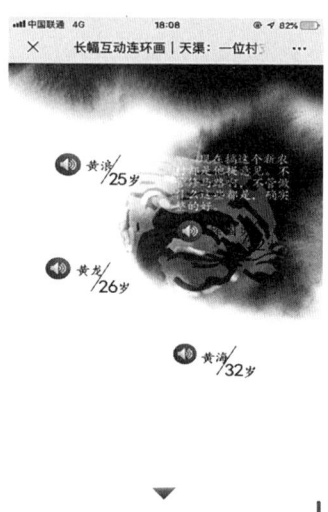

第三篇以视频体现，记者组跟随黄大发行走在"大发渠"上，从多种角度记录修渠人的艰辛和伟大。

【案例6】全景视频 | 行走千米高"天渠"，感受老村支书绝壁凿天渠

第四节　新闻故事化应该注意的几个问题

一、如何使用直接引语和间接引语

在信源和引语的问题上，我国新闻界普遍的问题：一是直接引语太少。二是在直接引语的来源中匿名信源、神秘信源太多，这样很容易有信源作假的嫌疑。如果信源，尤其是一些特别重要的信息来源，不愿意公布姓名，可以考虑更换信源。

（一）直接引语

什么是直接引语？直接引语就是信源说的，是对信源说的话的原文转述，在报道中用引号标注的部分。

直接引语有什么功能？

首先，直接引语可以使新闻具有现场感。在传统的新闻文本写作中，直接引语可以引导受众想象讲话人的现场和声音，但在融媒体报道中，直接引语的使用却可以让受众真实感受现场中的人与事。在本章前面提到的对黄大发事件的报道中，有一个音频是黄大发书记自己唱的，真实的嗓音，真实的音调配合歌词，让受众浸入式体验大山深处的悠远、辽阔，大山深处人们的坚毅。

其次，直接引语增强报道的层次感和距离感。一篇报道如果仅仅是记者个人在叙述，那得有多无趣？直接引语让不同的主体发声，并且大多是口语化表达，可以增强报道的层次感和立体感，调节报道的节奏，增强报道的可读性。

【案例7】谢永宏：踏遍洞庭情正浓[1]

诗情画意的洞庭湖，迎来送往的不仅仅是豪情万丈的诗人，守望千年的也不仅仅是渔歌唱晚的渔民。

---

[1] 节选自《谢永宏：踏遍洞庭情正浓》，湖南日报，2017年3月20日。

在洞庭一隅，在岳阳市君山区，在东洞庭湖核心区，在采桑湖，在不太为外界所知的地方，还有一个人，为了保护洞庭湖湿地，在付出，在奔忙。

这个人就是中国科学院洞庭湖湿地生态系统观测研究站（简称"洞庭湖站"）站长谢永宏。一位来自湖南永兴的44岁汉子，"长江之肾"的呵护者。他一"站"，就是整整10年。

为摸清"家底"，3年跑遍了洞庭湖

3月13日至15日，记者"贴身紧逼"，全程跟随谢永宏。

眼下，不是丰水季节。站在采桑湖大堤上，环顾四周，小湖星罗棋布，碧绿色的草地镶嵌其中。谢永宏说："这就是最典型的湿地。那些是薹草。现在，成群的候鸟飞走了。涨水的时候，这里又是一片水面。"

2007年开始筹建洞庭湖站。为摸清"家底"，他花了3年时间，带队跑遍了洞庭湖。沿洞庭湖设置19条样带，针对荻、薹草、藕草、辣蓼4种群落的植被组成和群落特征展开跟踪调查。早晨六七点钟出去，晚上六七点钟回来。谢永宏回忆说："野外工作，吃什么呢？早晨出去，选碱面吃，不吃米粉。因为米粉容易消化，碱面更饱肚子。如果碰到渔民，我们就到渔船上，跟渔民一起吃。"（欲知全文，请扫二维码）

在这篇2972字的通讯中，光是谢永宏的直接引语就有9个。这些直接引语就像是谢永宏亲身在对我们讲述，带领我们去了解洞庭湖湿地，读者可以细细聆听他给我们讲解有关候鸟的知识，听他和他的学生给我们讲述一个科学家的科学态度和敬业的工作态度。

该报道获得第28届中国新闻奖一等奖，推荐理由是这样写的："记者在现场、讲故事，用生动的事实讲述科学家鲜为人知的事迹，生动展示了当代科研工作者的风采，充分彰显了务实创新的科学精神，有力传播了创新发展的科学理念和社会主义核心价值观。"

再次，有实名信源的直接引语可以增强信息的权威性。这是实现新闻客观、公正报道的重要手段，直接引语表明记者没有揣测，没有想象，没有转述，直接让信源与公众面对面。如果一些关键信息的提供者需要匿名处理，比如专家、学者、业内人士、知情人士等，那么受众会怀疑这些信息是否是记者编造；如果不是记者编造，这些信源的动机是否值得商榷，在怀疑中阅读新闻。当然，信息的权威性会大打折扣。另外，如果匿名信源一旦出现信息错误，记者将为此承担全部后果。

当然，作为新闻工作者，我们必须明白直接引语不是万能的；或者说作为一种手段，直接引语是中立的，如何被利用被安置要看记者的立场。为了达到公正报道，我们在对不同立场的直接引语使用过程中要注意均衡。

（二）间接引语

什么是间接引语？间接引语是记者对信源的原话进行有选择性的整理、归纳，不用引号标注。

引用间接引语应该注意什么问题呢？最重要的是保持引用话语的真实性，不能有意识地进行组合编辑，扭曲原意，这要求我们不能做违背事实的改动，要尊重事实。并且对信源的身份做出介绍。

引用间接引语除了可以佐证事实推动报道事实发展之外，也是记者借以表达自己意见的一种方式，但引用也要把握一个度，不可以逾越新闻真实性和客观性的底线。

【案例8】让人民群众享受优美生态环境[1]

昨天上午，市委书记蔡奇到顺义区调研检查污染防治工作。

……

蔡奇在天竺镇座谈时指出，打好污染防治攻坚战是党的十九大确定的三大攻坚战之一，对北京城市治理至关重要。党的十九届四中全会《决定》对坚持和完善生态文明制度体系提出了明确要求。我们要深入学习贯彻，把打好污染防治攻坚战作为重要政治任务，实行最严格的生态环境保护制度，完

---

[1] 节选自《让人民群众享受优美生态环境》，北京晚报，2019年12月1日，02版。

善生态环境综合治理体系，持续扩大绿色生态空间，努力建设国际一流的和谐宜居之都。

领导讲话或者会议往往信息量大，直接引语太长，习惯性处理方式是采用间接引语。

二、讲故事必须与新闻主题呼应

前面我们已经讲过，新闻故事化的一个重要原则是新闻中要有"人"，并且最能打动人的故事是那种人物与重要事件建立联系的过程，这个过程中必然要经历人物的命运转折。

2017年6月，一篇名为《记者姜海锋：我为什么决定起诉证监会！》的文章在传媒圈内被传播，记者认为证监会从其系列报道中选择其中一条新闻就认为这篇报道编造了黄光裕即将出狱的消息，引起相关利益方股价上涨、扰乱资本市场秩序的判决有选择性执法的嫌疑。姜海锋认为，这篇文章与其他两篇共同组成了对国美的系列报道，"黄光裕是否出狱、何时出狱并非报道的重点，文章重点是在国美未来的战略走向、经营管理、业绩挑战等。"暂且不论姜海锋认为证监会有选择性执法的嫌疑问题，此处只从新闻故事与新闻主题的关系角度来讨论。

【案例9】国美静候黄光裕归来[1]

每个人心中都有一个英雄情结。

黄光裕是国美的英雄，更是国美的灵魂。

正是这样一个理想无限扩张的人，让资本市场、国美管理层、员工及粉丝充满期待，寄望这位王者归来后，能重拾"做世界零售业第一"的壮语豪言。

杜鹃——这位与夫共患难的弱女子，也翘首以盼，静待丈夫归来。

历经市场洗练，她已从"相夫教子"的角色蜕变为一个资本运作高手和

---

[1] 节选自《国美静候黄光裕归来》，《中国连锁》，2015年4月1日。

零售高手，成为国美新的"定海神针"。

她曾慨叹："如果有一天黄光裕回来，我最欣慰的就是国美交给他时，电商已经做好了！"

但理想与现实仍有差距。

虽然黄光裕一直"遥控"国美，但外界至今都无法触及他的内心最深处，也不知历经多年囹圄洗礼的他，在思想和行事风格上将会发生怎样的变化，更不知未来在他重新掌舵国美后，国美将向何处去。

但不管怎样，他归来的脚步已经愈来愈近。

我们来看这篇报道的开头，这篇报道的开始是从讲黄光裕的故事开始的，并且至少花了1021字以上的篇幅在讲黄光裕的故事，这种讲故事的方式向读者传递的信息是黄光裕是决定国美企业未来战略的"英雄"，读者自然会关心他是否出狱、何时出狱的问题，这也应该是记者接下来要跟读者去解释的。

如果如记者所说的"黄光裕是否出狱、何时出狱并非报道的重点"，那么，在报道开头花这么大气力来讲述黄光裕故事的做法是不合适的，不恰当的新闻故事化会误导主题的展开，这是记者必须注意的问题。

【课堂练习与课外作业】

1. 课堂练习

观看视频《我们的70个中国故事》，分析其是如何"讲中国故事"的，并模仿其方法写一下你身边的中国故事。

2. 课外作业

以下是有关"第三届中国企业改革发展论坛"的一篇政务会议新闻，请以会议报道为线索，运用融媒体手段进行新闻故事化呈现。

供参考的角度：

（1）新闻价值

（2）山东省的新旧动能转换

（3）企业改革发展论坛恳谈会视角

拓展阅读

第三届中国企业改革发展论坛恳谈会在济举行 刘家义主持 龚正讲话

2019年11月2日下午，第三届中国企业改革发展论坛恳谈会在山东大厦金色大厅举行，深入贯彻落实习近平新时代中国特色社会主义思想和党的十九届四中全会精神，深入贯彻落实习近平总书记关于国企改革和民营经济发展的重要论述，研究探讨中国企业改革发展的新理念，加深交往、深化合作、共谋发展。

省委书记刘家义主持恳谈会并讲话，省委副书记、省长龚正讲话。

会上，中国大唐集团董事长陈飞虎、中国东方电气集团董事长邹磊、中国化学工程集团董事长戴和根、中国建材集团董事长宋志平、大连重工起重集团董事长丛红、上海均瑶集团董事长王均金、金风科技股份有限公司董事长武钢、今典集团董事长张宝全作了交流发言。大家置身世界看山东，立足国内谈发展，对山东工作提出了很多好的意见建议。

第四部分

重要新闻形态

新闻采访按照报道内容划分,有社会新闻报道、时政新闻报道、经济新闻报道、人物报道等重要新闻形态;按报道体裁划分,则有调查报道、新闻评论和融媒报道等重要形态。这些报道形态既备受各媒体关注,也深受广大受众青睐。不同的报道形态会有不同的报道特征、采写原则和写作手法,具体内容详见接下来的每一个独立的单元、章节。

第十二章
时政新闻

【学习要点】

时政报道作为新闻报道的"重头戏",对国计民生有着非常广泛且重要的影响,但长期以来,很多媒体的时政报道都是"八股体"的重灾区,是非常难啃的一块硬骨头。造成"八股体"的原因何在?有什么样的解决途径?融媒时代,如何改变这种状况,让时政新闻报道活起来、亮起来、"跳"起来,真正走入百姓的心中、脑中?通过本章节的学习厘清这些问题,掌握时政报道全新的写作方法与写作原则,将时政新闻报道写新写活,全面提升时政新闻报道的可读性、亲和力和感染力,这是本章学习的重点。

第一节 时政新闻概述

一、什么是时政新闻?

有研究者曾经指出:"时政新闻,就是时事新闻和政治新闻的简称。"在学术界,时政新闻目前仍然没有统一定义。《新闻学大辞典》中只对政治报道做出解释,即:政治报道是指对国家、政党和公民的政治思想、政治会议、政治事件、政治外交以及日常的政治生活等方面的报道,政治报道被称为"报纸的心脏和灵魂"，政治报道的范围非常宽，外事活动、群众团体和宗教都可以包括进来。

对于时政新闻概念的界定，笔者赞同南京大学新闻研究所前所长丁柏铨教授的观点：时政新闻是从内容方面所做的界定，侧重于从政治角度，对新近发生（或正在发生）的政治事件或与政治密切相关的新闻事实做出的报道。时政新闻具有广义和狭义之分，广义上说，凡是与政治、经济和社会发展相关的新闻都是时政新闻；狭义上讲，时政新闻主要指与大量的会议和各级领导活动有关的新闻报道。根据日常新闻实践，可以将时政新闻报道的范围和内容归纳为：报道领导人相关的公务、政务活动；报道各级党政机关举行的重要活动、召开的重要会议；报道已经出台或即将出台的有关政治、经济、文化、教育、社会事业等方面的方针政策以及实施的具体举措等；报道由此产生的社会反响和效果。[1]

众多新闻类型中，时政新闻地位重要、总量庞大，具有很强的显著实效性及深远影响性，地位非常重要和突出，因此，媒体做好时政新闻的采访报道，把党和政府的主张、政策和方针以及党对人民群众疾苦的关心通过报道，及时、准确传递给广大受众，既是各媒体关注的重中之重，也是考量新闻记者采写功力的重要试金石。

融媒体时代，受众获取信息的渠道越来越多，对于新闻报道尤其是时政新闻报道的质量要求也越来越高，这就需要时政新闻记者开动脑筋，全方位提升自己的新闻素养，克服时政报道僵化的"八股式"的写作"套路"，将时政新闻报道写新写活，全面提升时政新闻报道的可读性、亲和力和感染力。

二、时政新闻的特点

时政新闻报道具有鲜明的政治性、政策性、广泛性、信息性等特点，这些特点与时政报道所承担的使命、任务密切相关。时政新闻是对国家政治生活中

---

[1] 蒋飞宇：《浅谈时政新闻报道的创新》，《新闻窗》，2016年第4期。

正在发生或者新近发生的新闻事实的报道，主要是对政治会议、各项政务活动、政策调整变动以及与政治相关的重大经济、社会、文化事件的报道，这些内容政策性强、涉及面广、信息量丰富，与老百姓生活密切相关，所以备受广大百姓关注。时政新闻报道主要以"短平快"的消息形式呈现，采写中注重政治考量，稿件文本结构和逻辑顺序、表述方式和写作风格以及稿件篇幅都相对固定，文字表述严谨、准确精练，有相对稳定的写作范式和惯例，以相对较高的频率重复影响和构建着普通百姓对党政领导及其代表的公共事务的认知与理解。

第二节　时政报道存在的问题

做好时事政治报道是党报等主流媒体的头等大事，也是主流媒体的安身立命之本，但实际操作过程中，有些时政报道枯燥干巴、无趣乏味，无法引起读者的兴趣。综观当前的时政报道，存有两种特别突出的问题：一是内容干巴空洞、枯燥生硬，说教多、套话多，读起来味同嚼蜡；二是报道形式单一僵化，三段分的"八股文体"——"领导指出、要求、强调"问题常常见诸各媒体报道。

一、内容干巴空洞，说教多、套话多，缺乏深度

在各级党报和主流媒体的时政报道中，各种各样、各种规格的会议和不同层次的领导人活动，是各媒体时政报道的"重头戏"，也正是在关于各种会议和领导人活动的新闻报道中，集中体现了目前媒体时政报道"内容干巴空洞、枯燥生硬，说教多、套话多"的问题。

时政新闻的采访，又称"跑会"，也就是从各种会议或是领导干部的活动里面获知新闻。在许多记者眼里，会议根本不重要，只需要象征性地到会场逛一圈，拿到会议材料就可以放心大胆走人，回单位后根据材料把新闻写出来就行。实际上，这种想法既不正确又不可取，因为任何会议都是因为有

工作需要研究部署或是有重大政策需要传达才召开，而任何活动也都是由活生生的一个又一个人的个性化行动而组成。可是，实际新闻报道中，见诸各路媒体的会议报道常常是这样一种形态：开头先是简单地介绍一下会议在某时某地召开，哪些人参加了会议，接下来便是大段的"某某领导在会议上指出……"，"某某领导在会议上强调……"。活动报道也大都是这种模式，先是简单介绍某某领导在某时某地参加了某种活动，接下来同样是大段的"某某领导在活动中指出……"，"某某领导在活动中强调……"，稿件内容大篇幅罗列、引用领导讲话内容，很少对新闻主题进行凝练，广大受众关注的有价值的新闻事实，经常会被淹没在大量的会议材料和领导讲话中，受众在这些时政报道中根本看不到与自己生活密切相关的具体会议内容，也看不到活动中鲜活生动、充满鲜明个性的人。在信息量如此丰富、受众获取信息如此便捷的融媒体时代，这些千篇一律、内容空洞、枯燥生硬的会议报道和活动报道怎能吸引受众阅读？又如何提升主流媒体的影响力和权威性？

二、报道形式单一僵化，"八股文体"频亮相

在长期的新闻工作和实践中，各媒体的新闻报道逐渐形成了一些固定的基本工作规范。这些工作规范的形成和存在，是为了确保新闻媒体在新闻报道中更好地唱响主旋律、打好主动仗。但是，在很多时候，这些规范也确实在一定程度上对新闻报道造成了制约，具体到事关各种领导人活动和会议的时政报道中，有些媒体一直固守着"约定俗成"的报道模式和表述方式，不遵守固定报道模式和表述方式的新闻稿件通不过审核。这些僵化固定的工作规范在一定程度上造成了时政报道"八股文体"的形成；此外，有些记者对时政新闻报道思想上不够重视、工作上有惰性，认为时政报道只要按照套路来，不出问题，不把领导人姓名、讲话内容写错，确保稿件发出来就算完成任务，根本不去考虑报道内容怎么写、采用什么样的叙事方式、形式怎么安排，更不会去考虑如何对报道内容和报道文体加以创新，于是，时政新闻报道中便出现了这样的现象：如果是会议报道，新闻记者大都是先拿到领导讲话材料，

然后摘出观点,再按照"领导指出、要求、强调"分成三段写;领导参加的调研活动,新闻记者则主要记录一下领导都视察了哪些地方,说过哪些话,然后加以整理,写作时再按照"领导视察某地、视察中指出、视察中强调"三段写,如此,在党报和主流媒体的各种时政报道中,"八股文体"便屡见不鲜、频频亮相……

内容干巴空洞的时政报道,是新闻记者漠视会议和活动中丰富的新闻信息,只是单纯依照一种僵化偏狭的标准提炼"萃取"的结果。这种提炼和"萃取",往往剔除了广大受众最想了解的各种会议与领导人活动的实质内容,剥夺了受众全方位了解会议重要内容和活动中鲜明生动的人物个性的机会。这样的报道方式虽然强制性地凸显了部分信息,但对会议内容和活动中其他方面的信息却形成了十分严实的遮蔽;内容干巴、无趣、空洞,加之报道形式僵化单一、报道语言枯燥乏味,最终导致某些时政报道严肃有余、活泼不足,这种类型的时政报道就像众人厌烦的垃圾食品,广大受众唯恐避之不及,又哪里谈得上深入阅读、细心领会?如果不对其加以创新、改进,长此以往,受众就会选择远离时政新闻报道及其所在的媒体,党和政府的主张、政策和方针以及党对人民群众疾苦的关心就不能及时传递给广大受众,媒体的影响力和权威性自然也就大打折扣。

第三节 时政报道的创新写作

时政新闻报道本身具有很强的新闻性,是新闻的"富矿",其中蕴含着大量丰富的和广大受众生活密切相关的信息,受众也存在着了解和知晓党委、政府决策部署的迫切需求和热切期待,希望从中看到与自己生活密切相关的各种信息,但由于好多时政报道存在上述问题和弊病,往往让广大受众对时政新闻提不起兴趣,即便看了也不会"入脑、入心"。要想改变这种状况,就必须写好时政报道。要想写好时政报道,让时政报道出新出彩,就必须从时政报道的采写思路、内容表达两方面双管齐下、共同发力:

一、以受众视角采写新闻

以受众视角采写新闻，思考受众心理，分析哪些新闻信息内容是受众所关注的，根据受众需求巧抓新闻"亮点"，将领导工作部署和受众关注的民生热点紧密结合，从众多领导讲话或者会议材料中找出最具新闻价值、最有生命力的内容，报道受众最想看、最想听的时政新闻，既重"人"，也重"事"，这样写出来的稿子才不会"假、大、空"，才能引起受众的关注和共鸣，也才能有好的传播效果。

治理严重的雾霾天气，改善良好的大气环境，是当前地方党委、政府的一项重点工作，同样也是基层人民群众普遍关心的热点问题。2014年5月河北省唐山市召开了动员大会，部署开展大气污染与防治工作，出台了《大气污染治理防治攻坚行动实施方案》，提出了"八大综合治理减排工程"。在对会议进行报道的基础上，为了贯彻会议精神、强化工作部署，唐山《劳动日报》专门设立了《坚决打好大气污染防治攻坚战》专栏，对《实施方案》等文件中的内容和工作解读。在《加快淘汰落后产能推动产业转型》等稿件中，列出控制了煤炭的消费总量、加快清洁性能源的替代作用、强化了节能环保指标约束等各种具体工作，采用"改用天然气"、"控制排放的总量"等关键词汇解读的方式，缩小了文件篇幅长短，抓住了文件的核心要素和重点，让更多的人民群众能够更加直观地直截了当地阅读新闻。这种方式使唐山的市民认识到了政府改善生态环境、治理大气污染的决心，从而成为党委、政府工作的坚定的拥护者。[1]

二、内容表达多元化

融媒体发展，给时政报道带来了更多更先进的表达方式：官方微信、官方微博、H5作品。时政报道要想出彩，除了在内容表达上要敢于求新、创新，

---

[1] 刘鸿远、刘鸿烈：《时政新闻民生化表达的问题和思考》，《东南传播》，2014年第7期。

采取多元化、多样化的表达方法之外,也要大力借助新媒体渠道,将时政报道更好地传播出去。麦克卢汉曾说过:"真正有意义、有价值的'讯息',不是各个时代的传播内容,而是这个时代所使用的传播工具的性质及其所开创的可能性以及带来的社会变革。"[1]麦克卢汉的话虽有些偏颇,但时政报道融入主流融媒体技术的潮流,借力新媒体技术,确实能够有效地提升时政报道的传播力、引导力。

1. 以小见大故事化表达

融媒时代,碎片化、浅阅读风行,篇幅长、干巴枯燥、生硬难懂的内容已不再受人关注,而内容故事化的表达更讨受众"欢心"。把原本枯燥、生硬、无趣的信息、经验、事件转变成人物丰富多彩的活动,把丰富多彩的活动转换成生动感人的故事,让新闻更有趣味和故事性,让"新闻事件化、事件故事化、故事情节化、情节细节化。"一个妙趣横生的故事,一段复杂人性的刻画,一个感人细节的关注,都能让一篇时政报道变得鲜活灵动起来,迅速拉近时政报道与广大受众的距离。

2012年党的十八大期间,有别于以往单纯、枯燥干巴的各行各业的成就报道,《北京日报》开设了《这事以前没想到》专栏,采用"主稿+漫画+新闻链接"的方式,推出了《咱工人也有了工作室》、《没想到家门口能通三条地铁线》、《公交票价比十年前还便宜》、《农民种地不用下地》等9篇报道,每篇稿件均是新闻记者深入基层细心挖掘,通过讲述单个老百姓的故事,再用新闻链接的方式,将单个老百姓的故事拓展延伸至一个领域。这组报道通过以小见大故事化的呈现手法,文图并茂、生动形象地展示了百姓生活和社会发展的巨大变化,故事性、可读性都很强,备受广大读者欢迎,成为《北京日报》党代会会外报道的一个亮点。

2. 灵活运用图示、动画

时政新闻报道中很大一部分内容是对当地重大政策的发布进行解读,这

---

[1] [加]马歇尔·麦克卢汉:《理解媒介——论人的延伸》,何道宽译,商务印书馆2000年版,第46页。

种稿件内容大多篇幅长、数字多、难理解。如何让这种"硬邦邦"的新闻也能迅速飞入"寻常百姓家"？除了内容采写上注意多用老百姓读得懂的语言之外，还有两个非常重要且威力巨大的"杀手锏"——就是运用"图示"和动画手法，变枯燥的数字和会议文件为形象的图示和动画，有效帮助读者阅读和理解。

例：《南方日报》2018年5月31日报道关于《7月起下调一批日用消费品进口关税》的新闻，进口关税报道这种专业数据和名词，对普通老百姓来讲可能比较难懂。于是《南方日报》在报道的形式上进行了创新和改善，使用了图示《关税大降！买洋货更便宜》，将与百姓所相关的信息，分类用图示展现给读者，让受众一目了然并且通俗易懂。这种创新的形式相比原来乏味枯燥的数据新闻，更加有"亲和力"，老百姓也更容易接受和理解。

又如：2016年在全国两会省级卫视新闻全网传播排行榜中，《贵州新闻联播》位列第四，靠的就是特别栏目《两会多看点》：聚焦"未来五年，我们的生活将会变得怎样"这个小版块，把枯燥无趣的会议文件变成了生动可感的数据和动画，主持人带领观众跟着"十三五"规划纲要草案，飞速穿越到2020年，一览美好幸福生活新愿景。[1] 正是因为有了全新的动画呈现方式，枯燥的会议新闻变得非常有看点，也因此得到广大观众的好评和认可。

3. 创新多媒体呈现方式

融媒时代，时政报道也要与时俱进，创新采用多媒体的表达方式，让时政报道取得更好的传播效果。

2013年5月28日，为纪念上海解放64周年，《解放日报》特地推出一篇当年参与解放上海战争的人民解放军老兵寻找当年生死兄弟的特稿《战友》。与此同时，由解放网以此文为基础打造的全新概念多媒体特稿《战友》也一起上线。《战友》融合了新闻报道与声光多媒体交互技术，展现了人民解放军老兵的老照片、作战地图、采访音频，以悲怆的小号独奏为背景音乐，烘托气氛。多媒体写作对于新闻信息的传播，主要通过细节体现，融文字、图片、

---

[1] 蒋飞宇：《浅谈时政新闻报道的创新》，《新闻窗》，2016年第4期。

声音于一体，表达更具感染力。多媒体呈现方式昭示着一种特稿写作的全新方向——既没有丧失新闻报道的专业性，又让传统的新闻报道重新焕发出全新的活力，进而在融媒体时代具有了更好的传播力和影响力。

此外，每年两会的报道，也是时政报道创新发展的体现。各大媒体使出了浑身解数为了在这场命题作文的竞争中取得自己优势，彰显出时政报道突出的时代特色。2017年多家媒体便将"H5产品"收入了自己的时政报道。在这一次的报道中，"中国日报网双语新闻"微信公众平台推出的十分具有特色的"英国小伙讲两会"，是一个来自英国约克郡的小伙子制作出来的。用微视频形式来介绍中国的两会和发展现状，内容则是在两会中不断出现的各种热词。在这个视频中，这个小伙儿置身在一个巨大的课桌上，在变化的背景中穿梭。每一个背景都代表着中国发展历程的场景，这个英国小伙儿介绍了中国几十年来的发展和频出的两会热词，生动活泼的样式令人耳目一新。中央人民广播电台则推出了一款流传速度迅速且传播度广泛的"王小艺的朋友圈"，作为H5的视频内容，观众会跟随女主播王小艺一起来看她介绍自己的微信朋友圈。王小艺通过介绍自己朋友圈的信息向观众展示在两会期间中央人民广播电台制作的特别节目。观众仿佛在浏览自己的朋友圈一样，带入感消除了时政报道的枯燥和乏味感。[1]

英国小伙雷格·方舟讲两会

央广H5"王小艺的朋友圈"截图

---

[1] 孙振虎、刘明君：《融媒体环境下时政报道创新路径探析——以2017年两会报道为例》，《现代传播》，2017年第8期。

2018年《人民日报》旗下新媒体人民网，在两会期间推出全新栏目"直通中南海"留言板，也成功创新时政传播报道。该留言板通过与网友全新互动的形式，一一聚焦房价、教育、医疗、工资、反腐等方面的新闻，因为无数网友的互动、反馈，让这些原本生硬的时政新闻活了起来。这种全新鲜活的时政报道模式，也是很多主流媒体可以继续尝试的。[1]

第四节 做好时政报道需遵循的原则

时政报道具有很强的新闻性，它包含着丰富的新闻信息，对当地经济、社会、文化的发展起到举足轻重的作用，事关广大人民群众的切身利益，因此，做好时政新闻报道工作，不仅可以满足广大人民群众获知新闻信息的需求，更是国家长治久安所需。而要做好时政新闻报道，需遵循以下几条原则：

一、坚持党性原则

时政报道政治性强、政策性强、时效性强、涉及面宽，坚持党性原则是时政新闻报道必须要坚持的首要原则。坚持党性原则，坚持政治家办报，通过创新报道理念、内容、体裁、形式等方法和手段，及时准确地把党和国家、政府的大政方针、政策，通过喜闻乐见、通俗易懂的新闻报道形式传递给广大受众，让更多受众更好地接受并产生共鸣；同时，要迅速及时、真实全面、充分地反映人民群众的心声，很好地在报道中把体现党的主张与反映人民群众的心声和谐统一起来，这是时政报道坚持新闻党性原则的必然要求，也是时政新闻工作者做好新闻报道的根本前提。

---

[1] 孙振虎、刘明君：《融媒体环境下时政报道创新路径探析——以2017年两会报道为例》，《现代传播》，2017年第8期。

二、坚持正确舆论导向原则

时政报道要有大局意识，始终坚持正确的舆论导向，向广大受众传播正能量。从事时政报道的新闻记者要有更强的社会责任感和使命感，要心系广大人民群众，关心他们的工作和生活，在面对一些突发性的新闻事件时要始终坚持正确的舆论导向原则，传播、传递正能量。比如说遇到突发矿难、火灾、地震、洪水等重大灾难、事故时，往往会伴随有人员伤亡、财产损失，对此类新闻进行报道时，新闻记者一定要牢记自己作为党的新闻工作者的使命与责任，要有大局意识，严格遵守时政新闻报道纪律，在报道中始终坚持正面宣传，多报道党和政府、部队官兵和人民群众的灾后救援工作，稳定民心，不造成群众恐慌。此时，坚持正确的舆论导向原则非常重要。

三、坚持真实性和时效性相统一原则

新闻采访是一项严谨的工作，稍有不慎就会影响新闻的真实性，误导受众，给社会带来消极影响，所以在当下信息大爆炸的时代，既要保证时政新闻的时效性，让受众更快地获取更多的有效信息；同时，也要确保新闻的真实性，要坚持时效性和真实性相统一的原则，这就要求时政新闻记者对社会民生类的时政新闻保持高度敏感和及时快速的反应速度，第一时间对社会上发生的事件做出最快的报道。例如杭州市发生的保姆杀人纵火案件，在整个杭州市乃至于全国的互联网媒体上都造成了不小的轰动，人们在为被害母子惋惜的同时，也密切关注着保姆纵火的犯罪原因，全国各地的民众都在关心着事件的调查结果，希望能够尽快获得准确的消息。这就要求时政新闻记者能够求真务实，注意新闻报道中的语言措辞，即使认定被害家庭中的保姆具有重大犯罪嫌疑，但也不能为追求新闻点击率，而恶意夸大其词，必须报道新闻事件的客观事实真相，进而提高时政新闻报道的社会公信度，让时政报道更权威。[1]

---

[1] 李娜：《融媒体时代时政新闻记者素养研究》，《新闻研究导刊》，2017年第14期。

四、坚持"三贴近"原则

要使时政报道吸引读者,就必须遵循"贴近实际、贴近群众、贴近生活"的"三贴近"原则,坚持"三贴近"原则是媒体人做好时政新闻报道的根本和基础。从本质上讲,反映党和政府大政方针、政策的时政新闻是最贴近民生、也最符合百姓关切的新闻,影响力大,群众关注度高;尤其是以各级党委、政府名义举行的会议和重大活动,传递着党政部门重要决策、重大部署和重大事件的所有信息,与老百姓生活息息相关。按道理讲广大受众应该很愿意读这些新闻才是,受众之所以提不起兴趣阅读、观看这些新闻,其中一个非常重要的原因就是记者在写新闻报道时没有选好报道角度和切入点,让本来关乎民生、备受百姓关注的新闻看起来只是党委、政府在自说自话,所以时政报道一定要坚持"贴近实际、贴近生活、贴近读者"的"三贴近"原则,新闻记者在选择新闻角度时首先要站在受众的角度去考虑,多想想广大受众喜欢看什么样的新闻,站在受众的角度去感受、发现、表达新闻,精心选择报道内容,把跟受众工作、学习和生活密切相关的内容凸显出来,让受众一眼就看到这些新闻,在看了这些新闻后如果再心生感慨:这些时政新闻非常值得看、应该看!时政新闻报道的传播效果就得以很好地实现了。

实际上,很多时政报道的内容都跟广大百姓的衣食住行等问题息息相关,新闻记者在报道会议或者有关领导人活动的时政新闻时,一定要选好角度,要多关注这些时政活动中有关百姓民生的各种政策、措施、方法、经验等,只有这样,时政新闻报道才会吸引越来越多的受众,其传播力和影响力也才会越来越好!

十八届三中全会做出全面深化改革的重要历史决定,《解放日报》就站在受众的角度,策划推出了《见证——百姓眼中的改革之道》系列报道,以《改革飞入百姓家》开篇,提出了"改革为了人民,改革依靠人民,改革的成果由人民群众共享,这是改革的根本路线"的基本观点。接着,又推出了《从营业税到增值税》《从炒蛋到炒金》《从苦等分房到自主买房》《从"单位人"到"社会人"》《从"小平您好"到"小布卖萌"》《从外汇券到"北京镑"》《民办学校从"破冰"到"热点"》《评价中国改革开放35年,一定要找准坐标》等8篇文章组成的系列报道,文中既有普通百姓的生活故事,又有政策措施的宏观背景,整组报道揭示了改革给人民生活带来的巨大变化,提醒人们当改革来临的时候,千万不要做好龙的叶公,也不能做袖手旁观的智叟,而应当积极成为亲身投入者和热情支持者。原先看似遥不可及的宏大改革蓝图因为百姓视角的切入,原本"硬邦邦"的时政新闻一下子变得好读、易读,迅速"飞"进了"寻常百姓家",博得了广大读者的喜爱。

课后思考与练习

1. 时政新闻报道是一种重要的新闻报道形态,它有着什么样的鲜明特点?
2. 目前时政新闻报道存在的突出问题有哪些?什么原因导致?如何解决?
3. 时政新闻报道对当地经济社会发展起到非常重要的作用,事关百姓的切身利益,因此,做好时政报道非常有必要,融媒时代,如何创新时政新闻报道?创新路径都有哪些?
4. 时政报道需要遵循哪些报道原则?
5. 拓展阅读中《浙江为"最多跑一次"改革立法——审议通过全国"放管服"改革领域首部综合性地方法规》喜获第29届中国新闻奖消息一等奖,请分析其写作特色。

拓展阅读

浙江为"最多跑一次"改革立法

审议通过全国"放管服"改革领域首部综合性地方法规

本报讯(记者 翁浩浩、何双伶)2018年11月30日,浙江省十三届人大常委会第七次会议全票审议通过《浙江省保障"最多跑一次"改革规定》(下称《规定》),并将于2019年1月1日起施行。这是全国"放管服"改革领域首部综合性地方法规。全国人大常委会法工委行政法室主任袁杰评价说,《规定》在省级层面率先为实现"最多跑一次"提供了制度样本。

"最多跑一次"改革推行以来,浙江企业、群众普遍感受到办事的便捷。获悉《规定》通过,桐庐县阿尔法智能制造产业园(杭州)有限公司总经理章国荣连声叫好:"这项改革立法将保障浙江营商环境始终居于全国前列。"在浙西南偏远的庆元县岭头乡大际头村,如今村民们在村里通过网络就能办理社保手续。刚刚尝过甜头的吴家宝老人得知"最多跑一次"改革立法,连连点头称赞。[1](欲知全文,请扫二维码)

---

[1] 翁浩浩、何双伶:《浙江为"最多跑一次"改革立法》,《浙江日报》,2018年12月1日。

第十三章 社会新闻

【学习要点】

　　社会新闻作为反映社会生活、社会风貌、社会问题、社会事件的一种新闻题材，报道内容因与百姓生活贴近、利益相关、情趣相连，因而博得了受众的广泛关注。融媒时代，许多媒体更是将可读性强、人情味浓的社会新闻当作了自己的竞争"利器"，为提升自己所在媒体的点击率、点击量，有些媒体尤其是网络媒体开始做起了"标题党"，更有甚者出现了虚假新闻。融媒体时代，如何正确认识并写好社会新闻是一个非常值得探讨和研究的课题，在具体的学习实践中，把握好社会新闻写作特点和独有之风，独立采写完成社会新闻，这是本章学习的重点。

第一节　社会新闻概述

一、社会新闻的定义

　　关于社会新闻，一些学者与教科书中给出了这样界定：新闻史专家戈公振在《中国报学史》中指出："所谓社会新闻，即官吏起居、斗殴、拆梢、回禄之事而已。"[1] 著名报人赵超构说："社会新闻是以个人品德行为为重点而具有社会教育意义的新闻。"[2] 台湾学者徐泳平在《新闻学概论》中说："善人恶人都见报，看破案听绯闻，社会五花八门，消闲谈助，是为社会新闻。"[3] 复旦大学出版的《新闻采访与写作新编》中说："社会新闻不受行业限制，是侧重于报道社会上或自然界与人们的生活密切相关的，能够激起读者某种情感或富有情趣的新闻。"[4]《新闻学简明词典》中则指出："社会新闻是反映当前社会生活、社会问题、社会风气的报道。"[5]

上述定义，虽然侧重点各不相同，但都涉及社会新闻的最基本特性，即一个人或一个群体的生活特性，由此，我们看到：社会新闻一定与人民群众的生活有关，所以，我们可以这样界定社会新闻：社会新闻属于新闻的一种，凡是涉及普通百姓日常生活的社会事件、社会问题、社会风貌的报道，都属于社会新闻，社会新闻的报道大都以社会道德伦理为基础反映社会风尚的新闻为主，以其特有的亲和力、可读性和可视性备受广大受众的青睐和媒体的重视。

二、社会新闻的特点

社会新闻报道集各种奇闻异事于一身，新闻记者用妙趣横生的文字趣谈时事、品味人生、赏析文化、怡情感怀，大力弘扬美好的事物与人物，讴歌社会正气；同时，不遗余力地鞭挞各种阻碍、束缚社会进步的消极社会现象和邪恶势力，更好地推动社会的文明进步。社会新闻与时政新闻、经济新闻、文化新闻、体育新闻、科技新闻、教育新闻等其他新闻类型相比，具有广泛性、

---

[1] 戈公振：《中国报学史》，上海商务印书馆，1927年。

[2] 付丽波：《社会新闻基本特征及采写原则》，《哈尔滨学院学报（社会科学）》，2003年第11期。

[3] 徐泳平：《新闻学概论》（上）第4版［M］，台湾中华书局，1980年11月。

[4] 刘海贵、平德刚：《新闻采访写作新编》，复旦大学出版社，1991年。

[5] 余家宏：《新闻学简明词典》，浙江人民出版社，1984年。

生动性、趣味性、人情味等特点,这些特点为社会新闻赢得了广大受众的青睐与欢心。

1. 社会性:这是社会新闻最为明显的特点。社会新闻不受行业限制、内容丰富多彩、奇闻趣事居多,凡是涉及人民群众日常生活的社会事件、社会问题、社会风貌,诸如:恋爱婚姻、家庭问题、民事纠纷、捉贼捕盗、案件审理、道德风尚等等都可以报道,这也就让社会新闻具有了广泛的社会性。

2. 广泛性:社会新闻报道题材广泛,社会生活中发生的大事小情都可以报道,重点聚焦人与自然、人与社会以及人与人之间的相互关系。社会新闻广泛性的另一个涵义就是社会新闻除了自己独有的特征之外,它与其他类型的新闻也有着千丝万缕的联系。

社会新闻是沟通各类新闻的桥梁,在与各类新闻相互作用的同时,也将各类新闻沟通起来,比如有的社会新闻转换一下角度就变成了教育新闻,如《农家四姐妹都是大学生》这篇报道,这是一篇富有文化底蕴的社会新闻,文章报道了偏僻小山村的一对农民夫妇,怎样把四个子女培养成材的故事,生活气息浓郁。如果着重写农村孩子的家庭教育方式或学校教育如何把握学生素质,那就是一篇教育新闻了;而有的社会新闻转换下角度就变成了经济新闻。如现在家政市场上的保姆很吃香,如果只是单纯地写保姆生活的甜酸苦辣,这是一篇社会新闻;但如果从保姆市场追踪到我国劳务市场的现状问题,以及如何对待和解决等经济问题,这篇稿子又成了经济新闻。这种现象反映了社会新闻与行业新闻之间的广泛联系,也从另一个角度印证了社会新闻题材广泛性的特点。[1]

3. 趣味性:趣味性是社会新闻的一大特点,社会新闻的素材全部来自记者身边普通百姓的日常生活,千人千面的百姓生活本身就有着非常强的趣味性,由此写出的社会新闻也就趣味性十足;社会新闻的趣味性还体现在新闻内容的新颖上,虽然社会新闻所报道的都是社会生活的内容,但部分社会新闻的取材非常新颖,报道的都是之前未曾出现的新内容、新现象,这更容易引发读者的好奇心和关注度,有力提升受众的阅读兴趣。社会新闻写的是人

---

[1] 付丽波:《社会新闻基本特征及基采写原则》,哈尔滨学院学报,2003年第11期。

们身边的活人活事活道理,珍闻趣闻稀罕物,也就是人们常说的"奇闻趣事",有趣的社会新闻激发了读者的阅读兴趣,从而也提升了社会新闻的影响力。

4. 生动性:生动性是社会新闻的另一特点。社会新闻稿件大都生动形象,新闻记者在报道社会新闻时,要把一些看起来很平常的事写得生动、形象,这就要求进行社会新闻的写作时,尤其注重对新闻事实本身的挖掘和分析;在语言表达上,力争做到生动、形象、有趣,让观者"如见其人,如闻其声,如临其境,如感其情"。一篇社会新闻能否深深吸引读者的视线,最重要的就是看这篇新闻稿件有没有作者精心设计的故事情节,简而言之就是看这篇新闻有没有曲折动人的故事性,有没有令人回味无穷的趣味性,能不能最大限度地吸引广大读者的注意力。"社会新闻的故事性要求是社会新闻题材本身决定的。不管是突发性新闻还是非突发性社会新闻,本身都是具有故事性的,把事件本身的故事性通过合适的形式表达出来,可以最大限度地满足读者对社会新闻的接受要求。"[1]事实上,许多新闻事件本身就是情节起伏、引人入胜的。

第二节 社会新闻报道的创新

社会新闻报道的内容非常宽泛,凡是与社会生活、老百姓生活有关,大众喜闻乐见的话题都可以写成社会新闻,所以,社会新闻的采写最关键的是如何做好选题的筛选工作,也就是"什么样的社会新闻价值更高?什么样的社会新闻值得记者下大力气去采写?"这两个问题解决了,社会新闻的采访就成功了一半。

一、正确认识社会新闻

很长一段时间,只要一提社会新闻,受众脑海里就会浮现出这样的字眼:

---

[1] 顾理平:《社会新闻采写艺术》[M],北京:中国广播电视出版社,2002年。

一地鸡毛、琐碎无聊、突发灾难、刑事案件，举凡社会新闻要么是捉小偷小摸这些鸡毛蒜皮的小事，要么是凶杀、奸情、乱伦、盗窃、诈骗、赌博、腐败等丑恶现象、负面新闻，没什么好看的。

其实，这是受众在认识上存有误区，当然，受众认识上出现这样那样的误区也源于新闻工作者对社会新闻的认识和理解上存有偏差：把社会新闻简单地等同于负面新闻，报道面过度集中在狭义的社会新闻上；有些记者对报道的可读性的理解有些片面，只注重揭露社会灰暗面，把庸俗、低俗、媚俗当成通俗，以低级趣味迎合部分读者的阅读需求；为求速度，抢时效，忽略了报道内容的深刻性、思想性和穿透力，造成社会新闻报道过于简单化、肤浅化，从而导致思想的缺失。

实际上，社会新闻也是主流新闻，也担当着"教育人、感染人、引领人"的舆论引导作用。相对于时政新闻、文化新闻、体育新闻、财经新闻、教育新闻、科技新闻、健康新闻等行业新闻，社会新闻以整个社会为大背景，包括了人们丰富多彩的日常生活、情意盎然的家庭生活、时尚多姿的经济生活、良好的社会公德、向上向善的伦理道德、融洽的邻里关系、和谐有序的社会关系，以及各种突发事故、自然灾害等，这些广阔无垠的社会生活大舞台上，蕴藏着许许多多的、有待新闻记者挖掘的主流新闻。正因为如此，社会新闻并不是远离主流新闻的边缘化的琐粹新闻。如何凸显社会新闻的主流新闻价值，关键在于如何选取社会新闻的新闻素材、如何提炼把握社会新闻的主题，也就是说关键是怎么样提炼、采写社会新闻。

二、社会新闻报道的采写

社会新闻大多以"民生、民情、民意"为报道主题，充满很强的亲和力、感染力和人文关怀，一篇洋溢着浓郁人情味充满吸引力的社会新闻报道，可以在最大程度上激发受众的情感共鸣，迅速拉近媒体与受众的心理距离，产生非常好的社会影响和传播效果。那么，怎样才能将社会新闻这篇备受媒体和受众青睐的文章写好呢？笔者以为需从以下几方面发力：

1. 牢牢把握正确舆论导向

社会新闻的素材一般有两个来源：一是记者自己对生活的观察；二是新闻线人的提供。无论是新闻线人提供，还是记者自己的观察，都需要牢牢把握正确的舆论导向，仔细对新闻素材进行筛选。习近平总书记在党的新闻舆论工作座谈会上指出："新闻舆论工作各个方面、各个环节都要坚持正确舆论导向。"媒体的社会新闻要想做出特色，就要站位高，处理好舆论导向与可读性二者之间的关系，防止社会新闻媚俗化、庸俗化，提高社会新闻的"含金量"。

不可否认，社会上确实存在着官员腐败、盗贼偷窃、赌博犯罪、抢劫凶杀、奸情乱伦等令人作呕的丑恶现象，但新闻记者不能把这些原封不动地搬给受众，而要考虑新闻报道的舆论导向和社会效果。报道什么，不报道什么，怎么报道，都要始终坚持"以正确的舆论引导人"的原则，牢牢把握住正确的舆论导向，严格选择和取舍新闻素材，在此基础上再抓新闻素材的可读性，为广大受众提供高质量的融指导性、可读性、服务性于一体的新闻作品，提高社会新闻的传播力和传播效果。

2. 合理选择新闻题材

新闻记者在选择新闻题材时，需要仔细考虑以下内容，新闻题材是否全部真实存在、人物与事件是否典型？这些事件受众是否关心、是否具有指导意义？好的新闻题材还需要注重独到新闻角度的选择，想方设法找到受众关注的焦点、各种矛盾的突破口。只有选择恰当的题材和独特角度，才能有效激起受众的共鸣。

例如，某电视台曾发过一条《六十岁老人为七十岁老人让座》的新闻，主要内容为：一位七十岁的老人乘坐公交车，没有年轻人为他让座，车上的年轻人视而不见，最终一位六十岁的老人主动把自己的座位让给了他。这则新闻体现了当下社会公德缺失的社会现状，记者希望通过报道唤醒公众的社会公德心。老年人是弱势群体，一些不法分子不惜将老年人作为欺骗对象，向其兜售特效药，谋取私利，记者由此写出一篇名为《骗子瞎忽悠，目标是老年人》的文章，提醒广大老年人提防骗子。具体新闻内容为：王大娘患有多年高血压，她参加了某小区的"免费健康咨询"后，买了10盒特效药，服用后病情却未能好转反而有加重的趋势。经过调查发现，王大娘买的不是特效药，而是保健品。记者根据这个事情发表评论：保健品并非药品，老年消费者需要擦亮眼睛，一旦发现有人将保健品当药卖，立即举报，避免上当受骗。这两则新闻选取了人们日常生活中较为关注的社会问题作为报道对象，取得了良好的社会反响。[1]

3. 同类题材做出特色

社会新闻中，常常会看到有关助人为乐、拾金不昧、见义勇为的新闻报道，也常常会看到对坏人坏事、丑恶现象的揭露批判，这些题材除了时间、地点和人名不同外，基本的新闻事实和情节大致相同，遇到这种情况时一定要仔细阅读分析材料，巧妙抓住人物或者事件的独有特点，不落入好人好事或坏人坏事的俗套；也不能用实用主义的态度，搞短期行为，片面追求轰动效应，而是要在写作主题的确定、写作角度的选择、新闻标题的制作以及语言文字的运用等方面做出各自的特色，用特色吸引、留住受众。

4. 详略得当主题明确

对于社会新闻的写作，有些记者认为，社会新闻只要题材好，新奇、吸引人，在描写与文采上多下些功夫，至于主题完全没有必要过多考虑。实际上并非如此，社会新闻的主要职责和任务是潜移默化地引导广大受众学会合理安排自己的学习、工作、生活以及各种关系的正确处理，通过事实说话，寓教育和引导作用于雅俗共赏的知识性、趣味性与新奇性之中，因此，记者在写作社会新闻时，更需要注意主题的鲜明性与写作的目的性，千万不可漠然待之；此外，在素材的选择上也要注意服从主题的需要，该详则详，该略则略，切忌眉毛胡子一把抓。

5. 以小见大巧出深意

社会新闻更多聚焦社会生活中的小事，虽平凡新鲜，却不乏深意，这种以小见大、新颖别致、寓意深刻的新闻写作方式更容易吸引受众的注意力。

---

[1] 王蕾：《浅析如何写好社会新闻》，《新闻研究导刊》，2018年第5期。

每年春节期间,"回谁家过年"便成为异地结合夫妻的"终极辩题",也是每年网络上的讨论热点之一。2018年春节期间,中国新闻社记者李佳赟在采写"新春走基层"活动稿件时,巧妙地将角度对准"两岸夫妻"群体,选取分别生于20世纪70、80、90年代的三位"台商女婿"作为采访对象,讲述了三个小故事,三个小故事都围绕同一个主题:两岸夫妻"过年回谁家?"

采访过程中,通过面对面的交流接触,记者敏锐地捕捉到两岸家庭的"春节档"正呈现新趋势:从曾经"陆配"惯例回台湾过年,变为"台湾女婿"携家带口陪妻子在"大陆娘家"过年。此外,强烈的融入感、便利的互联网生活、红红火火的大陆事业,也使留守大陆过年成为越来越多"两岸夫妻"的选择。

一个家庭的变迁可以反映出时代浪潮的奔腾向前。记者以这三组家庭中的"台湾女婿"作为"年代样本",折射出"两岸跨海婚恋"的发展与融合,通过三个家庭的"小切口",生动地向海内外华侨华人展现了海峡两岸交流的"常态化"以及改革开放以来中国强劲的时代脉动,使稿件在新春温度之外,更具网络热度、时代深度。此篇稿件以小见大,写出了时代新意和深意,也因此在第29届中国新闻奖评选中喜获文字通讯与深度报道二等奖。

2014年,烟台青烟威荣城际铁路开通,对于这一老百姓热盼的大事件,《烟台晚报》也是通过捕捉一位位普通市民乘坐城铁的体验为主线,从一个个很小的视角切入,以小见大,展现出烟台首条城际铁路通车这一重大新闻事件和烟台即将迎来高铁时代的大主题,同时也反映出百姓生活进步、社会经济发展这一重大主题。

6. 人文关怀温暖心灵

众所周知,现代"人文关怀"脱胎于欧洲文艺复兴时期的人文主义,是当时的新兴资产阶级为了反封建、反宗教而提出的一种主张,其核心是尊重人、关怀人,强调人的自身价值,主张以人为本、关怀人的生存状态和各种正当权益。新闻报道中要有浓郁的人文关怀,是新闻实践活动中新闻记者的一种必然追求,也是其实现自身价值的重要途径;近年来,党中央提出的"贴近实际、贴近生活、贴近群众"的"三贴近"原则和"以人为本"的发展观,也为各级媒体和媒体人彰显人文关怀精神指明了道路。新闻虽然是对已经发生或者即将发生的新闻事实的报道，但其落脚点最终会落实到事件中"人"的身上，而且新闻报道最终也是给"人"看的，所以，备受广大受众青睐的社会新闻一定要始终贯彻"以人为本"的精神，坚持用人文关怀照亮、温暖万千受众的心灵世界。

《中国晚报新闻学》曾提出要做到九个"要"：新闻价值要有利于社会效果；作案现场与细节描写要以正压邪；突发灾难事件和现场要向前看；社会新闻内容要提炼出正确的主题；批评性的社会新闻要真实准确；报道自然界奇异现象要作科学解释；采编社会新闻要遵守新闻纪律；社会新闻的采编人员要有良好的工作作风；社会新闻要注重正面题材，但并不排斥"反面教材"。实践证明，只要做到九个"要"，社会新闻也完全可以参与到重大题材报道中去，有力地配合党政部门的中心工作，而且报道更贴近生活，更富人情味和可读性。[1]

第三节　采写社会新闻需注意的问题

一、杜绝虚假新闻

社会新闻存在的诸多问题中，"假新闻"无疑是排名最最靠前的。没有硝烟的激烈"新闻战"中，新闻制胜的最大法宝就是真实和时效，而真实又是新闻的生命，新闻一旦在真实性上出了问题，也就意味着这条新闻必"死"无疑。但是，为了吸引受众眼球，也为了解决社会新闻虽真实发生但缺乏趣味性的难题，少数素质较低的媒体人便采用捏造虚假新闻的方式，通过发挥自己的想象力编造新闻故事，并通过不需要严格审核的网络媒体对外宣传。

---

[1] 刘石妹：《坚持正确导向　做强社会新闻——浅谈当下传统媒体对社会新闻报道的把握》，《中国地市报人》，2016年第10期。

这些虚假新闻,有的炮制手法低劣,斧凿痕迹明显,很容易被受众识别;但也有一些编造的新闻有着缜密的逻辑和引人入胜的故事情节,令人难辨真伪,从而导致虚假消息散播。如一些涉及具体人名、具体单位和某类知识的虚假新闻,会对当事人和受众产生误导,造成极为恶劣的影响。

2015年1月13日,《南方都市报》下属的南都网刊发了一则《南京众人围观裸女跳河 救助者被遗忘没人帮忙拉一把》的图片新闻。图片显示一个黑衣男子正从两米多高的河岸上往上爬,岸边没人去救他。但真相并非如此,而是网站将1月11日南京女孩跳桥获救事件和1月12日湖北黄冈救人小伙被冷落的事件进行了"拼接",并夸大渲染,以此为噱头增加浏览量。类似的这种虚假新闻还有很多,严重破坏了公共秩序,造成了恶劣的社会影响。

社会新闻与百姓生活联系紧密,事实不真实、信息不准确就会成为一种误导,甚至还可能引发社会不稳定、不和谐,因此,千万不能认为社会新闻报道的都是社会生活中的一些小事、趣事,个别事实、个别细节上有点失真无关大碍,媒体人一定要把新闻的真实性和准确性牢牢记在心里,不能在这上面打一点点折扣。

二、杜绝标题党

融媒体时代竞争激烈,为了吸引读者眼球,获得点击率和点击量,一些媒体尤其是网络媒体,开始动起了歪脑筋,利用打情色擦边球的方式做起了"标题党"。

一则网络新闻的标题是《残忍,一只"鸡"被扒光示众》,点开后发现指的是货架上一只被拔了毛的公鸡;标题为《小两口竟然在大街上做这事》,打开网页后却是一对夫妻在街上吵架,类似这样的标题还有很多,打情色擦边球来吸引眼球。这种方式的确吸引到不少读者,但为此付出的代价却是媒体公信力的急剧下降和国民价值取向的日益迷茫。还有的媒体利用夸大其词,或无中生有、蓄意捏造新闻事实等手段,做起了"标题党"。如《广东江门免费送花卉 民众推倒围栏哄抢》将新闻文本中的抢花细节过分放大,置于标题中。实际上，新闻文本中有关抢花的部分只有 36 个字且是极少数人的不文明举动，而全文共有 721 个字，整篇文章不难看出这是一次较为有序、反响良好的社会公益行动。但标题却让人误以为整个活动的场面混乱，民众缺乏素质。更有甚者肆意更改党报标题，如《人民日报》一篇名为《反腐败是中国的攻坚战》的新闻被改为《要允许中国适度腐败民众应理解》。类似这样的"标题党"事件还有很多，而且立意都与原文大相径庭。"标题党"这种任性篡改的无良行径，不仅加剧了社会矛盾，更损害了政府公信力，破坏了和谐党群、干群关系，甚至可能在国内外都造成极为恶劣的政治影响。[1]

三、正向处理负面报道，让负面报道凸显正向价值

社会新闻免不了报道负面新闻，因为天灾人祸、凶杀案件等负面意外事件是社会新闻报道的常态题材，无法避免，也没有必要刻意回避。当下，生活节奏日益加快、各种压力越来越大，负面社会新闻得到部分受众的偏爱，客观上也为这些受众起到了调剂心情、舒缓压力的作用；同时，负面社会新闻报道也是一个很好的社会压力的减压阀和疏通渠道，是促进很多问题得以解决的良性助推力。但是，编辑记者在处理负面社会新闻报道时，一定要把握好度，大量的新闻实践证明，负面社会新闻报道不能过多，如果受众每天打开新闻页面，映入眼帘的都是负面社会新闻，可想而知会出现怎样的社会后果。另外，记者在采写负面社会新闻时，也要考虑好切入角度和着力点，不能肆意夸大新闻事实，也不能带有主观性和偏向性。媒体不能成为当事人负面情绪的发泄渠道，更不能成为百姓个人隐私的暴露窗口。新闻传播的目的是为了促进问题的解决，进而促进社会稳定和谐，所以正确处理负面报道，让负面报道凸显正面价值，在实际的新闻实践过程中尤为重要。

2009 年 6 月，《钱江晚报》编辑部针对引发受众悲愤和唏嘘的浙江余杭一女孩意外丧生的案件进行了思考：除了报道案件本身，还能不能给读者带

---

[1] 马敏：《标题党的危害与防治》，《新闻论坛》，2017 年 2 月 25 日。

来更多深层次的东西？于是，在2009年6月26日编辑部对这则消息的后续报道中，安排记者独家采访了公安部著名博士警察王大伟，让他传授给读者"应该教给孩子的秘密"，并教导家长如何有效的保护孩子。通篇稿子用简单通俗又有趣的形式，对这起负面新闻进行了拓展延伸。此外，《钱江晚报》还刊登整理了多首简单好记、朗朗上口的防范儿歌，甚至还成了当天不少幼儿园的课堂作业。报道刊发后，得到了专家和读者的一致好评。[1]

课后思考与练习

1. 与时政新闻、军事新闻、经济新闻、科技新闻、教育新闻、文化新闻相比，社会新闻有什么样的鲜明特点？

2. 如何正确认识社会新闻？

3. 社会新闻看似容易写，实际上要想写出一篇优秀的社会新闻非常难。新闻记者如何才能写好社会新闻这篇备受媒体和受众青睐的文章？

4. 社会新闻采写过程中应该注意哪些问题？

5. 仔细阅读拓展阅读中的《烟台2岁女童丢失人工耳蜗 30小时全城搜寻失而复得》一文，分析此篇稿件采用了什么样的写作手法并传递出什么样的精神？

拓展阅读：

烟台2岁女童丢失人工耳蜗

30小时全城搜寻失而复得

YMG记者 杨春娜 摄影报道

找到了！丢失的耳蜗找到了！今晚8点，孩子妈妈第一时间告诉记者：

---

[1] 葛晓娟、鲁佳：《社会新闻如何"跑"出深度来——社会新闻来写的三个思考维度》，《中国记者》，2010年第1期。

朋友圈转发的消息被老人的儿媳妇看到了,目前已经从老人那里拿到了耳蜗,完好无损!

耳蜗终于而复得,一天没戴"小耳朵"的宝宝,看到自己的"小耳朵",就嚷着让妈妈给戴上。宝宝又能回到有声的世界里了。孩子家人委托记者,感谢所有帮忙转发帮忙寻找的好心人。(欲知全文,请扫二维码)

第十四章
财经新闻报道

【学习要点】

财经新闻是重要的新闻类型,因为经济生活与公众生活脱离不开关系。通过本章的学习掌握财经新闻选题设计的基本要求、财经新闻写作技巧,化枯燥的专业术语、行话为受众通俗易懂的大白话,写作过程中选择人性化、趣味化的角度切入,满足受众对于身边经济生活知识迫切的需求。在财经新闻报道写作过程中,强调事件故事化,通过故事将数据盘活,化枯燥为形象。掌握财经新闻报道的特点并将之写好,这是本章学习的重点。

第一节 财经新闻记者需要具备多学科背景吗?

随着国家经济和金融的发展,人们越来越需要专业的经济新闻,所谓经济基础决定上层建筑,所有的现象和事件背后都有经济的影响。财经新闻包含的知识门类越来越多,分工越来越细,需要大量的数据和事实,客观性和权威性更强。必须承认的是,有经济学、管理学、财会学或统计学背景的记者经济素养高,对术语和行话的了解深入,更容易与专家、学者和经济数据打交道。

2004年底,《第一财经日报》、《每日经济新闻》等国内财经媒体创刊,从那时候起,学界和业界就在讨论财经新闻的生存空间到底有多大的问题。

王学成（2005）[1]认为，财经媒体的大众化必须以专业化为基础，将专业化优势扩展到大众市场。财经新闻的专业化体现在新闻信息选择、发布、信息分析、信息服务方式等方面。

但财经新闻的最终目的是服务于大众市场，记者要向不懂经济理论的公众解释专业的经济现象，帮助公众理解经济数字，加强公众与经济现象的联系，如何平衡专业性和大众化的关系呢？

这就要求记者不但要有金融知识、经济学理论的背景，更要学会将其与新闻报道的特性恰当地结合起来，以新闻的特性为包装，以经济学知识为核心，以一种便于理解的方式展示给受众，要求记者发现经济与公众生活的联系，进而挖掘新闻价值。

第二节　财经新闻报道的难点

一、如何解释专业名词和行话

财经新闻是重要的新闻类型，因为经济生活与公众生活脱离不开关系。在财经新闻的报道过程中，解释专业名词和行话对记者是极为重要的考验。

首先，与财经新闻报道相关的几个核心概念是记者自己必须有清晰认知的。比如，供需关系不仅是记者观察问题的角度，也常常是新闻报道的主题。记者安德鲁·雅各布斯在报道《新疆和田玉为玉石疯狂》中，除了讨论对玉的供需之外，还提供了背景信息、细节和记者的个人观察，这无疑是增加了更多的辅助信息，有助于读者理解该事件中的经济事件。

其次，另辟蹊径增加报道的接近性。财经新闻的相关专业名词和行话直接呈现给毫无相关知识的普通大众是枯燥难懂且乏味的，记者作为新闻报道的"把关人"，有义务将讯息转化为普通人能理解的经济文本。在整理文本

---

[1] 王学成，《大众化还是专业化——国外财经媒体的启示》，《新闻记者》，2005年第5期。

的过程中可以选择人性化、趣味化的角度切入，吸引读者兴趣，增强接近性。接下来我们可以看这样一个案例：

【案例1】你的时间值多少钱[1]

萨拉·卡莉尼没有时间洗衣服、探望父母或者给猫换猫砂。她周六晚上在外面吃，雇佣一个私人购物员，直接把食品、生活用品送达家门口。

但是这位挤不出时间、一个小时能挣大约200美元的曼哈顿高管，最近却花了近10个小时为9美元的滞纳金和她的手机运营商Sprint PCS一争高下。

她花的时间是不是值呢？现在经济学家终于开始回答这个问题了。几十年间，研究者使用时间价值公式帮助企业实现最大化生产率，现在他们，甚至包括美国政府在内，开始思考如何用这些概念解释家庭生活。

【思考】你能想到这个华尔街日报记者在解释哪个经济学术语吗？

你想对了吗？是机会成本。

机会成本是经济学的一个核心概念。从新闻报道的角度，机会成本是看待各种经济现象的一个重要思路，它判断的是对资源的利用"值"还是"不值"，或者是匹配的"合理"还是"不合理"。

这篇报道的主题是探讨时间成本与家庭生活的衡量关系，作者选取了一个人性化的角度，且在文章中不断列举普通人的生活作为例证，因为与受众的衣食住行关系极为密切，无形中消除了受众对于陌生经济信息的排斥性接纳，拉近了与读者的关系，从而以生动有趣的内容顺理成章地让受众了解到了研究家庭生活时间成本这一学术领域的兴起。

二、如何表达及解释数字

宏观上说，财经记者要学会培养自身的经济学素养，了解经济活动的运

---

[1] 李希光、孙静惟、王晶：《新闻采访写作教程》清华大学出版社，第587页。

行机制,储备健全的经济学知识。只有具备经济学素养,才能把国家相关的重大经济政策、经济学家的不同观点、业界的重要新闻以及热点话题,用专业的视角和语言表达出来。财务会计知识以及统计分析的相关知识,也是财经记者必备的专业素养。究竟该如何做呢?

第一,要向受众解释数字的含义,在霍尔的编码、解码理论中,财经记者的角色应该是释码,然后再编码的过程。也就是说,财经记者应该先对国家统计局的经济数据指标解读成老百姓能读懂的模式,然后写成报道。我们看下面两个例子:

我们先来看一下国家统计局的统计数字:

【案例2】2019年10月份居民消费价格同比上涨3.8%[1]

2019年10月份,全国居民消费价格同比上涨3.8%。其中,城市上涨3.5%,农村上涨4.6%;食品价格上涨15.5%,非食品价格上涨0.9%;消费品价格上涨5.2%,服务价格上涨1.4%。1—10月平均全国居民消费价格比去年同期上涨2.6%。

10月份,全国居民消费价格环比上涨0.9%。其中,城市上涨0.8%,农村上涨1.2%;食品价格上涨3.6%,非食品价格上涨0.2%;消费品价格上涨1.4%,服务价格持平。

鲜菜价格下降10.2%,影响CPI下降约0.27个百分点;鲜果价格下降0.3%,影响CPI下降约0.01个百分点。

其他七大类价格同比六涨一降。其中,其他用品和服务、医疗保健、教育文化和娱乐价格分别上涨5.5%、2.1%和1.9%,衣着、生活用品及服务、居住价格分别上涨1.2%、0.6%和0.5%;交通和通信价格下降3.5%。

这是政府信息公开的数据,从国家统计局的数字来看,通篇数字较多,是面向专业人士的数据报告,可读性不高,一般老百姓没兴致看这样的数字,

---

[1] 节选自《2019年10月份居民消费价格同比上涨3.8%》,国家统计局,2019年11月9日,http://www.stats.gov.cn/tjsj/zxfb/201911/t20191109_1708139.html。

也不看不懂这样的内容,但是 CPI 又和百姓的生活息息相关,所以,财经记者理应将国家统计局的数字解读成老百姓能读懂的样子。

下面,我们来看一下一家财经媒体的报道:

【案例3】国家统计局解读:CPI 同比涨幅扩大 PPI 同比继续下降[1]

国家统计局今天发布了 2019 年 10 月份全国 CPI(居民消费价格指数)和 PPI(工业生产者出厂价格指数)数据。对此,国家统计局城市司高级统计师沈赟进行了解读。

"CPI 环比涨幅与上月相同,同比涨幅扩大"

从环比看,CPI 上涨 0.9%,涨幅与上月相同。其中,食品价格上涨 3.6%,涨幅比上月扩大 0.1 个百分点,影响 CPI 上涨约 0.78 个百分点;非食品价格上涨 0.2%,涨幅与上月相同,影响 CPI 上涨约 0.12 个百分点。食品中,鲜果和鲜菜供应充足,价格分别下降 5.7% 和 1.7%,两项合计影响 CPI 下降约 0.14 个百分点。鸡蛋价格由涨转降,下降 1.5%,影响 CPI 下降约 0.01 个百分点。猪肉价格上涨 20.1%,涨幅比上月扩大 0.4 个百分点,影响 CPI 上涨约 0.79 个百分点,占 CPI 环比总涨幅的近九成。受猪肉价格上涨拉动与消费替代需求影响,牛肉、羊肉、鸡肉和鸭肉价格均有所上涨,涨幅在 1.0%—3.1% 之间,四项合计影响 CPI 上涨约 0.06 个百分点。非食品中,受换季影响,服装价格上涨 0.4%,影响 CPI 上涨约 0.02 个百分点。国庆节期间出行增加,宾馆住宿、旅行社收费和飞机票价格分别上涨 2.1%、0.7% 和 0.5%,三项合计影响 CPI 上涨约 0.01 个百分点。

【思考】该记者在财经新闻的报道中承担了什么角色?如何将国家统计局的统计数字讲成普通人的故事?

财经新闻与其他新闻一样,首先要向受众提供准确客观的事实。与其他新闻不同的是,财经新闻在提供准确真实的事实的基础上,要借助其专业素

---

[1] 节选自《国家统计局解读:CPI 同比涨幅扩大 PPI 同比继续下降》,经济日报-经济网,2019 年 11 月 9 日. http://www.ce.cn/xwzx/gnsz/gdxw/201911/09/t20191109_33569121.shtml。

养帮助受众理解事实,经济生活说大也大说小也小,大的经济生活距离普通人生活太远,记者就需要将其与普通人的生活相结合促进理解;小的经济生活是与受众的生活息息相关的,记者更需要用心报道满足受众对于身边经济生活知识迫切的需求。

财经新闻几乎囊括了所有和经济生活相联系的事件和现象,关于上述国家统计局的数据,几乎所有的媒体都只小幅度修改后报道,故事性不够。是否写成和人民生活息息相关的故事,比如:

年轻主妇在猪肉、鸡蛋价格上涨,本来的月平均消费肉蛋数量是否发生改变?她的生活消费品质是否发生了改变?猪肉、鸡蛋涨价的原因是什么?涨价预计持续多长时间?

第二,数字应该分散在报道中,不应把太多数字聚集在一起。数字是客观的且机械的,恰当的插入数据可以增加报道的权威性和客观性,如在案例《你的时间值多少钱》中,分别在第2、4、8、9、17、18、19、20几个段落中穿插了数字,大写小写交叉,讲解清晰明了,是值得学习的手法。而太多数据的堆积不但不会对于阐明文本有更好的帮助,反而会增加阅读负担。

第三,用数据新闻的形式来呈现财经新闻中的数字。比如,数据图表,也就是说数据可以用可视化的方式表现出来,数据的发展变化可以用"时间轴"形式表达出来。

【案例4】ofo迷途

下面是该新闻获得第29届中国新闻奖中的采编过程描述[1]:

共享单车被誉为中国的新"四大发明",在三年间发展迅速,引起了广泛的关注。2018年以来,共享单车行业进入深度调整期,领军企业ofo屡传资金链断裂,至2018年下半年,多家ofo供应链企业坦言被拖欠货款,ofo资金链危机从

---

[1] 中国记协网:http://www.xinhuanet.com//zgjx/2019-05/24/c_138082397_2.htm。

而暴露在公众面前。

为了探究 ofo 在全国范围内的运营情况，我们策划了这一组报道。报道调动了 11 个城市的记者，包括北京、上海、广州、深圳、重庆、杭州、成都、武汉、南京、西安、济南，基本涵盖了共享单车竞争的主要城市。

在采写上，11 城记者实地走访高峰时期主要商圈或地铁站周边的共享单车使用情况，探访当地监管机构及 ofo 办公地点，通过视频、图片的方式，多样化呈现报道内容，并结合图表，全面呈现 ofo 市场占有率、消费者投诉处理等，图文并茂，传播效果好。

三、如何进行推测、判断

财经新闻对经济政策或形势所做的推测和判断往往对投资者判断宏观经济形势或某行业的经济走势产生重大影响背后可能涉及巨大利益，尤其是对重要的国家行为、公司、法人行为的预判更容易被显微镜放大，所以财经记者在做出推测、判断行为时要慎之又慎。

极少数记者是在受到经济诱惑的情况下故意推测或判断失误，但绝大部分被法律处罚的记者即使没有受到经济诱惑，但在报道过程中存在对信息来源的引用不够准确导致写作细节的疏漏问题还是可能引起股市动荡并造成重大经济影响。

接下来我们来看一下【案例 5】中记者是如何错误地引用信源的：

【案例 5】证监会研究维稳资金退出方案[1]

目前证金公司的资金分为两部分，一部分是 21 家券商以 2015 年 6 月底净资产 15% 出资，合计 1280 亿元，另一部分是证金公司从银行体系获得的资金，知情人士透露，截至 7 月 17 日，这部分资金的买入规模超过万亿元。

此次救市，证金公司运用大批资金入市维稳，巨量资金如何退出，成为

---

[1]《证监会研究维稳资金退出方案》，《财经》，2015 年 7 月 20 日。

市场恢复常态模式的关键。

上万亿的资金持有的股票该如何处置？如何平稳有序地退出？据《财经》记者了解，监管机构已经开始考虑救市资金的退出方案问题。

目前证金公司的资金分为两部分，一部分是 21 家券商以 2015 年 6 月底净资产 15％出资，合计 1280 亿元，另一部分是证金公司从银行体系获得的资金，知情人士向《财经》记者透露，截至 7 月 17 日，这部分资金的买入规模超过万亿元。（欲知全文，请扫二维码）

第三节　财经新闻的素材挖掘

首先，财新记者需要有更敏锐的观察能力，透过现象看本质，发散思维考虑问题的多样性，多问为什么，发掘经济本质。比如，市政府修建了一条高速公路，记者要考虑如下问题：

投资是多少？

谁投资的？

为什么要修这条公路？

会给周边地区经济带来什么影响？

周边的居民对此有什么看法？

高速公路如何收费？

工作人员如何安排？

其次，财经记者要多关注国家地方政策的发布。财经新闻应该帮助受众理解经济事件和经济现象，作为社会的"意见领袖"，对政策和文件的选择解读能帮助受众迅速了解相关经济事件。事实和数据的发掘有以下权威来源：宏观经济统计数据、各个产业信息及最新变化、公司简介、公司年度报表和财务报告、证券交易数据以及各类调研报告等，文献研究的开始一般来源于国家统计局及地方统计局、专门监管某个产业的政府部门、公司网站、证券交易所及权威的新闻媒体等；另外，记者也要学会看到数据背后的事实和人物，发掘新闻的趣味性和人性化报道。

再次，财新记者需要刻意培养自己的信源网和人脉圈，以取得稳定真实的信息来源，在需要的时候能够及时获取信息。记者培养人脉网对自身的要求更为严格，在与人脉网的交流相处过程中，对方的专业度远远高于你，为了能够更好地交流以及对于信息的把握更加严谨，就无形中对财新记者提出了更高的专业素养要求。信源网络包括但不限于政府管理人员、产业分析师、领域学者专家、公司管理人员等。

最后，要永远记住一切报道都是基于事实，不能想当然地主观猜测，甚至有意放大或隐藏事实。报道相关事实时必须听取相关经济学家或者专家的意见，在权威意见的基础上进行适度加工。案例5《财经》记者王晓璐的《证监会研究维稳资金退出方案》，就因为缺少权威性信源主观性报道造成了损失。

再看下面彭博新闻周刊的一则预测性报道：

【案例6】

中国的生猪数量需要5年时间才能恢复至非洲猪瘟爆发前的水平[1]

外界未完全意识到该市场将需要数年；猪肉仍将是中国的首选蛋白质

荷兰合作银行国际表示，中国的生猪数量将花费逾5年的时间，才能摆脱致命病毒的影响，恢复到之前的水平，即使到那时，中国的肉类消费构成也将与之前的不同。

该行表示，中国这个全球最大的猪肉市场直到2025年才能摆脱非洲猪瘟造成的破坏，恢复稳定，肉类进口不能弥补短缺。该行表示，自2018年8月

---

[1]《中国的生猪数量需要5年时间才能恢复至非洲猪瘟爆发前的水平》，彭博商业周刊，2019年11月9日。

报道首例非洲猪瘟以来，中国的生猪数量减少了一半以上，不到 2 亿头。

荷兰合作银行分析师潘晨军 11 月 8 日在报告中表示，外界未完全意识到该市场将需要数年，很可能需要五年的时间才能再次平衡。即使该市场确实达到了重新平衡，中国的肉类环境也将不同。

中国在竭力力争增加肉类产量，加大进口猪肉以及牛肉、鸡肉等其他肉类食品，以满足国内需求。国内零售价飙升表明已经出现供应短缺。荷兰合作银行预计，非洲猪瘟病毒将造成全球生猪数量减少四分之一。

荷兰合作银行表示，该危机将对中国肉类行业产生长期持久的影响。当市场恢复后，猪肉仍将是中国的首选蛋白质，但其在肉类食品消费中的占比将从近期的 63% 降至 53%。到 2025 年，对家禽的需求占比预计将增加到 30%。

潘晨军说，对于中国乃至全球市场而言，这将是新常态。中国人将增加食用冷藏、冷冻和加工肉，而不是首选的新鲜猪肉。

荷兰合作银行说，2020 年和 2021 年将进行小规模补货和大规模进口，直至 2025 年生猪产量增加。该行称，市场届时应重新平衡，价格企稳，但即便如此，生猪总量也不太可能恢复到 2018 年的高点。

中国的生猪数量需要 5 年时间才能恢复至非洲猪瘟爆发前的水平，这是一个典型的预测性和判断性新闻报道，记者在文中引用了两个信源：一是荷兰合作银行；二是荷兰合作银行的分析师，整篇报道都是这两个信源在发布信息、做出判断和预测。记者使用了明确的信源之后，记者的责任就在于保证信源的明确出处，不需要对信源的信息准确性负完全责任。

第四节　财经新闻需要注意的几点问题

一、财经记者要讲好"中国故事"

讲好中国故事在于"讲好的中国故事"和"把中国故事讲好"并重。除了大力报道和宣传中国改革发展中的积极故事，也应当多角度地把中国改革的复杂面相展现出来,正视发展中的困难和矛盾。

数据显示,我们每年生产约380亿只各类圆珠笔,中国好笔诞生之前,国内中高端市场的圆珠笔所需的笔尖珠芯近90%来自进口,墨水80%需要进口,这就导致国内生产的大量圆珠笔利润非常低。一支笔牵动了总理的心,2015年6月李克强总理说,什么时候我们中国制造的圆珠笔书写起来也能像国外生产的圆珠笔那么顺畅就好了。贝发集团董事长邱智铭形容"它的难度相当于造一架大飞机"。

【案例7】中国笔王贝发小笔尖大制造 杭州G20元首笔撬动高端市场[1]

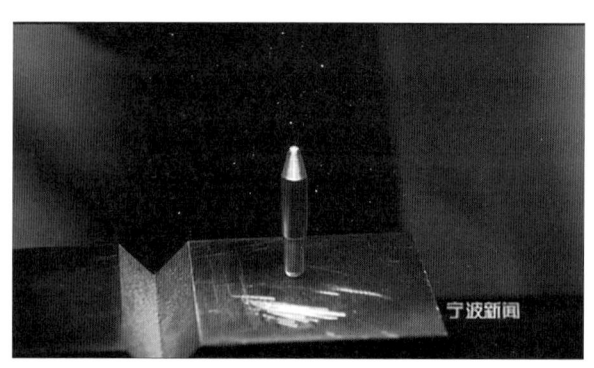

十八大以来,习近平主席在多个场合都前瞻性地指出科技创新的重要性,他还多次提到要掌握核心技术,核心技术受制于人是最大的隐患,而核心技术靠化缘是要不来的,只有自力更生。[2] 生产一只高端的中国笔是一个复杂的系统工程,就拿笔头来说,笔头分为笔尖上的球珠和球座体,山西太钢成功研发出了笔尖钢,中国笔终于能装上"中国芯"。这个困扰中国多年的难题终于得到解决,这是"中国制造"从低端向高端转变,并去过剩产能的典型代表之一。

---

[1] 《中国笔王贝发小笔尖大制造 杭州G20元首笔撬动高端市场》,宁波新闻,2016年12月29日,http://www.xinhuanet.com//zgjx/2017-06/14/c_136362644.htm。

[2] 《习近平:核心技术靠化缘是要不来的》,央视新闻,2018年4月18日,http://www.chinanews.com/gn/2018/04-18/8493971.shtml。

二、把握好讲"中国故事"的"度"

作为一个财经新闻记者,讲好中国故事首先在于讲"中国"。讲中国故事,需要具备历史视角、国际视野。在国际历史发展的框架下,理解和传播中国故事,会更具说服力。

【案例8】艾丰:做好经济报道要想总理想的事情[1]

经济日报社原总编辑　艾丰:还有很多报道的问题可以研究,要按照责任感去研究,离开责任感去做新闻报道就会看不清楚。比如说我现在脑子里有一个问题跟大家商榷,我们中国的奶业搞得这么危急,是三聚氰胺搞得吗?我认为不全是。如果认为是三聚氰胺搞的看来就肤浅了,就把我们媒体宣传的责任放弃了。

我认为我们媒体的宣传有责任,不是哪一个单位的责任,是主管部门和管媒体的宏观调控部门的责任,在当时出了三鹿这个典型以后,每一个厂子都要检查,偶尔有几批含了都在报,连篇累牍报了几个月,我们给中国老百姓的信息是什么?把这些信息加起来就是"中国奶不能喝"。中国奶不能喝中国人喝谁的奶?世界上还没有一个国家的奶养活中国这么多人喝奶,我们的奶不能喝只能抢国外的奶,难道我们媒体人不应该从媒体宣传的角度考虑一下这样的宣传可取吗?

你可能说的都是真话,但是结果是什么样的?对国民经济、对一个产业、对中国的最终影响是什么?我们不应该考虑吗?1992年中国质量万里行我是组委会主任,朱镕基批的,所以很硬,曝光的时候也很厉害,但是有两个单位我没有曝光,电视业投诉最多的是某著名品牌,有人准备曝光我说不同意,为什么不同意。投诉最多并不是它的故障率最高,而是它的社会保有量最大,因为它占全国使用量的40%。(欲知全文,请扫二维码)

---

[1] 《艾丰:做好经济报道要想总理想的事情》,中国记协网,2014年10月16日。

三、监督经济环境和市场运行

好的财经报道还可以起到监督经济环境、监督市场的作用。这就需要财经新闻记者提供大量真实的经济事实,系统全面地帮助有关部门决策、改革和行动。以下这篇就是通过分析企业环境,呼吁重视"企业社会责任"的系列报道。

【案例9】系列报道[1]

报道一:"为什么 2 元钱的'救命药'没有人做?"

为了帮一位白血病患者找到一种已停产的廉价针剂,一批媒体记者在全国范围内求助。但一直到第 4 天,白血病患者才拿到这种"救命药"。许多热心的记者和网友都很纳闷:为什么一些有用的廉价药,现在买不到了?(欲知全文,请扫二维码)

报道二:"嫌贵不想买?那就忍着吧"

辽宁白血病患者安宁买不到廉价"救命药"的消息,让全国不少媒体都在帮着找药。而其他廉价药,还能在市面上买到吗?记者探访北京部分医院和药房发现,一些廉价药正渐行渐远。(欲知全文,请扫二维码)

以上报道获得了第 26 届中国新闻奖一等奖,这是一个系列报道,此处是从中国记协网上摘取的合成稿。本系列报道关注了大众普遍关注的问题:廉价药的问题。通常情况下,因病致贫、因病返贫的案例特别多。在大病面前,廉价药往往是病人的保命药。从哪个角度进行报道呢?

记者以一个病人亲人微博求助找药的典型事件为线索,引用大量权威信

---

[1] 《"为什么 2 元钱的'救命药'没有人做?"》,工人日报,2015 年 4 月 6 日至 2015 年 4 月 20 日,http://www.xinhuanet.com//zgjx/2016-08/29/c_135642370_2.htm。

源，从多方面解释了廉价救命药无处可买的现状，使受众了解相关制药企业的大环境与小环境，呼吁相关企业考虑其他利益相关者，尽到"企业社会责任"，也对政府如何从制度上保障廉价救命药的市场供给提出建议。

四、经济述评尽量明示结论

1952 年，霍夫兰和曼德尔就"明示结论"与"不明示结论"的效果做了一次简单的比较实验，实验结果显示对于程度较高的论题，"明确提示结论"比"只提供判断材料，不给予结论"的效果要好得多。所以，对一些复杂的经济议题，要旗帜鲜明地表明立场，是与非、好与坏的结论要明示给民众知晓。[1]

【案例 10】对"私营经济离场论"这类蛊惑人心的奇谈怪论应高度警惕
——"两个毫不动摇"任何时候都不能偏废[2]

近日，一篇源于自媒体的文章，以自以为是的荒谬逻辑抛出所谓"私营经济离场论"，这一奇葩论调的核心错误是试图否定和动摇我国社会主义基本经济制度和社会主义市场经济体制，这无疑是逆改革开放潮流、企图开历史倒车的危险想法。在毫不动摇巩固和发展公有制经济的同时，必须毫不动摇鼓励、支持、引导非公有制经济发展，激发非公有制经济活力和创造力。"两个毫不动摇"任何时候都不能偏废。

这一自媒体的荒谬文章引起网上一片哗然。荒谬逻辑推导出的结论、自以为是的奇葩论调，在当前外部环境发生明显变化的大背景下，尤应引起高度警惕。

《经济日报》的经济时评态度鲜明地反驳并评判了来自自媒体的错误观

---

[1] 郭庆光：传播学教程，中国人民大学出版社，1999 年版，第 186 页。
[2] 《对"私营经济离场论"这类蛊惑人心的奇谈怪论应高度警惕——"两个毫不动摇"任何时候都不能偏废》，经济日报北京，2018 年 9 月 13 日，http://paper.ce.cn/jjrb/html/2018-09/13/content_372485.htm。

点，同时也是针对目前社会上存在的一些错误观点，从题目我们就可以看出时评的基本立场和观点——"两个毫不动摇"任何时候都不能偏废。上述自媒体关于"非公有制经济"的判断也是错误的，并解释了错误的原因，明确指出这是逆改革开放潮流而动的危险想法。

【案例11】靠区块链发横财？你想多了（经济时评）[1]

区块链不能与虚拟货币画等号，虚拟货币不是区块链应用的全部。投资者应增强风险防范意识，谨防上当受骗，不给非法金融活动提供生存土壤。

最近，区块链火了，蹭着这股热度，"币圈"一些人又蠢蠢欲动，部分非法活动有死灰复燃迹象，似有卷土重来之势。有的打着区块链旗号推广宣传虚拟货币，甚至出现类似"《关于防范代币发行融资风险的公告》已过时"等言论；有的虽然不涉"币"，也是披着区块链外套搞非法金融活动。对待这类行为，监管的打击态度丝毫没有改变。

早在2017年9月，七部门就发布《关于防范代币发行融资风险的公告》明确，向投资者筹集比特币、以太币等所谓虚拟货币，本质上是一种未经批准非法公开融资的行为，涉嫌非法发售代币票券、非法发行证券以及非法集资、金融诈骗、传销等违法犯罪活动。近期，各地也纷纷行动全面排查，如央行上海总部22日发布公告，将对辖内虚拟货币业务活动进行持续监测，一经发现立即处置，打早打小，防患于未然。

随着网络技术的进步，财经报道也与互联网技术发展密切联系，因此，在进行财经新闻报道或评论时也会涉及一些新兴的技术带来的经济问题。人民日报的上述经济述评就从根本立场上否定了妄想靠区块链进行投机的行为，并提醒相关投资者防范风险。

课后思考与练习：

1. 采访5名以上在外实习的同学，选取一个报道角度，进行采访和文献

---

[1] 《靠区块链发横财？你想多了（经济时评）》，人民日报北京，2019年11月27日，第10版。

调查，为校报写一篇新闻报道。

2.选择一个公司，分别对该公司的董事长、员工和客户，进行采访，为当地报纸写一篇报道。

3.根据以下国家统计局的数据，请写一篇财经新闻报道对CPI进行解读：

2019年10月份居民消费价格主要数据
表格详情见二维码：

拓展阅读：

附录1：《中华人民共和国证券法》对媒体和媒体从业人员的处罚措施规定

第七十八条 禁止国家工作人员、传播媒介从业人员和有关人员编造、传播虚假信息，扰乱证券市场。

禁止证券交易所、证券公司、证券登记结算机构、证券服务机构及其从业人员，证券业协会、证券监督管理机构及其工作人员，在证券交易活动中作出虚假陈述或者信息误导。

各种传播媒介传播证券市场信息必须真实、客观，禁止误导。

第二百零六条 违反本法第七十八条第一款、第三款的规定，扰乱证券市场的，由证券监督管理机构责令改正，没收违法所得，并处以违法所得一倍以上五倍以下的罚款；没有违法所得或者违法所得不足三万元的，处以三万元以上二十万元以下的罚款。

第二百零七条 违反本法第七十八条第二款的规定，在证券交易活动中作出虚假陈述或者信息误导的，责令改正，处以三万元以上二十万元以下的罚款；属于国家工作人员的，还应当依法给予行政处分。

附录2：【案例12】你的时间值多少钱？[1]

萨拉·卡莉尼没有时间洗衣服、探望父母或者给猫换猫砂。她一周六个晚上在外面吃，雇佣一个私人购物员，直接把食品、生活用品送达家门口。

但是这位挤不出时间、一个小时能挣大约200美元的曼哈顿高管，最近却花了近10个小时为9美元的滞纳金和她的手机运营商Sprint PCS一争高下。

她花的时间是不是值呢？现在经济学家终于开始回答这个问题了。几十年间，研究者使用时间价值公式帮助企业实现最大化生产率，现在他们，甚至包括美国政府在内，开始思考如何用这些概念解释家庭生活。

在一个以便利为至上准则的经济中，各种商品都帮助人们省时省力，从清洁干净的袋装生菜，到遛狗服务。这些研究的目的就是尝试回答美国人天天要面临的各种问题：谁能负担看孩子的保姆？割草坪服务？私人购物员？"一个家庭就是一个小企业，"德州大学一位经济学学教授核丹尼尔.帕莫什说。"它雇用劳力，购买科技产品，对什么服务可以外包做出抉择。"

但是这个小企业确实需要管理顾问。美国人经常对其时间价值做出错误的判断，例如认为DIY（亲力亲为）比花钱雇人做更省时省钱。比如说，一个简单的给汽车换机油，在捷昊飞络要花24.99美元。但是自己换油的材料费也要21美元。可仍有4 300万美国居民说他们自己给汽车换油。

过去，经济学家只是看你的收入，然后给你的业余时间贴上个价签。现在，对下班后时间——过去用它的正式称呼"家庭生产"——的研究，开始有了新的思路，把一些无形因素如满意和乐趣也考虑在内。一月份，劳动统计局开始了第一次对家庭用时的研究，希望能为这个新开辟的学术领域提供一些可靠的数据。这个每月调研将询问人们花多少时间做诸如做瑜伽、送孩子上下学这样的事。

一大堆学术论文，如"严肃对待家庭生产"、"时间真的太紧还是白领发发牢骚？"已经得到发表。而另一些研究则考察像微波炉、洗衣机这样节省时间的技术的影响。

---

[1] 李希光，孙静惟，王晶：新闻采访写作教程，清华大学出版社，第587页。

这一学术领域不断引起重视，特别是紧缩的预算让一些人延长工作时间、更加注重闲暇时光的有效利用。

经济学家说最常见的一个错误计算就是把照顾小孩"外包"出去，好让父母都能为家庭收入做贡献。虽说很多父母选择继续工作是因为他们喜欢自己的工作，但也有不少人不敢不工作。可是真算一下，有时会发现并非如此，就像斯蒂夫和简．莱拉最近发现的那样。她是税务分析员，每周工作三天，夫妻二人每年总收入超过12万美元。

他们最近算了一下她的工作的真正成本——从花在托儿所的1.85万美元到多交的1.4万美元的税。等他们开始计算与她上班直接有关的成本时（停车费、干洗费、因为太累只好出去吃的餐费），他们已经坚信如果她辞了工作，两人每月也就少挣几百元。

但是经济学家意识到对于很多家庭来说，数字只是一个起点而已。你可以用经济学家称为"心理变量"的东西扰乱公式。一些人把家庭活动分成两类：消费类（你喜欢做的事）和生产类（其他所有做起来和上班感觉差不多的事）。喜欢园艺？那它就是消费。讨厌园艺？那它就是生产——也就更有必要考虑是不是雇别人来做。

"这关系的不仅仅是钱，"翰莫梅什博士说。"我从听交响乐中获得乐趣，而有的人则从和航空公司吵架中获得乐趣。"

这也是萨拉·卡莉尼为自己和Sprint史诗般的斗争辩护的理由：它值是因为它让她感到满意。"那帮人就是混蛋，他们拿走不属于他们的钱，"卡莉尼女士说，"如果他们要我不痛快，那我也不会让他们痛快。"她最终赢了——在她找到公司总经理电话号码后。Spint PCS说从那以后，该公司已经逐步改善客服质量。

传统的衡量业余时间价值的方法是诺贝尔经济学奖获得者盖里·贝克尔在1965年提出的。它利用你的税后小时工资来计算你的闲暇时光的价值，其基本思路就是任何用于休闲娱乐的时间都可以被用来工作。但是这种以收入为基础的方法有明显的局限性。例如，许多拿固定工资的人并没有多干多拿钱的选择。此外，有些人的工作是维持一个家庭的正常运转，而这类工作没有工资。

但是，在思考该如何优化你的时间时，工资仍然是一个合理的起点。经济学家建议你首先根据你税后工资计算你一小时的时间值多少钱。用这个数字，你就可以比较自己完成的成本和外包的成本。如果你打算自己完成，你还要加上各种材料费；当然如果你打算雇人，你还需要考虑雇用和管理花费的时间。

接下来，你就可以开始考虑其他的计算因素了，如非财政成本和利益。需要考虑的因素包括：你自己完成一项工作能获得多大享受，以及你放弃了什么。不管怎样，这些因素都可能改变计算的结果。

为了验证这个公式在现实生活是否有效，我们把从割草到填写税务表等工作外包出去，然后再自己做一遍进行比较。例如，买一罐已经切好的大蒜，可以节省出我们切大蒜要花去的22分钟时间。根据这个公式，任何年收入高于1万美元的人理论上都可以负担。不好的一面：新鲜的大蒜味道更好。

投资科技——甚至买一台质量好的切磨大蒜机——都能改变这些计算的方向。这是我们在填写税务表时发现的。在考虑到路途花费后，雇用专业人员帮忙填写只比用软件填写快两分钟，但雇佣专业人员填写要贵139美元。在这种情况下，你必须年收入1400万美元以上雇人做这项工作才有意义。

还有我们乱七八糟的书桌。一个每小时85美元的专业整理人员收拾干净一半，另外一半我们自己打理。挣多少钱雇专业人士才值？年收入50万美元以上——部分是因为我们必须得在旁边待着帮助她搞清楚我们的各种文件。不过她倒是给我们的卧室做了一个风水分析。

许多铁杆DIY人士与同样的变量作斗争。马克·伯格，伊利诺伊州威顿市的一个理财规划师，自己更换机油，一次还租了一个70磅重的手提钻把自家地下室的水泥地给拆了。

但他去年夏天在院里出售不用的旧货后，观点改变了。经过好几个小时的规划和六月太阳一天的暴晒后，他得到的是：被晒伤的皮肤和每小时3.56元的工资——似乎比他上班每小时150美元的工资少点。

"我们再也不搞这种卖旧货的事了。"他说。

第十五章
人物报道

【学习要点】

掌握人物报道选题设计的基本要求,在采访中的沟通技巧,根据采访对象的不同设计选题,确定采访对象与采访者之间的关系,强调采访对象与采访者之间的可对话性,更好地实现面对面地沟通交流。在人物报道写作过程中,强调人物通讯故事化,故事写作细节化,通过事例采访使人物形象立体呈现,这是本章学习的重点。

任何一个时代,都有这个时代特定禀赋的风貌,其中具有典型代表特征的人物是一个时代的缩影,透过一张张鲜活的面孔,我们可以感知到这个时代的特有温度,感受到时代赋予我们的使命和责任。作为书写时代侧影的新闻报道,其人物报道的典型性和代表性,确定着这一时代的价值取向,在具体的报道过程中其所呈现的叙事方式,则抒发着这一时代的独特情怀。作为时代的风向标的报道人物,其言行举止都将影响与感染着每个普通人;作为报道人物的叙事者,新闻人的人物采访与报道则在努力建构一个特定的时代拼图。

学习人物采访与报道,是在校新闻学与传播学专业大学生了解新闻采访与写作,在具体的新闻采访实践中提升个人采访与写作能力,强化新闻采访过程中交流意识,做一个合格的新闻人做好前期铺垫。

第一节 人物报道概述

人物报道就是以人物作为报道对象，通过展示人物内在的精神面貌与性格特征突出人物的新闻价值。人物报道主要是通过"如何"的线条勾勒与描述，表现人物内在的精神面貌和性格特征，在具体的表现过程中，强调动态性地记录，而不是静态地呈现与介绍。这里所说的静态介绍强调的条目式的书写，是一种出于某种角度的鉴定式写作，这显然与新闻"以事实说话"的要求相悖离，特别是在互联网新闻报道的背景下，更加容易陷入主观说教的窠臼。动态的过程性记录，强调了人物做了什么和怎样做的过程，这种因果式的动态链接有利于人物面相的描写，而透过细节的叙事更容易引导读者感知到报道人物的精神面貌和性格特征。

在对人物报道进行分类时，根据人物报道的采访与写作特征，我们从报道信息量、新闻体裁、传播渠道等方面加以概述。

一、依据报道的信息量分类

按照人物精神面貌与性格特征的信息量与侧重来看，人物报道可以分作两种主要形式：类型人物报道和典型人物报道，前者突出人物精神面貌与性格特征的一个侧面，后者则全面体现人物精神面貌和性格特征。

类型人物报道通过单一事件突出人物的精神面貌和性格特征，如同绘画中的速写，通过事件勾勒人物，透过事件突出人物性格特征和精神面貌。

下面的案例能够帮我们分析一下典型人物报道的主要特征。

【案例1】大奖500万，换来诚信人称赞[1]

2005年3月4号，吉林市昌邑区一彩票投注站销售员王荣华代人买彩票

---

[1] 摘选自吉林电视台《纪实》栏目《大奖五百万 换来诚信人称赞》，张成良，2005年4月18日。

中了五百万元大奖,交还得主的感人事儿,引发了人们对诚信的礼赞,无独有偶,刚过了一个月,永吉县又出现了投注站代买彩票中了大奖,销售员把奖票交还彩民的感人一幕。

代买彩票的投注站是永吉县口前镇163号福彩投注站,销售员名叫苏臣。4月15号,省民政厅、省福彩中心和吉林市福彩中心的工作人员来到永吉县,为第163号投注站颁发了"诚实守信投注站"的牌匾,据了解,这是我省首家获得这种荣誉称号的福彩投注站。发牌的同时,省福彩中心还为苏臣颁发了5000元钱的奖金。

吉林市福彩中心的负责人表示,像苏臣这样诚实守信的投注站,值得人们去赞扬,因为他用实际行动,告诉人们,只有诚信,才能获得人们的尊敬。(欲知全文,请扫二维码)

这篇报道记录的是彩票投注站销售员苏臣为客户代买彩票中奖后,交还奖票的诚信人物报道新闻,对于受访人物苏臣而言,这只是一个侧面的记录,通过事件记录表现他的诚信品格,突出人物的精神面貌。记者在现场采访时,也并未对人物做上纲上线的处理,而是紧盯事例,由事例塑造人物形象。小事见人性,细节见品格,这正是这篇人物报道采访的主要特征。

典型人物报道通过以人物为目标对象,通过发生的系列事件立体反映人物的形象特征,突出人物在社会环境中的代表性和典型性,这样的人物报道更加趋近于立体和丰满,比如早期的典型人物报道《焦裕禄同志为党为人民忠心耿耿》(《人民日报》张应先,鲁保国,逯祖毅,1964年11月20日),《"世界屋脊"上有这样一个山东人——记山东籍援藏干部、阿里地委书记孔繁森》(《大众日报》,魏武,1994年2月17日),不论是焦裕禄还是孔繁森,在具体的报道中都对人物进行了立体叙事呈现,通过系列典型事例刻画人物的精神面貌和品质。

下面案例帮我们分析一下典型人物报道的主要特征:

【案例2】张美云：当代蔡伦[1]

张美云从小就有股不服输的劲儿，"凡事决定干了就一定要干得最好"，工作中更是不甘人后，经常是男同志都累趴下了，她还在坚持。怀孕四五个月的时候，她请缨带学生去上海某造纸厂实习，与14名女生住一间大通铺，每天挤公交上下班，在机器轰鸣、管道纵横交错的造纸车间爬上爬下。造纸厂往往建在偏僻的郊区，她多次孤身一人前往调研，乘火车倒汽车，再坐摩的甚至骑毛驴。一次带队学习返回西安的途中，半夜车外抛扔的石块，击穿了快速行驶的列车车窗，正砸在她的额头，她当场就昏迷了，额头也从此多了一道三四厘米长的伤疤。（欲知全文，请扫二维码）

这段文字为了表现张美云不服输的性格，列举了她怀孕四五个月时带学生在上海实习过程中，发生在她身上的故事。段落里通过几处细节描写，强化了张美云不服输的性格，包括"怀孕四五个月""与14名女生住一间大通铺""挤公交上下班""在造纸车间爬上爬下"，孤身一人"乘火车倒汽车，再坐摩的甚至骑毛驴"，半夜被砸"当场就昏迷了"，这些看似平淡的白描深刻地勾勒出张美云努力倔强、不服输的性格与气质，人物的呈现更加完整。

二、依据新闻体裁的分类

依据新闻体裁进行人物报道分类，一般可分为消息类的人物报道、通讯类的人物报道和深度报道类人物报道。

首先是消息类的人物报道，即人物新闻。人物新闻是以消息的形式专门报道人物事迹和相关活动的新闻类体裁。人物新闻主要强调人物在消息中的主体作用。如《刘胡兰慷慨就义》就是一篇典型的人物新闻。200余字的新闻包括了刘胡兰与匪军的对话，再现了刘胡兰面对敌人的勇敢坚定、视死如归

---

[1] 冯丽，《张美云：当代蔡伦》，《中国教育报》新闻人物版，2019年7月10日。

的精神品质。

人物新闻一般通过一人一事，集中主题，点墨成金，给人留下深刻的印象。1983年全国获奖作品《谭德定见儿子被电击死仍坚持接车》就是这样一篇报道：

【案例3】《谭德定见儿子被电击死仍坚持接车》（《铁路工人报》消息，记者蒋桂桥、陶知信）

2月5日13时50分左右，正在当班的扳道员谭德定听说变压器旁有个小孩被电击倒了，心里一怔：儿子正在那里玩，莫不是他？……他用电话向值班员请了5分钟的假，急跑到离扳道房约20米远的变压器旁一看，正是自己6岁的儿子躺在地上，老谭以最快的速度，跑回扳道房，想继续请假抢救儿子。这时值班员已发布了62次特快列车进站命令。谭德定强忍悲痛，手拿信号旗，主动向二号扳道方要道还道后，又按规定，站在扳道房外站岗接车。62次列车安全通过了。党总支书记、站长和准备顶班的边检员眼见这一动人场面，止不住热泪盈眶。

这篇人物新闻以240余字通过扳道员谭德定在儿子生死未卜情况下连续做出接车决定，从听闻小孩被电击倒，到请假后证实，再到忍痛完成接车任务，言简意赅地强化了谭德定在人情与大义面前的抉择，通过新闻事件烘托新闻人物的精神面貌，使人物具有了鲜明的时代特征和感染力，这是人物新闻报道主要特征。

其次是通讯类的人物报道。通讯类的人物报道通过详尽报道人物的新闻事迹，展示出人物立体精神面貌与性格特征的通讯体裁。应该说，人物通讯是新闻通讯中重要的报道体裁，在特定的时代背景下，通过人物通讯报道突出时代典型人物的面貌特征。对于塑造先进人物典型，宣传特定时期党的宣传路线与方针，树立道德榜样、弘扬社会风气具有重要的引领意义。新中国成立以来，通过人物通讯报道宣传的典型科学家钱学森、陈景润、袁隆平，道德模范时传祥、草原英雄小姐妹等，这些英雄人物成为感动中国的代表人物，成为我们深深铭记的英雄楷模。

人物通讯体裁中，还包括典型人物特写，着眼于新闻人物的生活片断，以新闻事件特写典型人物的精彩瞬间，通过细节的放大呈现重现场景，使人身临其境，人物形象也得以立体展现。前文中为客户代买彩票的通讯便是通过慢镜头展示彩票投注站销售员苏臣的心理活动过程，全景地展现新闻事件，突出人物性格。

再次是深度报道类人物报道。深度报道类人物报道是通过深度挖掘新闻人物鲜为人知事例，全方位、立体化地展现新闻人物新闻事实、背景资料，为人物动态造像，以期挖掘出"行为背后所潜在的逻辑"。从人物报道的层次上看，人物新闻是轮廓似的速写，寥寥几笔定要生辉；人物通讯则是计较细节与投影的素描，人物立体丰满印象深刻；深度报道则是细节精致的超现实主义油画，细微周至且纤毫毕现。最重要的是，深度报道类人物报道强调时空维度上的关照，从时空的长镜头切入，沿着时空演进线索跟进，以全画幅动态展现人物的性格特征。2012年《南方周刊》曾以《起底王立军》在时间维度上挖掘王立军从警28年来的转变与发展；从空间维度上，从重庆、铁岭、锦州、合肥等地着手深入调查，深刻地揭露出这一受到广泛关注人物在不同时代拐点上的一次次转变，进而更真实地逼近人物的本来面貌。深度报道的对象是时空转换环境中的人物，是动态呈现的形象。

除上述体裁分类外，人物报道还包括了人物访谈和人物述评等，若将二者归类于上述体裁，那么人物访谈更接近于人物通讯，是现场完成的人物通讯，其构成要素包括访者、受访者与现场，访谈中不断组合的背景资料构成了现场话语的延伸；人物述评一般具有复合型报道特征，包括人物通讯、新闻评论和人物访谈等，其往往也具有深度报道的特征。

三、依据传播渠道的分类

近年来随着媒介技术的不断发展，媒介形态呈现出百花齐放、摇曳多姿的态势，报纸、广播、电视和互联网媒体竞相走上历史舞台，这在一定程度上丰富了人物报道的渠道，使得人物报道更具全媒介化和融媒介化。如果对传播渠道加以分类，那么我们可以根据媒介形态将人物报道分为报刊类人物报道、广播类人物报道、电视类人物报道和媒介融合类人物报道。

报刊类人物报道强化文字报道属性，一般采用白描式的笔法勾勒人物，本质上脱胎于文学作品中的人物描写，特别是通讯类报道，倾向于纪实文学的在场感描述，使人物性格更加生动，可读性强。目前为止，新中国成立后产生影响最为显著的人物报道，均来源于报刊类人物报道，其内在的文字张力，叙事中的留白特征深深影响着一代代读者。近年来，一些典型人物报道也发端于报刊类人物报道。

广播类人物报道以声音走入听众心里，因此如何运用声音元素展现时代精神，通过细节挖掘声音的力量，以讲述出生动的故事。此外，运用声音对场景的转换，以及运用声音完成话语体系的转换，这些都是广播类人物报道的内在要求。广播类人物报道关键在于气氛的营造，由此完成情境建构，相比于报刊类人物报道，广播类人物报道类似于古代书场酒肆的环境营造，具有公共空间属性的广播类人物报道有利于组织传播与推广。

电视类人物报道近年来可以说是异军突起，与报刊类及广播类人物报道相比，电视类人物报道塑造的人物形象是可视的、立体丰满的。1993年5月，中央电视台推出《东方时空》，其中的《东方之子》与《百姓故事》两种视角，《东方之子》是中央电视台开办时间最长、品牌影响力最持久的一档人物访谈节目，其将镜头对准那些中华民族的优秀儿女和杰出人物，通过对精英人物报道改革开放以来中国的典型人物事迹，影响颇为深远；《百姓故事》则坚持以纪实影像关注体现时代变革的社会热点事件，关注事件中普通人物的命运，用多种手法描摹时代印象，在对事件复杂性的描述中完成对时代的深度记录。此外，栏目化特征也使得电视人物报道的品牌意识更加强烈。如果说报刊与广播类人物报道突出了典型人物的社会影响，那么电视人物报道则更加注重栏目品牌本身的建构，作为其中的报道人物则归属于栏目形态，其影响是次级的。

媒介融合类人物报道。囿于采访权的受限，互联网本身很难在人物报道原创中做出成就，但作为媒介融合的重要平台，其所具有的融合传播渠道显得无与伦比。以互联网媒介为矩阵的融合渠道的建构优化了人物报道环境，使得人物报道的时空高度融合，媒介形态高度融合。胶东在线2011年2月以《接力"寻美"温暖中国》为题，在全网发起了"爱传百城——寻找'最美的你'"主题活动，在全国百座城市掀起了声势浩大的爱心热潮。值得一提的是，媒介融合为典型人物报道提供了多层次创新传播平台，其立体的传播时空以及吸纳受众参与的方法，使得人物报道真正成为动态的、不断创新成长的报道类型，这激发了公众潜在的创作力，近年来不断得到挖掘的好人好事大都是通过互联网挖掘并通过融合媒介方式予以报道。

第二节　报道人物的采访

人物采访是人物报道中重要环节，任何一名出色的新闻工作者，都是从学习采访开始的。人物报道不同于一般新闻事件，新闻事件本身具有现场性，记者通过观察采访能够迅速了解事件的来龙去脉，人物报道的采访不同，采访者需要对受访者有足够了解，能够获取最抵近事实的所有信息。老一辈新闻工作者有"七分采访，三分写作"的说法，强调新闻采访的重要性。采访环节是最能体现新闻记者职业素养、经验积累、知识深度广度、应变能力与对话能力的，人物采访以人物为接触对象，则更加突出采访过程中记者的个人能力和素质。一个成功的采访，能够超越新闻叙事本身，更能展示出新闻工作者独特的人格魅力。

新闻采访表面上看强调的是沟通和交流的技巧和能力，实际上是新闻记者社会活动能力的综合体现，从选题确定到相关的问题准备，再到采访活动中沟通技巧的运用，突发问题的应变，采访问题的设计等，均表现出记者现场社会活动的水平。在人物采访中，依托新闻事件的采访目标清晰，现场容易驾驭。超脱新闻事件外的人物采访，则必须确立明确的采访线索与主题，也是对记者提出的最大挑战。

一、人物采访的前期准备

与受访者面对面的沟通与交流,为使彼此之间的对话顺畅进行,记者不但要熟悉受访者知识领域的学问,更要有现场把握话题、设计情境的能力,因此,即便不是专家,也必要成为能够快速充电速成的半个专家,否则采访很难进行下去。当然,记者的前期准备与案头工作至关重要,能够弥补专业知识不足带来的采访缺陷。

首先,要尽量熟悉受访者资料。任何一个受访者都可以置入到一个具体环境之中,人生阅历、接受的教育、工作情形,以及社会活动与交往等等诸多方面,对于一个知名人物而言,这些信息不难收集,但对于一个具体事件中的典型人物,则面临着信息不确定性增加的问题,因此了解受访者资料,需要做到知己知彼,除了相关的可检索的信息外,外围的相关采访也十分重要,由外而内,由资料而细节,这是人物采访前期准备的一般思路。

其次,要深入了解采访背景。人物是事件的见证者,事件是人物精神面貌的呈现。针对新闻事件中的人物采访,必要对新闻事件本身做一番前期的调查。调查可能先别除受访者,只呈现新闻事件中的重要节点,可以吸纳媒体从各个视角进行的前期报道,根据不同媒体报道进行总结,总结出各媒体报道了什么内容,表现出怎样的观点,受访者是如何回答这些问题的,据此可以更好地了解受访者的所思所想。对于采访背景中尚不清晰的地方,恰恰是采访者将重点突破的问题。

再次是整理线索和设计问题。通过对受访者和新闻事件的掌握,基本整理出近乎成型的一些观点和看法,随着相关信息的不断获取,相关采访线索会不断扩大,采访思路也逐渐形成。在设计具体的采访问题时,如何厘清人物与事件之间的关系,使得人物置身于事件之中,才能更好地设计问题,采访问题有着内在的逻辑关系,即问题既要环环相扣,又要形成线性的展开态势,采访本身是一条流水线的状态,记者要做的就是根据采访要求沿着这条流水线一直走下去。当然设计问题有两种方向,一种是以新闻事件为主导的,在新闻事件发展过程中受访者的行为与态度,随着事件发展不断深化与递进,这种采访最终会以述评的文本加以呈现，记者因势利导，以见证者身份参与到受访者的回忆中去。另一种设计问题类似于剥洋葱式，透过事件本身的描述，不断挖掘事件后面的背景与信息，这种采访要求采访者具备较强的逻辑能力，透过事物寻求本质，通过现象寻找真相。

新闻背后

  2003年"非典"疫情暴发，举国同心抗击"非典"。作为吉林电视台一线记者，笔者有幸参加到疫情采访中，采访了吉林省第一例"非典"感染者聂华，从受感染到确诊，前后经历了一个多月时间，她在承受病痛折磨的同时，还亲眼目睹了十余位患者被感染、亲人染病后去世的完整过程。为了准备这次人物专访，笔者将"非典"疫情在吉林省爆发与扩散的全部过程梳理了一遍，找到《吉林日报》《新文化报》以及吉林电视台《吉林新闻联播》等所有相关新闻。采访设计的问题主要从亲情开始，从一本相册开始。这是一次患病历程的回忆，也是对吉林省"非典"疫情的一次全面回顾。其中，姐姐被感染去世以及护士的紧张抵触等细节，成为采访中难得的亮点，亮点得益于笔者前期问题设计，对受访者而言，这些可能引发个人痛苦回忆往往会选择回避的态度，笔者因势利导，在受访者情感已经带入的情况下轻轻提起，又迅速放下，保证采访顺利的情况下，不过多渲染和影响受访者情绪，让受访者放下心中的包袱，采访也获得了成功。

  （采访完成的作品《严密流调 阻击"非典"》获得中宣部"全国新闻界抗击非典优秀新闻作品奖"）

二、人物采访中的沟通技巧

  人物采访中的沟通技巧是记者能够顺利完成采访的基础。在人物专访中存在着受访者和记者两个对话角色，记者被赋予把握全局和主导话题的使命，由于受访者特定的社会地位和影响等客观因素的存在，记者在把控场面时身份的自我设定问题、个人对专业知识的准备问题等，也都会影响到现场采访的效果。

总结起来，记者在现场沟通过程中容易出现以下几个问题：

首先是问题设计的过大过空，让受访者无法回答。比如记者熟知的"你怎么认为""有什么感想""想到了什么"等泛泛的提问。其次记者提问不简洁，啰哩啰唆，兜大圈子。受访者听到提问后不知所云，不了解提问者的重点，既浪费了采访的大量时间，同时也使得问题回答达不到重点，无法形成问答之间的逻辑闭合。出现这种情况可能缘于记者准备的不足，或者记者在口头表达上的欠缺，腹有诗书，口头上却松松垮垮。再次现场把握情境的能力不足，受访者气场足，表达能力强，但因为不清楚记者采访目标和后期成文要求，所以采访过程中千言万语，离题万里。这样一来，记者成了现场的看客和摆设，不能设定采访议题，不能把控现场局面。最后是记者专业知识不过关，采访提问时闹出各种笑话。包括受访者内心的禁忌，习俗等，因为对方内心产生了反感，反而造成对采访者的不信任，最终将影响到话题的开展与采访情境的设置。

相对而言，受访者也容易出现一些主观上的问题，主要表现在：

首先是沟通上存在问题。要么紧张无法正常对话，要么主观意识强，信马由缰，离题万里，不能理解采访者的问题；要么消极应付采访，通过消极回避，绕开记者提出的问题。受访者沟通上的问题还要依靠采访者的采访技巧加以化解，具体包括：

（一）设计一些围绕采访主题的重要问题。不论多么老练的记者，在面对重要人物采访前，都要设计几个问题，以作为现场发挥之外的备选。这种有的放矢的问题意识在提高采访效率的同时，也能在不断调整采访大纲的同时控制好采访局面，不至于因为受访者的意外表现而失控。

（二）提高专业素养，了解专业话语沟通。人物专访对象中，少不了专业性强的专家学者，记者不经意的一句话，就可能招致对方的耻笑，面对不熟悉的采访专业领域，一定要多学多问，抱着做学生的态度，让受访者理解记者，愿意与记者沟通。记者要抱着与受访者交朋友的心态，敞开心扉，触及对方最敏感的神经，了解其内心想法。很难想象，一个对庄稼作物五谷不分却板着一副冷面孔的记者，能得到受访农民的待见。态度决定交流，蹲下身子，拿行家话和对方沟通，这是对方能够接受采访问题的大前提。

（三）设计合适的采访话题，稳定受访者的情绪。有一些因为激动或紧张无法进入采访状态的受访者，最好暂时转移话题，寻求对方感兴趣的话题，待对方情绪稳定后再伺机进行话题引导和采访，这样对方容易释放紧张情绪，进入到正常的对话情境中来。笔者在采访中，曾面对一位某县主管农业的副县长，反复要求秘书手举事先准备的书面文字，准备照本宣科，倘若如此，这种采访无疑就是失败的。归根到底还是受访者过于紧张，害怕说错话。见此情况，笔者就表示可以闲聊一聊，先从他分管的农业工作入手，包括今年农业生产现状，农耕生产如何等，到对方完全放开紧张情绪后，笔者就当地农村为预防"非典"疫情开展的工作进行沟通时，双方交流就变得异常顺畅起来。

（四）记者采访提问的态度一定要客观、真诚。客观、真诚是一种采访的态度，也是职业态度，真诚总能唤起积极的回应，对方能够感觉到记者的真诚，这也是双方平等交流的前提和基础。在具体的新闻采访实践中，记者可能要面对不同的人群，既可能包括官员、富商，也可能包括平民百姓，在面对这些对象时要做到不卑不亢，不装腔作势，不态度谦恭。不管对象如何，都要保证做到贫贱不欺、富贵不媚。采访时语气要平和近人，提问要真诚，不能带有献媚或嘲笑的成分。

（五）提问简明扼要，通俗易懂，不故作高深。一般来说，开场的提问语要用开放式的，可答辩式的，让对方有更加多样的选择和思考。根据采访内容可因势利导，使受访者能够迅速融入你的语境。例如问一个农民："你知道怎样维护你的消费权利吗？"这样的提问可以重新设计成："你周围的人买过假冒伪劣的东西吗？""他们买了这些东西以后怎么办的？""有没有想办法去解决，到哪里去找过？找过谁？"等等，问题细分后，受访者更容易回答。

案例赏析

意大利女记者法拉奇对美国国务卿基辛格博士有过一段成功的采访，问

答内容如下:

法拉奇:基辛格博士,您简直变得比总统名望还高,您对此是不是有什么解释呢?

基辛格:是的。不过我不想告诉你。我现在仍然在职,为什么要说这些?我看,你还是告诉我你的看法吧。我敢肯定,你对我有名望的原因也有自己的分析。

法拉奇:我可不太清楚,基辛格博士。我是想通过这次采访找出其中的奥妙,可是我还没有发现什么。我觉得一切取决于成功。我的意思是说,就像一位棋手,你走了几步高招。首先是,中国。人们总是羡慕吃掉对方国王的棋手。

基辛格:中国是我取得成功的重要因素,可是这还不是主要的。关键在于——嗯,为什么不说呢?我来告诉你。我还有什么疑虑呢?关键就在于我总是独来独往。美国人特别欣赏这种做法。美国人赞赏那种一马当先带领车队的牛仔,那种单枪匹马进入村庄或城镇的牛仔。他可能甚至连一把枪都没有,因为他进去不是为了交火的。他尽其所能,如此而已。在正确的时间指向正确的地点,这就算是个西部荒野的传奇吧。[1]

第三节 人物报道稿件的撰写

人物报道稿件是否出彩,取决于稿件的撰写水平和质量,一篇好的稿子每一个字都精当有趣,写作者通过文字使用妙笔生花,使人物立体化、个性化。相反一篇陈腐的稿件读起来可能味同嚼蜡。陆游说:"文章本天成 妙手偶得之"。这妙手正是能够为文字赋予生命的如椽之手。

当然,不同媒介人物报道稿件的特征不尽相同。报刊的人物报道中,文字叙事具有整体性特征。事件托人物,人物看细节,这与传统文化作品中的

---

[1] 法拉奇:《风云人物采访记》,北京:新华出版社,1983年版。

人物刻画有相通之处。例如，魏巍在《谁是最可爱的人》中使用了大量的修辞手法，烘托出血与火的朝鲜战场上保家卫国英雄群像。广播电视则突出人物报道的在场性特征。新闻作品中会使用大段人物采访（专访），使受众面对面接触受访者，倾听他们的声音。广播电视的人物报道摒弃了第三方的叙事，通过现场呈现的方式强调受访者、采访者以及采访情境之间的在场关系。尽管不同媒介形态对人物报道呈现方式表现出明显的不同，但就人物报道的本质属性来看，人物报道稿件的撰写有着共同的创新要求，具体表现为：

一、在典型人物的平常处落笔

近些年来，受到传统新闻宣传思维的影响，我们在对典型人物报道活动中，逐渐形成难以跨越的障碍：人物报道脸谱化，写作结构模板化。为了拔高人物形象不惜脱离实际，无病呻吟。典型人物脱离了现实环境，脱离了生存空间，在满足了"高""大""全"看似中规中矩要求的同时，典型人物毫无生气可言，甚至人物之间的模板可以重复使用，口号式的语言，夸张的笔法屡见不鲜，使笔下的人变得刻板无趣，失去了现实中"人"的本来面目，这样缺乏生气的人物，很难在群体中产生共鸣，甚至于产生极端负面的示范作用。

人物报道的价值，主要反映在人物自己的立体化上。因此从新闻价值上看，平凡人的不平凡事，以及不平凡人的平凡事，这才是新闻落笔之处。不平凡人的平凡之事，这一种表达更加常见。美国新闻界有条定律，即"成功人士+普通事件"能成为一条有价值的新闻。这其实缘自身份与事件之间的对比反差，错位即非常态，非常态即新闻，正是这样一个道理。例如，2013年12月，网络媒体报道了习近平在庆丰包子铺排队买包子的新闻，图片全程记录下主席自己买单、端盘子、取包子的过程，新闻发布后，在社会上引起强烈反响，与此相关的新闻链接与解读大量出现在各大媒体。

真实的往往更加感人。在典型人物的平常处落笔，就是要突出典型人物作为普通人的生活与工作状态，这样的典型人物有性格、有缺点，甚至也会遇到软弱无助的时候。事实上，典型人物之所以成为典型，正是因为他们身上常态化的面貌，一个个性鲜明的人胜过千百个脸谱化的模糊形象，因为这些典型人物和我们一样，就生活在这个世界上，甚至就在我们身边。这样的典型人物更加丰满、真实、可信，能够引起读者的共鸣。

对典型人物报道颇有建树的穆青在《县委书记的榜样——焦裕禄》一文中有这样一段文字："那是个冬天的黄昏。北风越刮越紧，雪越下越大。焦裕禄听见风雪声，倚在门边望着风雪发呆。"

这段视觉感极强的描写通过风雪的描写，突出焦裕禄所处环境的恶劣；通过望着风雪"发呆"的情态，揭示出作为普通人的焦裕禄在风雪中焦急的心态，这样的描写使人物更加真实可信。

二、在普通人的不普通之处落笔

普通人的不普通之事，一般是因为新闻事件纪录的人物，这样的案例有很多。例如发生在2018年川航飞机返航降落事件中"英雄机组"的代表刘传健，这是典型因为新闻事件而被记录的人物，平凡人的不平凡举动影响更加深远，甚至以这一新闻事件为原型，在2019年国庆档火遍银幕的《中国机长》也选取这些平凡人物作为影片中的主要角色。

半岛都市报2011年12月27日刊发了一条报道《"最美妈妈"接坠楼女童：伸出双手救人同时自救》中这样写道：

> 7月2日下午，杭州滨江白金海岸小区。两岁女童小妞妞翻出阳台从10楼突然坠落。就在这一瞬间，小区住户吴菊萍伸开了双臂。营救之前踢掉高跟鞋、微变腰部的预备动作并不能抵消上百公斤重的冲击力，在接住孩子的一刹那，吴菊萍左臂断成三截。正是这个缓冲，让妞妞有了生还的可能。（欲知全文，请扫二维码）

如果没有这次徒手接女童事件，没有人知道吴菊萍，而这段白描似的文字也将生死攸关之际吴菊萍徒手救人的壮举生动描述出来。这种描述虽然看

似简练,却把整个事件和人物形象充分表现出来,这个在社会上产生深远影响的"最美妈妈"形象由此生成。这样的描述让读者感受到典型人物就在身边,他们和我们一样在小区内行走、生活,在千钧一发之际就会从人群中脱颖而出。

近年来不断出现在新闻媒体里的"托举哥""中国好大爷"等,都是普通人做出的不普通的事,经过媒体报道,这些人这些事成为社会发展中一道道炫丽的风景线。

三、运用全媒体手段的创新文风

应该说,在20世纪90年代前人物典型报道事例中,更多的还是说教式的报道。如今,随着互联网新媒体的发展,在以自媒体为特征的2.0时代,人人皆成为新闻报道者,人人都可以为典型人物树碑立传。在有着广泛群众基础参与的社会背景下,典型人物的报道案例不断增加,人物报道的去魅化和去模式化的叙事方式正在重新生成。以新闻事件为关照的新兴的人物报道方式开始生成,其特征是:媒介议程的自媒体化,人物报道的去建构化,人物选题的随机性。在形式上,这种人物报道喜闻乐见,能够调动受众的参与性和愉悦性,因而达到有效、高质量传播的目的。新闻价值中的趣味性和接近性,其实是决定受众是否选择并喜欢报道的关键。

在全媒体的典型人物报道中,首先不局限于单一媒体的联动报道。例如胶东在线2011年发起的"百城接力寻美传递平凡大爱",便是突破了媒体限制,突破了地域限制,通过百城接力的方式,各主流媒体推出"最美的城市大使"。近年来,各地政府通过互联网新媒体推出的"好人"评选活动,候选人中大多是通过网络宣传获得广泛关注后被提名入选的,这种报道一般以图文或视频的全媒体方式对典型人物加以报道,以此提高当地典型人物的传播力和影响力。

除了媒介形态的联动外,运用不同体裁的创新报道范式也正在形成。通过通讯、消息、采访手记、新闻背景、评论等多种报道手段,形成多层次、多品种的立体报道结构。特别是评论文章,更是党报的旗帜,是鲜明表明报纸观点、引导舆论的最有力武器。阿里木因为卖烤肉赚钱资助孩子上学获得了"感动中国2012十大人物"的荣誉称号,引起社会的广泛关注。贵州都市报在报道时,采用全面报道方式,运用多种报道手段,立体地展现其走南闯北的艰辛历程、使其再穷也不能放弃道德底线的精神充分展现出来,同时也将其日常生活全面展示给读者与观众。

全媒体时代,我们在面临着传统文化去精英化去典型化的同时,也必然迎接新的典型人物报道的出现,只不过既往的报道强调的是"造神",由全民共同支配的人物报道则是在强调"树人",每一个小感动、每一个定帧图片,尽管是碎片化的方式呈现,但是都能更加立体全面地展现出人物的精神面貌和性格特征。作为记录者,我们不会刻意夸大人物的形象,而是在记录发生在我们身边的每一个感人故事,这是全媒体人物报道的魅力,其中最值得关注的是,我们每一个人都能够成为人物报道的议题设置者,我们的议题设置可能引起更加广泛的关注,也可能归于平静。我们不再纠结于文字的叙事,而是强调现场的联动,我们记录的只是某一人物的一个简单侧面,它与其他记录者一起,构成了立体丰满的人物形象,也塑造了我们不平凡的社会生活。

课后思考与练习

1. 受访对象第一次接触采访特别紧张,你作为一名记者应该如何安抚和开展人物采访活动?

2. 你认为人物报报道的亮点在哪里?

3. 根据不同媒介,谈谈怎样采访能增加人物报道的特色?

4. 认真阅读下文的课外阅读内容《大学生村官张广秀:"病好后,我还要做村官"》,试分析报道思路:记者是如何呈现人物精神面貌和性格特征的?

5. 策划一篇人物报道的选题,根据报刊刊发要求拟定题目并写出采访提纲。

拓展阅读

大学生村官张广秀:"病好后,我还要做村官"
—— 记鲁东大学"最坚强大学生村官"张广秀

■本报记者 张兴华 通讯员 谭国臣 张成良

2月15日,对于罹患白血病的女大学生村官张广秀来说是一个特殊的日子:山东省红十字会传来好消息,经过中华骨髓库山东分库等部门努力,据深圳华大基因研究院配型报告显示,其中一位造血干细胞志愿捐献者的HLA高分配型与张广秀完全相合,另外一位高分辨入库的志愿者数据也与张广秀的完全相合,这意味着:张广秀的白血病可以通过非血缘性骨髓移植手术治愈。

"要是好了,我还想回去,我觉得在村官这个岗位上,我还没做够,而且我觉得我还能做得更好。"面对社会各界的关心,张广秀始终重复着这样一句话。身患白血病之后依然坚持工作,求医路上仍然不忘村官的责任,张广秀担任村官期间的"病中日记"在网上公布之后,在网络上引发热议,一些网友感动地称呼张广秀为"最坚强村官"。

400篇日记勾勒出"最坚强村官"

2009年8月,张广秀从鲁东大学政治与行政学院的思想教育专业毕业后,被录取为烟台市福山区福新街道办事处的村官,担任垆上村主任助理、团支部书记。在垆上村工作的400多天里,张广秀全身心投入到基层工作,从大学生变成了一个真正的"村民"。

翻开张广秀的日记,几乎每天都有"替村民跑腿"的记录。从医疗保险,到水费电费,只要是村民需要做的,哪怕再小的事,她都乐意去做。

"现在想起来,我心里很不得劲。"说起张广秀的病,张广秀的同事于学强因为给她安排过重的工作而感到内疚。2010年8月末,垆上村接到指示,要在4天之内填写全村居民的健康档案。"全村有760人,一人一表,时间紧,工作量非常大。"白天张广秀在办公室填表,晚上就抱着表格回宿舍接着填。

就是这夜以继日地工作透支了张广秀的健康。从2010年9月起,"疼"

这个字眼就不断出现在张广秀的日记里,"疼得直不起腰来"、"钻心般地疼"、"夜里疼得睡不着"……一旦身体不舒服,张广秀就自己给自己打气,农村孩子不能这么娇气,不能"怠慢"了村官工作。

张广秀在2010年9月11日的日记中这样写道:

连续两周不敢动脖子,不敢写字,真是折磨人。这股疼痛是我这么多年未曾体验过的,想起以前连吃药、打针都数得清次数的人,现在每天都疼得直流眼泪,大把大把地吃着一些抗生素,却不见好转。

为了激励自己战胜病痛而不耽误工作,张广秀在日记的边角上写下了密密麻麻的自勉警句:"疾病并不能阻断我的工作","没有条件创造条件也要上"……疼得实在受不了,她就反复吟唱一首自编的歌曲《明天会更好》。

2010年9月,张广秀去医院检查后被确诊为急性白血病。"就在住院前一天,广秀还跟我谈着明天要做的工作,晚上加班到9点多才回去。"垆上村村委书记兼主任王子龙哽咽道。

工作再难,她都会保质保量完成

在当村官的400多天时间里,张广秀用自己严谨热情的工作态度,感染着身边的每一个人。一年多的工作时间里,她走访了垆上村的大部分村民,并经常和老人们攀谈、聊天。

在72岁的垆上村村民李树汉老人眼里,张广秀就像自己的孙女一样,乖巧、肯干。李树汉是村里以前的老会计,对整个村子的历史和发展情况很了解。每当遇到不懂的问题,张广秀总会去向这位老会计咨询。"她经常跑到我家里来,问些问题,还帮着家里干点活。我们之间一点距离感都没有。"

张广秀经常到樱桃园里帮着大家干活,樱桃熟的时候,还帮着大家卖樱桃。"小姑娘干活特勤快,和老百姓很贴心,经常来跟我们老人唠嗑,她这个村官干得有模有样。"说起张广秀,村民都满口夸赞。

在工作方面,张广秀上手也特别快。每天上班,张广秀都会提前20分钟到岗,把所有的办公室打扫一遍,在同事们的眼中,她总是踏踏实实的。"广秀回家治病的日子里,我们还真不适应,这个孩子好学,很能干。"王子龙告诉记者,张广秀参与完成了垆上村几乎所有的养老保险、医疗保险、福利发放等工作，不管工作有多难，她都尽己所能保质保量完成。

平时与张广秀相处时间最长的村会计于学超也向记者透露了关于张广秀工作的很多细节。村里有大量的报表需要统计录入，每当工作未做完时，张广秀总会带回宿舍处理。"我告诉她不用着急，再等几天也无所谓，可到第二天，她保准都能完成，确实是个干活卖力、工作利索的好孩子。有这个得力助手在，我这个电脑盲还真的轻松了不少。"于学超说。

"我迫不及待想回到村官的岗位"

躺在病床上，张广秀仍然坚持每天写日记："生活给了我一个大苦果，我也收获了甜心的蜂蜜，也许这就是生活吧。生病不能阻断我的工作，现在最棘手的是压在心头上的'村官总结'……"

"我时常会想起以前的村官生活，一想到身边有那么多关心我的领导和同事，我就迫不及待地想回到工作岗位。"一谈起自己的村官生活，张广秀的精神就变得好了起来。

张广秀的病情牵动了社会各界和母校鲁东大学师生的心。在网页"大学生村官论坛"里，张广秀的"病中日记"被广泛转载，网友们纷纷留言："加油，广秀！""你让我重新审视了村官的价值。""你的坚强，是我明天的希望。"

春节前夕，鲁东大学党委副书记郑明珍送来了师生们捐献的13万元爱心善款和一幅写满师生祝福的10米长卷。鲁东大学很多学生都表示要向师姐学习、扎根基层。大四女生张洁告诉记者："我本来打算考公务员和考研，但知道了学姐的事迹后，我改变了主意，现在准备考村官，而且就考烟台福山区的。"

"我们专业准备报考选调生、大学生村官的学生比往年多了近两倍，很多人是受到张广秀事迹的影响而对村官工作产生兴趣的。"鲁东大学政治与行政学院团总支书记靖波告诉记者。

如今，张广秀已从老家临沂转入北京大学人民医院治疗，她的主治医生、血液病研究所主任医师许兰平告诉记者，张广秀的病情现在正处于缓解期。中华骨髓库已确定有干细胞捐献志愿者与张广秀骨髓配型成功，这对她的下一步治疗肯定有帮助，要根据供者的体检情况，再确定相关的治疗方案。

（《中国教育报》2011年2月19日第1版）

第十六章
调查性报道

【学习要点】

掌握调查性报道的概念和历史源流，了解调查性报道在我国的发展与变迁。在实习实践中学习调查性报道的采访与写作技巧。能够分清楚调查性报道与其他深度报道的区别与联系。调查性报道的学习，首先要明确调查性报道选题的原则和要求，突出对"公共利益"属性的判断，同时要学会在采访中熟悉与掌握新闻事实的挖掘与呈现，这是本章学习的重点。

调查性报道是归类于深度报道的重要体裁。之所以将其独立成章，是因为调查性报道在回答新闻背后"是什么"的同时，也充分展现出新闻深度采编的全流程图景。

学习调查性报道，是在校新闻学与传播学专业大学生了解新闻深度报道流程，把握调查性报道外在的文本呈现和内在的细节分析之间的关系。通过新闻呈现与表达，了解从事实到新闻事实，再到新闻作品之间的逻辑关系。调查性报道写作要求新闻工作者具备丰富的新闻写作经验，不仅仅是表述清晰，还强调运用叙事语言讲好故事，设计好文章结构，这恐怕是调查性报道学习的精髓所在。

第一节　调查性报道概述

何谓调查性报道？美国学者梅尔文·德弗勒等人认为调查性报道是"为获得内情和揭露丑闻而强调细致地收集事实的报道风格"。

埃默里则认为："调查性报道就是指利用长期积累起来的足够的事实和文件，就事情的意义向公众提供一种强有力的阐释。"

在甘惜分主编的《新闻学大辞典》中这样定义："一种以较为系统、深入地揭露问题为主旨的报道形式。"事实上，这种定义主要借鉴自西方新闻界，发源于美国，由揭丑性报道逐渐演化而来。

从我国的调查性报道近年来的实践来看，中国新闻学者和新闻工作者对于调查性报道的理解和运用则更加宽泛，可以说突破了西方强调的以"揭露问题为主旨"的报道形式，而是本着积极参与公众关心的新闻事件，通过深入挖掘获取新闻事件、新闻人物或热点问题背后隐藏的内容并加以揭露的报道方式。强调对于公众关注的新闻事件"为什么发生"以及"事实究竟如何"等问题，通过可靠的调查研究，用第一手资料和可靠的数据，抽丝剥茧，为读者展示权威的调查结果，以此开拓新闻报道的视野，增强新闻报道的深度。

那么何为调查性报道呢？

调查性报道是记者通过调查采访，深入挖掘和揭露被掩盖的新闻真相的报道形式。

我国调查性报道主要源起于早起的报纸"内参"，1980年《工人日报》公开报道了"渤海二号"沉船事件，视为早期有影响力的调查性报道这。20世纪90年代以后，《中国青年报》推出《冰点》栏目，此后，《南方都市报》《南方周末》等先后推出调查性报道栏目，调查性报道就此在中国报刊媒介上生根发芽。真正以专栏形式推出并产生深远影响的，是中国的电视栏目报道，1980年中央电视台开播《观察与思考》栏目，视为调查性栏目的开端。1996年中央电视台新闻评论部推出的《新闻调查》栏目，视为我国真正意义上的新闻调查报道类栏目。

一、中西方调查性报道的不同体现

相对来说,我国新闻界出现的调查性报道,尽管有着西方调查性报道的印记和影响,但不可否认,国内新闻工作者本着拿来主义的批判性思维,对调查性报道进行了符合中国国情的运用与改造。根据我们国家社会主义初级阶段的实际国情,国内媒体在强调正确舆论导向的同时,摸索出有中国特色的调查性报道的实践新思路。总结起来,我国的调查性报道与西方主要国家的调查性报道都强调以事实为依据的报道原则,说到不同之处,则主要体现在以下几个方面:

一是目的有所不同。西方媒体的调查性报道源于国家大选的选战需要,带有鲜明的工具属性,即利用调查性报道来打击参选对手的选情,以此瓦解对手的民众支持,从美国尼克松政府时期的"水门事件"开始,调查性报道呈现出鲜明的政治立场。我国的调查性报道强调舆论导向上发挥作用,是在维护国家、党和人民群众根本利益的同时采编与发表的具有权威性的调查报道,引导主流舆论的目的清晰明确。

二是利益方有所不同。西方调查性报道直接受益者是部分政客和既得利益者,其揭露黑幕和丑闻的做法正是迎合相关利益方的直接诉求,因此不排除夸大新闻事件甚至操纵舆论的嫌疑。我国的调查性报道则是站在党和人民群众的利益方,事关公共利益,即便是对不正之风或阴暗面的揭露,也带有鲜明的党性原则,强调正面报道的舆论导向。

三是手段有所不同。西方记者采写调查性报道,会采取独立调查的方法和手段,期间不惜使用"侦破"案件的方法和手段,为了获取到私密材料,甚至动员间谍手段等,这使得调查性报道超出了新闻报道本身的内在逻辑和要求。我国的调查性报道,在保证客观公正的前提下,主要以正面报道为主,辅助以"微服暗访"等手段,便于深入基层了解真实情况,获取第一手可靠的材料。2019年山东省各地媒体广泛采取的媒体"问政"栏目便是这种调查性报道的集中体现。

二、调查性报道的特点

应该说，不论是业界还是学界，对于调查性报道的属性和特征，均存在一个由浅及深的认知和发展的过程。因此，调查性报道也是一个动态的发展和变化的过程，其特点主要包括如下：

一是调查性报道的自主特征。调查性报道由于专业性强，目的性明确，因此一般都由新闻专业记者参与采访完成，报道过程中新闻界自主选择要报道的目标，独立设置新闻议程，独立进行调查活动，这里记者的主体性新闻生产的意识得以充分体现。在新兴媒介环境下，未来一般时间，以个体为主导的独立调查性报道将会得到孕育和产生，调查性报道的自主性会进一步得到强化。

二是调查性报道的新闻性特征。调查性报道是以调查与揭露当前正在发生、现实社会环境中存在的，而且是读者最为关切的问题。事实上，调查性报道和调查报告最为明显的区别就在于，调查性报道本质是新闻报道，是一种基于新闻采访与写作的文体要求；调查报告则立足于研究与经验总结。一般篇幅较大，力求根据一项工作或项目的开展情况进行系统性调查与总结，最终归纳或总结出具有一定规律性的结论或观点，根据这些总结的结论、办法、意见和启示，指导人们解决在实践生活生产中遇到的问题。

三是调查性报道的科学性特征。调查性报道基于事实选题报道，强调调查的扎实可靠，深入细致，不虚张声势、不故作高深。调查性报道的科学表现为选题的科学性，调查流程的科学性，报道写作过程的科学性。调查性报道本着以事实说话的原则，只有坚持科学性原则，才能保证报道的准确合理，才能客观公正地引导舆论，从而提升报道媒介自己的公正性和权威性，这是对调查性报道的要求，也是对职业记者的根本要求。

当然，调查性报道不同于其他报道，它需要消耗大量的时间和精力，要求新闻记者秉持工匠精神，以最大努力完成篇幅长、分量重的报道稿件，使受调查者对调查结论心服口服，不会提出质疑和反对意见。

> **新闻背后**
>
> 2005年，笔者根据观众热线电话反映，某市一些市场出售有垃圾猪肉，根据新闻线索，记者首先在一些早市调查走访，了解到垃圾猪肉确实存在。商贩为了赚取更高利润，对外声称为"稀食猪肉"，价格上略高于普通猪肉。在后期采访中，记者来到距离市区五公里左右的一个大型垃圾场。二十余人滞留在垃圾间挑拣剩菜剩饭。春末夏初，垃圾场散发的腐败气味很远就能闻到。记者通过近距离的观察走访，了解到垃圾场每天被捡拾走的垃圾有三十余吨，可以保障一千多头成年生猪的食用。接下来调查到垃圾猪生产的产业链条：有人每年以一万元价格承包垃圾场的翻捡工作，再分包给专门捡拾垃圾喂猪的其他个体。在这个层层分包的产业链条保障下，未经检疫的垃圾猪从喂养到出栏售卖就成为见怪不怪的事情。接下来，笔者还调查了某市垃圾综合处理场场长，某市肉联厂的负责人，某市兽医卫生坚持检验所的工作人员，以及对垃圾猪有着深入研究的吉林农业大学动物科技学院的博士专家，通过深入采访调查，了解到垃圾猪市场存在的种种问题，提出了解决垃圾猪问题的有效方案。

第二节 调查性报道的选题与采访

一、调查性报道的选题

调查性报道不同于人物报道，更注重腿上功夫，走的勤、问的勤、想的勤，才能挖掘出优秀作品来。优秀的调查性报道从选题到采访，再到后期写作，都隐含着被表象遮蔽的新闻价值，只有拂去表象，才能找到有价值的调查性报道选题。

那么什么样的选题才是有价值的调查性报道选题呢？

选题是否适合调查性报道，取决于选题自身的张力，即选题背后是否存在有待挖掘的线索？潜藏的线索能否被察觉到？这些线索能否延伸已知采访的价值？或者使报道走向一个更值得挖掘的方向？

首先，已知的采访信息之间存在不能自洽的矛盾。具体表现在受访者行为之间，行为与言行之间相互矛盾，或在采访中有意迂回闪躲，或欲言又止。从选题本身看，已获取的信息相对完整，可以独立成章，采访到此结束也能够完成预期的任务，这是一般层次的采访，尚无新闻敏感度新入职记者恐怕会到此为止。对于调查性报道，一些刚刚露出苗头的信息正是调查的开端。2002年，笔者曾与报社记者一道调查某市一家糖葫芦加工黑作坊，从追踪窝点到配合食品监督检查一气呵成。让人意外的是，这家黑作坊原料质量不错：山楂个头大且均匀，白糖也都是有包装的牌子，流水线也干净卫生，工人甚至穿着整齐的工装工作。其他报纸媒体完成采访后，记者却带着疑点第二天重返现场，果然发现了不为人知的线索：这家食品生产厂原本和沈阳"老高太太糖葫芦"合作代工，合作十余年，为推动产品品牌、提高产品质量做了大量工作，当年双方因为合作没有达成共识，被原厂家举办最终遭遇被查封的命运。根据隐藏在新闻背后的线索可以看出，地方产品品牌意识以及企业的自我发展意识缺失是事件背后真正诱因，这与采访初期的黑作坊生产食品的议题相差甚远。

其次，选题线索牵涉多个部门多个主体，各主体之间的关系错综复杂。一般说来，调查性报道关涉的部门与主体越多越复杂，选题值得挖掘的空间也就越大，潜在的问题可能也越多，新闻价值也可能越大。事实上，每个新闻选题事件的背后都有着不同利益群体的博弈，只不过，有的选题矛盾表露的明显，有的则含而不露，需要记者的进一步调查挖掘。2003年笔者接到线人举报：吉林省某市居民区有人私挖煤井，给居民生活安全带来隐患。经过了解，这一线索背后牵涉了几个部门的利益和关系，居民和小区内的学校、私挖煤井者、收购私采煤的商人、地方煤炭安监部门，至少涉及这四方的利益，上述四方矛盾和利益之间的关系，构成了复杂的新闻线索，由此使得新闻背景变得模糊不清，这正是调查性报道所关注的。

最后，新闻从来都不是静态的，随着事态发展不断呈现新的线索，使事件呈现出新的发展趋势，这为调查性报道提供了新的调查方向和思路。当然，这种选题之中重新修订选题的做法要求记者有高超的新闻敏感性，能够抓取新闻表象中不为人知的线索，通过调查走访获得更新的素材信息。2012年9月15日，西安市发生当街拦截和砸毁日系汽车事件。一名青年手举"前方砸车，日系调头"的纸板被拍摄下来传到网上，和砸车的照片相比，这张照片的信息量似乎并不多，但《中国青年报》记者根据这一线索通过翻找各门户网站帖子，从留言里找到了当事人李昭，通过沟通联系最终完成了采访。

在确定选题价值的基础上，我们如何来获得选题呢？

调查性选题来源从来都不是单一的，在现实语境下，选题主要包括传统来源渠道和新媒体渠道。具体来说，传统渠道是传统主流媒体沿袭下来的选题采集渠道，包括：读者（观众）来电来访、同行间的合作、其他媒体的公开报道、其他公开的信息等。其中，读者（观众）来电来访是传统主流媒体调查性报道选题的主要来源，为此许多调查性报道栏目会开通热线电话，随时记录读者（观众）举证或反馈的信息。同行间的合作，特别是不同形态媒体记者之间的合作，如报纸与广播、电视台记者的共同采访，这种小组合作采访既丰富了选题，同时也使得采访的话语更具有权威性。新媒体渠道来源广泛，包括电子邮件、各类网站的网上信息等，自媒体信息因为信源的不可求证性，所以运用搜索引擎的强大功能提高信息的甄别判断，并通过其他渠道佐证信息的真实性，确保选题的可靠性。在新媒体渠道中，社区媒体、微博等是调查性报道选题考察的重点区域，除了时效性强的因素外，便于证伪也是重要的考量之一。

对于成熟的新闻记者，选题来源并不存在问题，如何驾驭选题，挖掘选题背后的故事，不遗漏线索，使之最大限度地为采访者所用，这才是记者面对调查性报道选题所应该思考的核心问题。

二、调查性报道的调查与采访

任何一种新闻体裁的采访，都存在着不能完全确定的可能性，新闻事件本身呈运动状态，新闻采访也应该随之动态调整，调查性报道的调查与采访，就包括了调查流程的确定、采访现场的掌握与应变以及采访环节中素材的深度挖掘与分析。

（一）调查流程的确定

调查性报道最常见的新闻采访方式是采取"剥洋葱"的方式，记者通过掌握有限的线索，比如一封来信、一通电话、一篇信源不清晰的网络文章或是街头巷尾的谈话内容，根据这些忽隐忽现的调查线索，记者可通过采访拓展导图，将可调查的所有线索一一罗列出来。例如：提供线索的知情人→与知情人相关的其他线索→调查的核心人物→核心人物提供的重要资料→其他影响事件的线索与人物，根据导图确定调查采访的流程，一般说来，调查性报道的调查采访流程包括如下：

首先根据线索确定选题。具体包括线索的取得、线索的真实性判断，接下来是新闻价值的判断，这其实是调查性报道的前期准备，也是调查性报道调查开端。

其次根据线索开展前期采访工作。前期采访是选题可行性的进一步确认，根据线索的清晰程度进一步做出新闻价值的判断，这里涉及采访者与受访者之间的交流与沟通，信息提供的主观性倾向等，依靠记者的经验做出相应的判断。

再次是列出详尽的采访计划并全面展开调查。这里有一个不容忽视的问题，那就是受访者涉及多个部门和个体时，必然会产生逻辑上的调查采访顺序的问题，最重要的是，受访者之间存在的利益关系很容易使他们之间形成态度上的默契：故意误导采访者，提供错误的信息与材料，遮蔽新闻事实真相，使记者陷入无法调查推进的困境。因此列出详尽采访计划，在事关舆论监督的背景下，通过采访计划安排，形成受访者背靠背的采访环境，独立完成各部门和个体的采访，这样的调查才能更加抵近真相。

最后是调查计划的修订与补充。新闻事件是动态发展的，因此任何一个调查采访都不可能静态化地呈现，因此根据新闻事实变化做出计划修订和补充采访变得十分必要，这样使采访逻辑更加周延，调查与采访也能够顺利开展下去。

新闻背后

采访的顺序会影响到采访结构的生成,这是显然的事,记者追求客观事实,受访者则追求利益止损,这必然会成为一对矛盾。根据笔者多年的采访经验,一般采取两种采访次序:由上而下即从主管单位到新闻事件现场,由下而上即由新闻现场到相关部门单位。调查性报道更倾向于自下而上的调查,从现场调查采访开始。2003年,笔者在某市调查私挖煤井事件过程中,先期在煤井调查了一天,第二天联系当地煤炭安全管理局重新回到现场后发现,所有煤井都已经关停,管理者与小煤井主的口风一致:早在半个月前便已经关掉了,事实上笔者前一天刚刚暗访了正在采煤的矿井井主们。倘若笔者略去第一天的现场调查走访,由上而下顺序调查的话,结果只能是一无所获。此外,在涉及纠纷的调查性报道中,先从客观中立的信源开始调查,如权威专家或学者,能够提供更加客观的立场和视角。

(二)调查现场的把握与应变

调查性报道中记者肩负的使命就是带着读者(观众)的托付到现场去,通过自己的努力查清事实的真相。真相只有一个,只是潜藏在各种复杂利益关系的后面。记者要做的事,就是在新闻现场将新闻要素梳理出来,回来后再按照事实本身重新建构,这如同古建筑的搬迁,从甲地到乙地,建筑师要先将古建筑一个构件一个构件地拆卸下来,进行认真地登记造册后,再将转移到乙地的构件按照一定的结构关系重新组合起来。在这种对应关系的组合过程中,每一片瓦都有着其特定的秩序。古建筑相当于调查活动中的新闻事实,它从事实状态建构为最终的新闻文本的过程,是一个再造过程。因此,要保障调查性报道的真实性和客观性,记者一定要到达第一现场调查采访。2000年普利策新闻奖得主马克·斯库福斯(Mark Schoofs)就认为:无论周边的环境如何,调查记者都应到新闻现场去,远离电话和邮件,直视采访对象的眼睛,在现场直接观察采访。

在新闻现场,记者不是一个路过的倾听者,而是一个开动全部感官努力寻求线索的狩猎者,每个线索都将成为你的狩猎对象。要有猎鹰的眼睛来搜索每一个场景画面;要有猎狗的嗅觉来嗅到每一种不寻常的信息;要有狩猎者感受风吹草动的敏感。当然这并不意味着记者要采取咄咄逼人的气势，营造一个合适记者调查采访的环境，有利于调查采访工作的顺利开展。

气氛和谐的调查采访交流与沟通会恰到好处，畅通无阻，记者收获的远不止设计的问题与思路，意外的惊喜会不断涌现；采访不利的时候双方话不投机，采访者尴尬沉闷，受访者漫不经心或顾左右而言他。《焦点访谈》主持人敬一丹认为，成功的采访气氛源自于"实现真正的对话"。真正的对话，强调的是面对面双方的默契与心理共识。这需要一种资格，一种采访者与受访者彼此接受的资格，需要一种通过记者事前充分准备，现场充分调动，对采访话题充分把握的专业素养和能力。

记者调查采访中的提问是一门艺术，在不同场景面对不同的受访者记者采取的提问方式均有所不同，如何正确地运用技巧，是调查性报道采访能否成功的关键。具体说来，笔者总结的几种采访突破技巧如下：

一是单刀直入，直达主题。对于有的新闻事件，因为封闭性强，涉事人数少、影响范围较小，当事的利益方往往希望摆脱记者的调查采访，或者躲起来，或者东拉西扯，不切入主题。对此调查记者应该单刀直入，使对方没有藏身之处。

2005年7月笔者在某地调查酒店建在泄洪区里的事件，调查过程中酒店负责人始终没有露面，其他工作人员也是尽力搪塞。笔者最后站在酒店前现场出镜报道，架势刚一摆开，负责人马上登场，不但配合采访，还提供了有利于继续追踪的线索。当然，单刀直入式的采访有时未必管用。一些记者不愿意花费更多时间和精力在采访沟通上，他们更喜欢单刀直入似的提问，这种采访有利于摆明记者的立场，但对于尚存疑虑、缺乏信任关系建立的受访者而言，恐怕是很难收到效果的。

二是声东击西，迂回包抄。记者调查采访时往往面对的都是千头万绪的线索，一般来说，热点事件往往存在着针锋相对的当事方或者第三方，相对于强势一方，弱势一方希望通过媒体舆论的力量加持，强势一方则通过手头掌握的资源干预调查，封锁信息，阻挠采访。调查记者如何把握分寸，获得独立调查采访权显得至关重要。笔者一般采取声东击西、迂回包抄的技巧破解调查采访遇到的困难。

2005年1月，笔者在某市采访利用职权摆酒席请客的不正之风，在工商部门采访时，负责人表示全局刚刚开过动员大会，这种不正之风不会在该部门出现。但是根据线人举报，该市的某镇明天一早便有一场规模不小的酒席，全镇工商业户悉数到场，为此我们迅速结束市里采访，赶往上河湾镇。待调查采访现场后，再采访参加酒席的商户。根据线索，最后回访工商部门负责人时，他仍一口否定，直到我们如实讲出其下属所长违规大摆生日宴席，接受礼金的所有事实，他还将信将疑地找来当事人对质，最终当事人半遮半掩地承认了违规的事实。

三是持续关注，寻求突破。有些选题需要持续耐心地关注，好的调查记者手里一般会掌握着多个选题，根据选题线索决定是否开展调查采访，有时候一个选题会熬上几个月甚至半年，对此保持关注，掌握动态以便随时展开调查采访，对方往往不清楚采访者的线索把握情况以及调查进展情况，在其毫不防备情况下完成调查采访过程。

2005年5月，笔者所在电视台新闻中心社会新闻记者在某地采访私屠滥宰现象，一些未经检疫的羊在草甸子上直接宰杀装车，前期记者与当地肉品管理办公室合作查封了屠宰点。笔者了解新闻背景后，提出了几个疑问：

1. 屠宰点查封后是否继续屠宰？
2. 未经检疫的羊肉去了哪里？
3. 屠宰规模和实际影响有多大？

为了弄清上述问题，笔者持续关注了三个多月，期间有一次笔者刚到村子，屠宰点马上得到消息转移走了所有屠宰设备和羊体，我们扑了一个空。此后屠宰点的人昼伏夜出，更加难以把握他们的动态，期间笔者通过线人沟通及现场暗访，始终掌握着他们的状况。到了8月下旬，在对方放松警惕开始在夜间大规模屠宰时我们连续两个晚上调查跟踪，全程记录下从屠宰到转运，再到市场销售的全过程。调查性报道也得以顺利采访完成。

四是暗布疑云，调虎离山。这种采访技巧一般适用于调查采访行程完全暴露，采访已经无法进行下去，对方胆大包天，敢于顶风作案的群体或个人。这里的调虎离山，主要还是针对新闻现场，一般采访对象最紧张的还是新闻现场的控制问题，只有在对方放松警惕的情况下才能更好地接近现场，完成调查采访。

2005年12月，笔者在某城市一家黑赌场暗访时，不慎暴露了行踪。黑赌场安排人在宾馆外监视，笔者的一举一动都被对方完全掌握着，这样一来，再耗下去没有意义。于是笔者将计就计，开车大摇大摆地离开这座城市，然后在距离最近的一个高速路口下高速。意想不到的是，对方安排的车始终不远不近地跟随，无奈之下，笔者走省道先回省城，安排同事留在那座城市等待。果然在确认笔者回到省城后，赌场继续开门营业。完成前期取证后，笔者连夜协同省公安厅相关处室返回，一举查封了这家黑赌场。

调查性报道的调查采访不同于其他采访，要求记者胆大心细，思维缜密，就此而言调查性报道的采访也是最具有难度和挑战性的采访。

第三节　调查性报道的写作

如果说选题是调查性报道的开场白，采访是调查性报道的全部叙事，写作则是调查性报道的主要修辞。调查性报道除了与其他新闻体裁的写作一样，要求客观、准确和真实，还要求叙事内容的完整，具备周延的逻辑和可读性强的文本呈现。

总体来说，调查性报道的写作没有固定的范式，其文本表现多样，报道风格表现出鲜明的个性化特征，是最具创造力的新闻文体。当然，一篇好的调查性报道除了具有鲜明的个性外，也有着内在的优化原则和要求，具体包括：

一、叙事内容的完整性

调查性报道就是通过调查的形式来揭露被掩盖的新闻事实，记者面对的往往是凌乱的、不确定的新闻线索，要求记者胆大心细，能够从纷乱的线索中找到有利于深入调查下去的疑点、难点和重点，由此拨云见日，找出事实的全部真相。如果调查记者的采访和报道只受限于表象的事实与逻辑，那么这篇散乱、零碎的报道必然无法做到全面、真实和完整，会影响到读者或观众对新闻事件的判断，甚至会产生不必要的纠纷。

一般而言，调查性报道的叙事逻辑包括了两条主线，一条是以记者亲历的视角和时空关系的叙事，是记者看到了什么，感受到了什么，这条叙事主线是明线索，是记者调查本身的叙事。在大多数调查性报道中明线索叙事表现的是记者对事件本身的主观立场与态度。另一条主线是隐含线索，是新闻事件本身的线索，从新闻事件的缘起、发展及影响，这是一条客观性叙事线索，这条主线的叙事突出的是如何揭露被掩盖的新闻事实真相。

新闻背后

叙事内容的不完整给调查性报道带来的负面影响是严重的。2014年5月14日，某媒体推出《地沟油去哪儿了？起底京畿地沟油黑色产业链》的系列报道。报道表示，记者在历时一个多月的暗访后发现，在京畿地区一条地沟油的黑色产业链条正在隐秘地运行着，为了追踪到地沟油的去向，记者一路跟踪到嘉里粮油（天津）有限公司的厂区内，了解到其下属的益海嘉里拥有着"金龙鱼"等知名食用油品牌，对此进行了相关报道。

5月15日，益海嘉里召开新闻发布会，认为记者误将"嘉里油脂化学（天津）工业有限公司"误认作"嘉里粮油（天津）有限公司"，而处理废弃油脂是前者的主营业务。这显然是调查记者的报道错误。随后某媒体更正了相关报道并致歉。（欲知案例全文，请扫描二维码）

二、行文逻辑的周延性

调查性报道一般牵涉到公众利益和既得利益者之间的矛盾关系，因此记者在完成调查采访后，报道写作一定要突破种种假象，运用逻辑思维来细致分析与考察采访对象，在行文中注意文字严密、准确地表达出行文逻辑推导出来的观点。不论怎样，前期的调查采访只是取得素材的准备工作，真正能够在社会产生影响和轰动的还是调查性报道内容本身，而且报道一旦刊发（播放），便成为媒体的声音和态度，因此行文逻辑的周延性代表了报道能否站得住，经得起推敲。

要保证行文逻辑的周延性，要确保坚持素材使用的平衡性原则、可靠性原则和准确性原则。

平衡性原则要求记者充分解读新闻事件本身的内涵和可能带来的影响，考虑到一个平衡的报道角度，根据已经披露的信息提供事件中各方的不同声音和立场，包括专家、学者的客观立场。平衡性原则同时也体现为新闻语言呈现上的平衡，包括电视媒体采访方式，画面构图以及剪辑率的高低等。

可靠性原则要求记者在选择采访对象或信源时要真实可靠，每一个采访内容都可以交叉证实。可靠性原则除了要求采访对象的可靠，提供的线索也能够查证，相关的专家、学者也应该不带有偏见。在行文写作时要考虑受访双方观点的冲突性和事实阐述的矛盾性，通过交叉证伪的方式确认可靠性事实。

准确性原则主要考察的是记者行文的准确性问题。在对新闻事实的描述与表达上，偏见词汇的使用以及数据的精准表达等，都可能构成调查性报道的失实，对此核实新闻事件中的模糊内容，咨询专业人员加以勘正，这些都是解决报道是否准确的办法。在大数据时代，通过检索获知的信息可以有效弥补调查采访中存在的不足。

三、报道语言的平实性

调查性报道的语言讲究朴实无华，不做过多的情感渲染与烘托，在事实的基础上合理安排语言，细致、准确地传达调查性报道的内容，运用新闻事实的本身打动和影响读者（观众）。平实语言本身的力量在于事实本身的呈现。

语言平实性首先表现在调查性报道的题目中。一个直观的标题能够将调查内容直接呈现给读者（观者），由此带来读者（观众）对于选题的判断和对报道本身的兴趣。比如笔者在这些调查性报道的题目中就能感受到平实性语言带来的独特魅力：《寻思后府》《"重点保护"保护谁？》《小煤井缘何屡难禁》《非法采沙调查》《"垃圾猪追踪"》《难走的村道》《火灾损失，不该虚报》《耕地被圈占以后》等等。

其次，报道语言的平实性表现在词汇的使用上，少使用带有形容词、副词等词性的偏见性词汇。强调名词、动词的使用，使报道语言倾向于新闻事件的动作具体描述和呈现，而不是整体性的概括和修辞，文本的话语表达不夸张、不矫饰。在对事件的具体描述过程中，多采用个体插曲式的描述，少使用整体背景式描述，以个体的拼图来完成整体的叙事，而不是整体背景的概括。个体插曲式描述基于对个案进行描写，具有较强的现场感，容易为人接受。但由于记者个人的视角喜好，往往会对新闻事件解读形成歧义。整体背景式描述则基于对事件背景环境的整体把握，注重完整视角，概括性强，更接近新闻事实。[1]

在广播电视的调查性报道中，尽量使用现场采访或同期声，表现受访者自身的观点与态度，使报道趋向于客观真实；在平面媒体的调查性报道中，报道稿件中要注意引用受访者的直接引语，采用原话叙事能够减少记者的主观性转述，这样可以增强调查性报道的真实属性，也使得报道更具现场性。

新闻背后

新闻语言的平实性可以增加可读性，更加贴近读者（观众），由此提升报道的影响力。笔者曾以《王家屯的闹心桥》为题，做过一期电视调查性报道，开篇根据观众寄来的照片引入主题，开场主持词是这样设计的：

我手里现在拿着的这张照片，是前几天一位观众寄给我们的，照片上是一座木桥，从侧面看桥体部分已经变形，寄信的观众说，他们那里的村民就只能依靠这座桥出入往来，但这座桥现在年久失修，桥体随时可能垮塌，村

---

[1] 张成良：《偏见比无知距离真相更远——西方媒体对拉萨"3·14"事件报道解析》，《新闻记者》2008年第5期。

民们对此十分担心。

报道的开头部分简洁明了，直接切入主题，从照片的展示到引用观众的原话，提高了报道的可信度。

四、报道现场的可展示性

调查性报道从本质上看是调查过程的展示过程，如果更确切地说，是新闻事实的译介过程，优秀的调查性报道具有高度的还原能力，能够再现现场场景。在调查性报道写作过程中，记者采取合理的结构安排，能够将时空秩序重新整理，带读者（观众）进入到新闻事件的呈现时空之中，受众得以更好地理解新闻事件，理解表象背后遮蔽的事实真相。与此同时，记者的叙事风格也能够引导受众抽丝剥茧，更好地展示其拨开层层迷雾，一步步接近真相、展示真相的全部过程。

在电视形态的调查报道中，要充分展示报道现场的办法就是现场镜头的使用，而且根据拍摄技术要求尽量增加长镜头纪实效果的画面，减少剪辑率，让画面本身再现现场，让画面带领观点进入现场。此外，采访现场的出镜访谈以及受访者同期声采访的运用，这些共同构成了丰富的现场可展示内容。显然，电视形态的调查报道突出在场性和现场画面的质感，对于调查性报道来说，现场的可展示性强，时空建构更加具体真实，有很强的感染力，这也是最近这些年电视形态的调查性报道引起广泛关注的重要原因。

报刊报道现场的可展示性在于强调平实性语言描述现场的同时，报道中融入现场照片、相关插图、插画等多媒体类语言，使得现场的还原度增高了。如今的报刊进入到读图时代，融合了图文信息的复合报道提高了现场报道的时空还原度。

互联网形态的调查报道实际上是媒介融合状态的报道，报道内容将文字、图片、动画、视音频引入到报道中，增加了感官的多元体验。此外，互联网 2.0 时代报道的动态决定了调查性报道本身已成为动态不断增殖的报道形态，新闻事件的最近动态不断地纳入到既有的报道中，形成一个不断包裹、同时增强受众交互功能的新闻报道组合体,更加强化了调查性报道的现场可展示性。

课后思考与练习

1. 采访对象不接受采访,故意推脱不在,你如何来说服他完成采访?
2. 调查性采访过程中,对方私下提出结束采访,并承诺只要不见报,可以配合调查,你作为一名记者如何处理?
3. 认真阅读下文的课外阅读内容《"重点保护"保护谁?》试分析调查性报道的思路:记者是如何呈现两条报道主线的?报道的结构与逻辑情况如何?
4. 策划一篇调查性报道的选题,根据选题特征拟定题目并写出采访提纲。

拓展阅读

对下面这篇电视调查性报道《"重点保护"保护谁?》进行赏析。

"重点保护"保护谁?
张成良　康凯　许丛远

最近几年,为了发展地方经济,各地相继出台了一些有利于招商引资的优惠政策,为投资者开绿灯。在我省西部地区的一些市、县,甚至为某些投资企业挂起了"重点保护"的牌子。然而,近日记者在某市采访时却了解到,一些被"重点保护"的企业,却干着见不得人的勾当。

在位于某市主要街道上的一家名叫"渤海大酒店"的宾馆,临街墙面最醒目的位置上挂着一块由某市政府颁发的"重点保护企业"的牌匾。而据群众反映,这家宾馆里存在着严重的违法色情活动。

推开宾馆大门,走进一楼大厅,记者注意到,在服务台的背景墙上挂着几块牌子,其中一块也是"重点保护企业"的牌匾,还有一块牌匾则印有"请出示治安检查证"的字样,颁发单位是某市公安局。

"住宿多少钱呢?"记者问。

"住宿，跟他已经谈好价了，原价150元，给他打折到120元。"服务员说。

"120元，是四人房间吗？"记者问。

"两人间，都是标准间。"服务员在六楼给记者开了两个房间。

办完住宿手续，记者原打算在二楼餐厅用餐，却被总服务台安排到七楼的一间包房里。

"包房不收费吧？"记者问。

"不收费。"服务员回答。

既然餐厅在二楼，七楼的这间包间又是怎么回事儿呢？看到记者有些困惑，一个领班模样的人走了过来。

"可以吃饭。做饭都在二楼，完了往上端。"女领班安慰记者。

看看记者只盯着菜单点菜，女领班开始游说记者："你们先选'小姐'啊，你们先选呗，不习惯？不习惯就锻炼呗。"说着，女领班招手让外面等着的人进来。

呼啦一下子进来二十多名坐台小姐让记者大吃一惊。仔细一想，这可能就是总服务台极力安排我们上七楼用餐的原因。女领班的安排让记者不知如何是好。

记者："怎么办呢？"

女领班："没啥！"

记者："让你们'小姐'先下去吧。"

女领班："要啥服务你跟她们谈就行，别那么不好意思。"

记者："别的，别的。"

女领班："一个人选一个啊！"

记者："太突然了，服务员说的让我们上七楼吃饭，来了这么多小姐！"

女领班："分期分批给你挑几个精品上来呀，行不行？"

记者："这还有不同价啊！"

女领班："这你们自己商量。价格问题现在都有价，得给差不多少。名牌名牌的价，破稀烂的破烂衣服价。"

记者："先吃饭，先点菜，完了我们点菜。"

女领班："服务生啊！进来沏一壶水，端盘瓜子，点菜！"

用餐过后，记者回到房间，看到桌子上有一张按摩价目表，为了试探虚实，记者拨通了联系电话。三分钟后有人敲门了。

记者："是按摩的吗？"

小姐："不会按摩。"

记者："足疗啥的都不做啊？足疗！"

宾馆工作人员："就是XX。"

记者："保健啥的也不做？"

宾馆工作人员："她们的特长就是XX。"

记者："正规按摩的没有啊？"

宾馆工作人员："按摩没有。你放心，在这地方肯定安全。我们楼层现在已经满了。你看着我们那批小姐了吧，就剩她了，她岁数最大没人要，剩下全包出去了。"

看我们执意只要按摩，两个人只好不情愿地离开了。不一会又来了一位小姐，记者与她聊了起来。

小姐："你要下去直接上'炮房'的话，得交10块钱。你有这房间就不用了。"

记者："'炮房'在哪儿？"

小姐："就在六楼。"

记者："'炮房'是啥呀？"

小姐："出台的地方。"

记者："安不安全呀？"

小姐："安全。免检单位，你放心吧。"

记者："公安啥的不来吗？"

小姐："不来。"

记者："我看你们楼下就有公安科。"

小姐："那个是保安。"

看记者没那个意思，这位小姐留下电话号码便走了。第二天，记者下楼来到了总服务台，服务员还是极力挽留记者再住一天。

服务员："咱这个环境是市里最好的。"

记者："你们这儿牌子不少啊！重点保护单位。"

服务员："这些牌子可都是花钱来的。"

记者："花钱买的？"

服务员："花钱来的，每个牌子都要钱。"

记者："有人查吗？"

服务员："没有。特别安全。"

走出渤海宾馆，记者又了解到，市区边上的颐鑫洗浴中心也是一家挂了牌的"重点保护企业"。为了看个究竟，记者进了这家洗浴中心，可吧台服务员张口就告诉我们这里的服务项目。

服务员："我们这里有特殊服务！"

记者："啊？"

服务员："特殊服务！"

记者："这里安全吗？"

服务员："安全，我们是免检单位。"

记者："公安局不来检查？"

服务员："对。"

这两家单位对违法色情服务毫不忌讳，难道真是仰仗这块"重点保护"的招牌吗？在某市，一些出租车司机和旅店服务员对此也颇有微词。

"渤海宾馆是某市免检单位。"一位出租车司机告诉记者。

记者故意问："啥叫免检单位？"

出租车司机："咋说呢？就是免检查，各项检查都免。"

记者："啥都不管吗？"

出租车司机："对，啥都不管。"

另一位出租车司机也表示了他的不满。

"这到底是招商啊还是'招娼'啊？市政府咋还能给他挂保护的牌子。"这位出租车司机抱怨说。

同为酒店服务业的另一家旅店老板告诉记者,渤海宾馆有小姐的事儿大家都知道。"我们这儿有不少客人是从它那儿过来的。说夜间睡不好觉,说小姐经常敲门。他那里现在都养小姐,而且还是免检的单位。"他说。

看来,渤海宾馆和颐鑫洗浴中心的色情服务在某市市民心中已经不是什么秘密了。那么,这样明目张胆地搞违法活动,就没人管吗?带着这个疑问,记者来到了渤海宾馆的辖区派出所——长虹派出所。

"你像渤海酒店,门口挂个大牌子,重点保护单位。"某市公安局长虹派出所所长说。"这就叫享受招商引资待遇,被政府保护的。"

"那能有啥优惠政策?"记者问。

"他在我们辖区派出所内,我们检查必须第一先到招商局,领取人家有一套检查的审批手续,然后经主管招商的副市长签字,经我们主管局长签字,三道手续之后,才能对他进行检查。"

"公安局直接对他检查也不行吗?"记者感到纳闷。

"对。如果我接到举报,他那儿有什么违法犯罪活动,我现在直接去,不行,马上得先履行手续,然后才能检查。"胡所长说。

另一位姓乔的值班副所长也对"重点保护"的牌子表示了不满:"公安局没有这个特权进行免检。就是政府行为,政府行为!"

如此说来,这"重点保护"的招牌还真管用。可记者弄不明白,像渤海宾馆和颐鑫洗浴中心这样的场所怎么会被列为"重点保护企业"呢?为了弄清原委,记者以投资者的身份,走访了某市招商局和法制局等单位。

"重点保护企业这样的牌子需要出多少钱?"当记者开门见山地询问重点保护的牌子如何办理时,招商局副局长毫不避讳地答复了记者:"大多数是看拉动地方经济增长的情况,大多数都在200万元以上,最后看你的预算、每年的产值、利润、税收情况,然后申请。申请之后,咱们到市长办公会讨论,最后市委常委和市长在市长办公会统一坐在一起批准。"

在某市招商局,记者看到了一份某市1999年出台的"关于对域外客商投资企业实行重点保护的意见"的文件,其中头一个重点保护单位就是颐鑫大酒店。

"比方说你家开一个宾馆，相关部门持检查卡，比方说到我们招商局来了，这地方签上了。你是从11月20号到23号，由我们几家联合组要对几家服务部门或洗浴部门或其他管理部门进行检查，咱们这儿统一签上字，拿到主管市长那儿，主管市长签上字，你拿检查卡才好使，要不的话，你有权拒绝，不让检查。"招商局副局长向记者打保票说。

某市法制局一位姓冯的局长则趁机暗示记者，如果考虑成熟，他可以引荐记者在某市投资。

"可能你们是在渤海宾馆住了，发现他这种形式不错。"冯局长得意地说。

看来这位法制局负责人对"渤海宾馆"和颐鑫洗浴中心的情况是早有耳闻了。

"像他们不挂重点保护单位的牌子，现在政府检查，也不像原来那样了，原来辖区派出所下去。"冯局长进一步暗示记者。

"咱们也告诉公安机关不让他们随便去检查呗，是不是下通知了？"记者也见机行事。

"对，他们都知道，这都开多少回会了。一整我们就和监察局一起开会，把这个情况通报一下，执法人员随时都可以去检查。我们可能给他批一季度去一次，或批半年去一次。其余时间到那儿去，宾馆有权拒绝他检查。"冯局长确定说。

为投资企业创造好的发展环境并给予保护本无可厚非。可是为从事非法卖淫嫖娼活动场所挂上"重点保护"的牌子就让人不能理解了。难道仅仅因为它们是投资大户、缴税大户吗？我们都知道，黄赌毒被称作社会毒瘤、万恶之源，各地公安部门每年的扫黄打非行动就是为了净化社会风气，可是，如果按着相关政府对"重点保护企业"的有关规定，公安部门连这样的违法从事色情服务的场所都不能突击检查、严厉打击的话，那么，这块"重点保护"的招牌岂不成了违法活动的保护伞？

（吉林电视台《纪实》2003年12月8日，作品获第十四届中国新闻奖三等奖；吉林广播电视新闻一等奖）

第十七章
新闻评论

【学习要点】

了解新闻评论的选题原则,熟悉新闻评论的分类。对新闻评论中的观点、事实和论证要求有一定的掌握,把握新闻评论的结构与节奏。具备评析新闻评论、撰写新闻评论稿件的能力。在具体的评论形态中,了解报刊类评论的写作、广播电视类新闻评论的写作以及网络新闻评论的写作。在具体的学习实践中,把握新闻评论写作的文风和特点,能够独立完成新闻评论的撰写要求,这是本章学习的重点。

第一节　新闻评论分类

新闻评论是新闻体裁中最重要的一类,它代表着媒体对新闻事件的判断、观点和立场。从本质上看,新闻评论是认识与意见表达的文本。一篇好的新闻评论,反映了作者认识问题、分析问题的思路和见解,同时也反映出媒体引导公众舆论的特征。可以说,新闻评论是一个新闻工作者应该具备的基本新闻写作能力,同时也是现代公民素质养成的重要组成部分。

人们通过翻阅报刊,收听收看广播电视,总是能获得时下发生新闻事件的各种评论,它们种类多样,表现形式丰富多彩,透过这些新闻评论,人们能够感受到的不仅是信息，还有信息带来的色彩和温度，进而人们感知社会，和社会同频共振。那么日常我们所见的新闻评论应该如何分类呢？

按照评论对象的内容分类，可以分为政治评论、军事评论、社会评论、经济评论、国际评论、体育评论。

按评论性的功能分类，有鼓舞型评论、批评型评论、论战型评论、解说型评论等。

按评论论证的角度分类，有立论性评论、驳论性评论、阐述性评论、提示性评论、解释性评论。

事实上，不同国家由于文化背景的不同，对新闻评论从文体上的分类也并不相同。具体说来，西方国家以及我国的港台地区一般将新闻评论分为社论、专论、释论、短评和杂志评论这五种形态。社论一般代表编辑部的重要评论发声形式，突出媒体对新闻事件的态度和主张；专论一般是社会知名专家学者对一些问题的具体意见和评论文章等；释论实质是解释性的评论，分析事件的诱因并给出发展趋势的一般判断；短评是作者对社会生活方方面面的评论文章；杂志评论是在时事杂志上发表的评论文章。

我国大陆对于新闻评论的分类根据媒体形态不同加以分类，一般分为报刊类、广播类、电视类、网络新媒体类。

报刊类的评论一般可以分为10类，包括：编辑部文章、社论、本报评论员文章、本报特约评论员文章、记者述评、短评、编者按、编后、署名评论、杂文。

广播类评论一般分为7类，包括：本台评论、本台评论员评论、记者述评、广播谈话、本台短评、编后话、署名评论。

电视评论起步较晚，一般包括：评论、短评、编后话、电视访谈、观察和思考、电视政论片、广而告之、电视述评论栏目。

网络新闻评论是近年来新兴的评论体裁，包括：网站评论、专家评论、转发其他媒体的评论、网民新闻点评和网络电子论坛中文评论。

上述媒介评论中，尽管网络新闻评论起步最晚，但其交互性、即时性和非线性的新媒体功能确保了公众参与评论的可能性，有公众广泛参与的评论强化其平台属性，使人人可以参与意见表达，媒介的中间属性得以突显，公众舆论场域开始形成。

第二节　新闻评论概述

新闻评论从内容分析上看，主要包括了事实和观点两个要素，没有事实不能构成新闻，没有观点就不能构成评论。如何运用事实或话语证明观点的过程，便是新闻评论中的论证。新闻评论本身具有强烈的说服性，通过说服的方式使读者（观众）获得共识，进而形成对于新闻事件的认同。

一、新闻评论中的观点

新闻评论中的观点是作者传达给读者（观众）的态度和主张，在提供新闻事实的同时，申明自己的态度。新闻评论中的观点事实上是作者引导读者（观众）对新闻事件的认识和检索。从新闻的属性来看，有的新闻并未提供观点，只是叙述新闻事件本身的发展和现场，这一方面缘于认识的不够深刻，一方面媒体强调信息传播的本身，尚未考虑通过评论深化公众对于事件的认同；有的新闻虽然未提供观点，但通过受访者的选择安排以及受访者回答问题的内容，隐秘地提供了新闻事件的观点，这种情形一般出现在事件本身具有争议性的报道活动中，媒体不便于表达态度和看法；还有的新闻媒体直接亮明观点和态度，旗帜鲜明地表达媒体的立场。这种情况一般对于事件本身认识清晰，或没有其他选择余地的刚性事件。例如2019年9月末发生的NBA火箭队经理莫雷关涉香港问题的不当言论，对内地媒体来说，事件本身的立场不容辩驳。

就观点而言，新闻评论中的观点如何进行分析和判断。王民在《新闻评论写作》中认为："新闻评论所讨论的问题，或属于事实判断，或属于价值判断。"[1]马少华在《新闻评论教程》中也认为:"价值与事实是人类生活的两个界域;也是人们的基本认识层面的分界,因此,它是我们对新闻事件发表看法的两大领域。它们有不同特点、规则,表现出不同的方式,也有不同的要求。"[2]

那么对于观点的判断,就可以从事实判断与价值判断两个层面入手。事实判断解决的是事实本身的内在逻辑,包括事实的构成、关系、原因与结果。价值判断解决的是新闻事实价值层面的评价,是对事实的见解与判断。

新闻评论从本质上看是对新闻事件的认识活动,认识活动的判断是论点,是新闻评论表现出对事件的见解,是写作者主观性的价值判断。论点是新闻评论中重要的观点判断标准。原《人民日报》总编辑邵华泽对论点提出的要求是:科学性、有新意、鲜明、全面、深刻。这种提法应该说是具有一定的代表性的,科学性、深刻,这是人们对于新闻评论的论点普遍的要求。科学性是评论的观点在逻辑上的可论证性,客观上观点的合理性;深刻是要求评论的论点论人所未知,论人所未见。

2006年,陕西潼关发生了一起新闻事件,当地工商局强行对入境货车拦截后罚款收费,结果河南巩义市车主张建勋,因为被非法罚款2.7万元不堪重负,服毒自尽。事件发生后,笔者针对这一事件撰写了一篇新闻评论《潼关的"关"》,评论的核心论点是:"当权力一次次被利益需求滥用时,我们的步伐不得不停滞在这一道道人为筑起的'关'前,受害者只求自保的心理纵然是其中的要素,但是政府部门偏安小利,或是害怕揭丑的心理则是真正的元凶"。这样的评论观点很鲜明,没有就事论事地评论,而是提升到政府不作为带来的影响上,使得评论具有了一定的深刻性,独辟蹊径,引起人们的思考。

---

[1] 王民:《新闻评论写作》,台北:台北联合报社,1981年版,第73页。
[2] 马少华:《新闻评论教程》,北京:高等教育出版社,2017年版,第27页。

二、新闻评论中的事实

新闻评论所包含的要素除了观点之外，还包括新闻事实。新闻事实是新闻评论的前提基础，是使新闻评论具有新闻属性的靶标，也是新闻评论具有现实意义的立足点和出发点。缘于新闻事实的评论是有针对性的评论，也是引导新闻事实在公众中产生如何影响的质料。

新闻评论中的事实是动态发展的事实，在评论中主要起到三种作用：作为由头的逻辑起点；作为判断的评论对象；作为论据的事实支撑。

作为由头的新闻事实既是新闻评论的事实，也是评论针对的对象。虽然新闻评论离不开新闻事实而存在，但未必是所有的新闻事实都能成为新闻评论的由头，而成为新闻由头的事实必然具有广泛的社会关注，甚至争议性。这同时也说明，以新闻事实引出的新闻评论，除了能够更清晰地解读新闻事实，也使得新闻事实本身更加清晰，同时也可能对未来事件发展指明大概的方向。

下面一篇新闻评论就是从事实为由头开始的例子。

比劫持更可怕的是冷漠[1]

2006年8月9日，某驻烟高校的小文（化名）遭到3名歹徒劫持，在洗劫一空后，小文身上也多处被砍伤，为此，小文身心受到了严重伤害。幸亏师生及时伸出援手，小文才渡过了难关。

在这篇报道中，有这样一个细节：那就是劫持小文的作案工具竟然是一辆出租车！在整个劫持过程中，3名歹徒先后两次下车，此时，出租车司机一个人呆在车内，没有报警援助的意思！可以说，在这名麻木不仁司机的眼皮子底下，小文被人劫持，又被人砍伤！

无独有偶，今年5月，烟台市也发生了类似的两起抢劫案。四名歹徒乘

---

[1] 本报道是《鲁东大学报》2006年11月20日刊发稿件《不是亲人胜亲人》之后的新闻评论，作者：张成良，王可良。

一辆出租车连续作案，疯狂抢劫单身行路女子。事后，烟台日报社《今晨六点》刊登了名为《女子凌晨被抢，出租司机助纣为虐》的文章，把目睹抢劫而无动于衷的司机推上了道德审判的法庭！然而时隔不到三个月，类似的抢劫案如出一辙地被再次演绎出来，小文成为了这次事件的受害者！

按说，出租车是城市的文明窗口，对于烟台这样的旅游城市，出租车司机的举手投足对城市形象影响更为明显。然而在连续发生的劫持案件中，出租车司机却都卷入其中，并且扮演了极不光彩的角色。

面对咄咄逼人的歹徒，也许出租车司机能找出种种借口和理由，毕竟，道德和谴责在个人利益面前，总显得微不足道。法律专家说，如果出租车司机明知对方是抢匪，且不是在对方的暴力胁迫下将其拉走，就触犯了法律，涉嫌窝藏包庇罪。抛开过于刚性的法律，对于整个出租车行业形象来说，出租司机手握方向盘时，他代表的就已经不仅仅是他个人，而应该是整个出租车行业。所以在几起出租车司机卷入的劫持案件中，出租车行业也一次次被歹徒劫持，成为作奸犯科者的帮凶，赤裸裸地绑在公众面前示众！

不用说，有过被劫持经历的当事人一定还对出租车心有余悸。在他们眼里，出租车司机的冷漠并不比歹徒的凶残善良多少，对于受害者来说，肉体创伤只是一个噩梦，但是心灵伤痛的治愈却还要经历一个漫长过程，而这一过程中类似案件的发生无疑会加重这种挫伤感的累积。

冷漠无疑是最大的纵容，而针锋相对才是对歹徒最大的威慑！今年九月，吉林市发生了一起飞车抢包案，歹徒抢劫后持刀抵住了出租车司机的脖子，而回答劫匪嚣张气焰的是上百辆出租车司机的勠力同心，他们最终制服了劫匪。类似的出租车围剿劫匪的例子在吉林市还有不少：正因为出租车司机面对劫匪时"抱成团儿"，才导致那里与出租车相关的案件发生率持续降低，也提升了市民对出租车行业的认同感。

当然，笔者无意于强化出租车行业的统一范式：设置过高的道德期待不利于道德环境的涵养。但是出租车行业作为社会合作的首选，寻求一种次优的底线道德共识，提倡和谐社会所需的人文关怀和行业潜在道德规范，才能杜绝乘客独自面对劫匪时，出租车司机冷漠相对的尴尬。

这篇报道以某高校学生小文被抢劫并被暴力伤害为由头，对社会上发生的类似事件类比后认为，面对歹徒的凶残，更可怕的是出租车司机的冷漠，这种冷漠事实上成为劫匪的帮凶。文中始终以事实说话，通过类似的两个反面案例和发生在吉林市的哥合作制服劫匪的正面案例，意在说明面对不法侵害事件，每个人都有站出来反抗的义务，这样社会才能和谐稳定，最终达到风清气正的良好社会环境。

作为判断的评论对象，新闻事实提供的是能够提供事实判断的实体依据。事实本身具有不可辩驳的真实性，因此能够增强论证的客观力量。

作为论据的事实支撑，新闻事实提供了类比论证的案例，提供了新闻事件的其他视角。上题的新闻评论中，《女子凌晨被抢，出租司机助纣为虐》从同一视角证实了目前出租车司机冷漠的社会环境仍然存在，通过这种新闻事实的积累与利用，强调了评论论证的客观属性；而另一案例中吉林市出租车司机努力合作制服劫匪的新闻事件则反证了正能量带来的广泛认同，更加深刻地证明了出租车司机冷漠的不得人心。

事实在新闻评论里的力量是巨大的，这要求新闻评论者做好日常积累，将发生过的新闻事件作为事实出现在后续的新闻评论写作中，保持开放状态，将新闻事实容纳到新闻评论中，使得"用事实说话"的评论文风成为一种写作常态。

三、新闻评论中的论证

论证是增加一个论点可接受程度的方法与手段。在新闻评论的要素中，观点与事实作为静态的要素存在，其结构性过程便是论证的动态过程。新闻评论的论证讲究理性，通过逻辑思维能力建构一种理性的推理过程。

常见的新闻评论中的论证包括：因果论证、条件论证、演绎论证、归纳论证、类比论证、比喻论证和对比论证。

因果论证

因果论证是根据客观事物内在的因果联系进行推理的一种论证方式。以目前的结局,推断形成这一结局的诱因,或开端于根源得出的结果。因果论证具有两个明显的特点:一是在时间关系上,由因而果,因在先果在后。在新闻评论中,从目前的结局,追溯到这个结局形成的根源;或者从已知的原因出发,推导出它的结果。二是因与果的必然逻辑,此因必成此果。应该说,因果是一种强逻辑关系,因为因果带来了事件结果的最终归因。笔者在《博士买题案,行贿"潜规则"的一次示众》就运用了因果论证:"正是因为文化制度理解的不同,所以买题案甫一公布,就引来许多争议:有人认为举报

的老师虚伪,矫情,不念师生之谊,把学生送进囹圄,由此毁了女博士的一生;也有人觉得,女博士行贿教师被判入狱是咎由自取,怨不得别人。"文化制度理解作为因,惹来争议作为果,这样的因果论证链条就自然成立了。(欲知案例全文,请扫二维码)

条件论证

条件论证强调一种情况对另一种情况的直接影响,从形式逻辑上看可以叫作条件联系。应当说,因果联系可以看作是一种条件联系,但并不是所有的条件联系都是因果联系。二者存在的区别在于范畴的不同,例如同一性与差异性的联系是条件联系,但不是因果联系;同样地,偶然与必然的联系也不是因果联系。从推理思维上看,条件论证采用假言推理,即,由此条件导致此结论。一般采用"如果……就……","除非……不……"笔者在《绿

色GDP缘何难入地方政府"法眼"?》运用的是条件论证:"如果没有前期试点使用,仓促上阵的绿色GDP核算必然会出现种种技术等问题,那样的话地方政府拒绝核算就会更加理直气壮。"这里仓促使用绿色GDP核算是地方政府理直气壮拒绝的前提条件。(欲知案例全文,请扫二维码)

演绎论证

演绎论证是演绎推理的论证,强调从一般到特殊、普遍性到特殊。演绎论证的论点与论据之间的联系是必然性联系。运用三段论推理形式进行

论证，这在新闻评论和一般论文中相当广泛。《登徒子好色赋》中宋玉运用演绎论证自己并非好色，"天下之佳人莫若楚国，楚国之丽者莫若臣里，臣里之美者莫若臣东家之子。东家之子，增之一分则太长，减之一分则太短，著粉则太白，施朱则太赤。眉如翠羽，肌如白雪，腰如束素，齿如含贝。嫣然一笑，惑阳城，迷下蔡。然此女登墙窥臣三年，至今未许也。"他先是强调东家之子的美貌，对周围人的影响，然后演绎个人的特殊，由此论证自己并非好色。

归纳论证

归纳论证是通过归纳推理进行论证的方法。与演绎论证不同，其强调的是从个别到全面，从特殊到一般。这个结论就是从个别的事例中归纳出来的，是从特殊推论一般。当然，这种特殊的论证应该具有代表性的，是可以成为归纳佐证的材料。笔者在《"沙尘四月"何时休？》中运用的归纳论证："回顾我国沙尘暴的统计资料，20世纪50年代共发生过5次，60年代8次，70年代13次，80年代14次，90年代23次；2000年一年就发生12次，2001年至2005年末共发生6次。尽管数字上升之快让人心惊，但是看完这组数字，我们还是满怀美好心情地想象：2001年以来，沙尘暴似乎已经得到了治理。"通过数据的变化，由特殊到一般，做出一个整体上的结论。

类比论证

运用类比推理的方式进行论证。是根据两个或两类对象有部分属性相同，从而推论出它们的其他属性也相同。类比推理也是一种必然性推理。笔者在《比劫持更可怕的是冷漠》的评论中列举了类比论证的事例，"无独有偶，今年5月，烟台市也发生了类似的两起抢劫案。四名歹徒乘一辆出租车连续作案，疯狂抢劫单身行路女子。事后，烟台日报社《今晨六点》刊登了名为《女子凌晨被抢 出租司机助纣为虐》的文章，把目睹抢劫而无动于衷的司机推上了道德审判的法庭！然而时隔不到三个月，类似的抢劫案如出一辙地被再次演绎出来，小文成为这次事件的受害者！"两相比较，确定了本文要评论的小文遭遇的实质，就是冷漠带来的影响更加可怕。

比喻论证

通过打比方来说明问题，具有生动活泼、深入浅出的特点。新闻评论中使用比喻论证更容易使人理解本体，能够获得更深刻的评论效果。笔者在《英才何必论出处》的评论中，将人才比喻成菜，将用人单位比喻成摘菜人。"其实剜到篮子里的也未必就都是菜！即便把'菜'放在了你的篮子里，也未必就能用好这篮子'菜'，搞不好只能眼看这些'菜'白白地烂掉。"

对比论证

是通过对比不同性质的事物或者通过对比同一事物的不同表现来说明道理。对比论证可以突出说明事物的同与异，能给读者、听众留下深刻的印象。在《纪念白求恩》一文中，介绍白求恩精神时使用了"对工作的极端负责任以及对同志对人民的极端热忱"。相对应的，指出其他对比同志"不少的人对工作不负责任，拈轻怕重，把重担子推给人家，自己挑轻的。"这样的对比突出了白求恩同志毫不利己专门利人的精神面貌。

第三节 不同媒介形态的评论

新闻评论是不同媒介形态中最常见的新闻体裁，不同媒介因为传播渠道不同，其所建构的文本根据符号不同，也表现出各自独特的文本特性，形成了不同侧重的书写与传播风格。报刊类新闻评论文字符号侧重于评论以说理为主的论说特征，要求文字在行文上具有强烈的论证逻辑特征；广播电视则因为视听符号的主导和影响，要求新闻评论的在场表达，客观的多元呈现；网络媒体强调即时在场以及交互沟通，要求新闻评论在场表达，即时交互的碎片化表达与呈现。

一、报刊类新闻评论

报刊类新闻评论是指报刊媒体发表的各类评论形式的总称。针对具体的新闻事件、社会现象等发表意见、阐明观点、表明态度的一种文体。作为大众传媒中的成熟的文体，报刊新闻评论在引导舆论、表达立场等过程中发挥着重要的影响。即便到了互联网大行其道的今天，报刊类新闻评论仍然代表着主流舆论发出的声音，影响着社会舆情的发展，其在体裁上表现的丰富性、语言上呈现的朴实性和在文风上的贴近性，成为报刊类新闻评论的主要特征。

（一）体裁上的丰富性

报刊类新闻评论体裁多种多样，有社论、评论员文章、短论、编者按、述评、时评等。

社论是报刊评论中最重要的一部分，被称为报纸的旗帜，体现出强大的政治性、政策性、权威性与导向性，表明了报社对于重大新闻事件以及政策、问题的观点、立场与主张，其一般出现在党政机关报重要版面，是报刊的政治面孔与表情。

评论员文章是报刊评论中仅次于社论的一种高规格的评论，关注国内外重要问题、行业、部门等范畴的重要问题，相比于社论，其选题方向更加广泛，语言风格也比较活泼自然，强调社会舆论的引导性。

短论是针对新闻事件或现象的简要评论，一般一事一议、一题一议，具有独立思考的特性。

编者按是依附于其他新闻体裁的编者评论，目的性明确，通过画龙点睛的方式点明文章主旨，突出新闻报道或其他文稿的作用。

述评是指新闻中边叙述边评论的一种文体，报刊类新闻评论中使用不多，强调以事实立论，以事实的叙述推动评论，强化作者的态度和主张。

时评是新闻媒体中最常见的一种文体，紧跟时事，深刻具体，语言犀利，具有很强的导向性。目前许多报刊设立栏目或版块，均以时评为主导，强调报刊的办报特征。

报刊类新闻评论体裁上的丰富性决定了其对于新闻事件、社会事务的广泛关注，也是引导舆论、树立主流媒体威信的重要文体。

（二）语言上的朴实性

报刊类新闻评论语言风格不同于其他新闻文体，尽管呈现出不同的两种风格：情感化的和理性化的，但不可否认的是，两种风格在语言的使用上都要求凝练隽永、朴实无华。新闻评论不同于其他新闻叙事，它更加注重文字的有效性，因此不论是情感倾向还是理性倾向，在语言上都着力做到"深入浅出"地讲道理，从官话到"民话"，努力使用通俗易懂的"群众语言"，这不但符合大众传播过程中传播的有效性，同时朴实的语言风格也显得更接地气。

语言上的朴实性也表现为口语式的表达，行文中会出现民间俗语等接地气的话，例如笔者在《绿色GDP缘何难入地方政府"法眼"》中引入了"是疖子总是要出头的！"这句俗话意在说明这样一个道理："尽管绿色GDP核算会遇到种种困难，但是绿色GDP核算已经是大势所趋，推广绿色GDP核算，将成为地方政府迈向科学发展观制度建设的必然趋势"。再比如，论证行贿成为一种潜规则时，表达为"在文化和制度层面，'官不打送礼的'想法在内地由来已久"。

语言上的朴实还表现为比喻论证的使用，例如前文比喻论证中提到的把人才比做"菜"，把用人单位比喻做买"菜"的人。比喻通过本体和喻体的关系，更加准确地表明了写作者的态度，也使得语言形象生动，富有魅力。

词汇的使用上，报刊新闻评论强调动词、名词的使用，可以准确地描述新闻事件（现象）并进行评论，不用形容词和副词，避免人为的修饰和修辞。比如笔者在评论《"沙尘四月"何时休？》里使用了这样的文字："治沙的钱花了不少，怎么就'捂'不住一个沙尘暴？"，这里的"捂"字生动地表明了治沙者的急切心态。

报刊类新闻评论语言的朴实性有利于读者的参与性，这种参与强化了读者认同感。20世纪90年代以来一些报刊相继开办更多的言论版块，使得有不同身份的读者均可以加入进来，由此打破了既往报刊单一写作、单向度发声的惯例。

（三）文风上的贴近性

文风是语言风格的一种，是由具体的语言选择和使用构成行文上的倾向。

一直以来，报刊新闻的文风问题引起广泛的社会关注。"文风问题"的实质并不是语言风格或倾向的问题，而是着眼于读者与作者之间关系的问题，即，通过外在的语言使用带来的读者对于媒介工作者的认知并由此建构起深刻、复杂的编读关系的过程。

从评论的写作实务上看，党政报刊因为长期担负着舆论宣传的功能，其单向度传播的功能逐渐形成，这种由上而下的引导舆论、教育公众的功能相对单一，评论的修辞比较一致，即任务的下达与推行。这样一来，许多媒体逐渐养成了与"机关作风"相对应的"机关语言"，这种带有鲜明授权特征的文风往往容易居高临下，事实阐述少，价值判断多，这成为一段时间里报刊新闻评论充斥的话语方式，由此形成了直接表达、命令主导的语言风格。

这些年来，我们一直在强调转变文风。转变文风，就是要改变报刊新闻评论的语言风格，建构一种具有广泛贴近性的新时代文风。新时代评论文风是符合新兴媒介环境，张扬个性，能够适应未来媒体竞争格局，确立亲民式的评论文风，确立新时代的个性化文风。

建立亲民式的评论文风，就是要确立一种寻求读者认同。评论在摆事实、讲道理之间娓娓道来，读者在倾听与思考之间获得认同。亲民式的评论，一般都具备指导性、知识性、美学性、多样性等特征。此外，从评论的可读性的角度着手，同样能够提升评论的可读性。

建立新时代的个性化文风，就是从评论的选题立意到材料使用、语言表达及结构安排上，突出评论员的个人特色，使之具有鲜明的个性化特色。事实上，目前许多报刊大都开设有评论员的个人专栏，专栏突出个性，易于形成栏目品牌，培养有一定粘着度的读者。

二、广播电视新闻评论

广播电视新闻评论不同于报刊评论，其独具的视听语言风格更有利于在场性、类交流情境的产生。20世纪50年代，胡乔木就提出广播"要学会走自己的路"，希望广播工作者能摸索出一条具有广播独特语言规律的新闻评论文体。电视的出现，在声音的基础上声画同步的传播模式使得新闻传播的"在场性"进一步增加，极大地改变了文字符号写作交流所面临的困境：文字传播对于读者的文化要求成为报刊进一步大众传播的障碍。广播与电视时空拟定的"在场性"虽然只是一种建构式的存在，但不可否认，广播电视的即时性播放造成"在场倾听""在场观看"的特征，这种情境在新闻评论体现的更加明显，"类交流"的特征增加了受众的在场仪式感。

（一）广播新闻评论的表现与特征

广播新闻评论最初是文字的口语化表达，就是将报纸上的评论文章口语化表达出来，这其实仍然是书面文字的传播，只是改变了传播渠道。随着广播新闻评论的发展，利用广播传播特征确立的新闻评论范式逐渐形成，由书面文字化表达到完全的口语化表达，广播新闻评论逐渐形成了自己的特色，吸引来越来越多听众的关注。时至今日，广播新闻评论的播报方式仍有着较深刻的影响。

口语化的语言表达

广播新闻评论是依靠听觉收受的，那么当静态的文字成为动态的声音时，传播的即时和线性结果意味着：听众收受与理解的过程应该尽快完成，否则语意就无法有效传达，这样口语化的表达方式就成为一种可能。口语化的表达不但有利于语言传播，同时其生活化的特征容易得到听众的认可。当然，即便是口语化的表达，其叙事逻辑仍然是清晰可以触摸的，这不同于日常对话的口语交流。

多要素的音效构成

广播与电视新闻评论文体一般比较相近，以新闻述评为主，这种评论强调情境的创设，因此会通过音效的使用达到烘托气氛的目的。一般而言，广播新闻评论的声音由采访者的录音、记者的旁白、大段落的评论组合而成。多要素的音效构成，使得新闻的现场感更强，突出在场气氛，使听众感受到身临其境。

实时交流的在场形态

广播能够提供在场评论，通常表现为单一向度特征，即一个人的口语评论表达，这样的评论不能构成交流的回路，因此，评论本身只能看作是拟态的。

多个评论主体共同在场的交流评论构成了不断完成的回路，这样不需要提前设定情境的交流式的评论更加生动，语境更加完整，评论内容更加丰富多彩。

（二）融媒体时代的广播新闻评论

融媒体时代，人人皆在线，人人皆可以参与新闻评论，这使得广播新闻评论不论是话题还是传播方式，都向着开放边际、去中心化的态势发展。在新闻事实的叙事环节中，不断融入听众的互动评论与主播同步交流的观点，利用多种新媒体手段，穿越时空形成共同在场、多方联动的广播新闻评论场景。

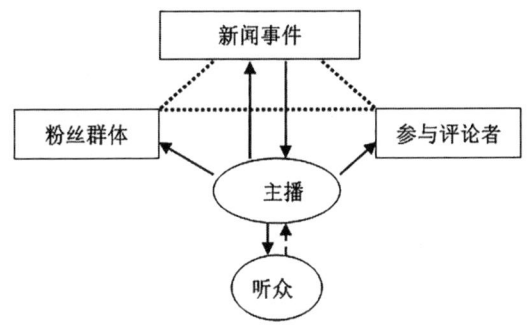

广播新闻评论的抽屉式模式

在融媒体时代广播新闻评论场景建构的模式中，笔者借鉴了抽屉式传播模式进行分析：这种传播模式以节目主播为中心，由新闻事件本身、粉丝群体和参与评论者组成新闻评论多元主体（见上图）。其中，节目主播作为传播模式的核心组织力量，好比拉抽屉的人，其他参与各方好比三个盛满东西的抽屉，媒体评论主播通过与各评论主体沟通互动，抽取各主体的评论信息，经过整合（评论）后呈现给受众，再通过受众反馈，及时将反馈信息传递给上述评论者，形成信息传播的完整链条。

在广播新闻评论节目中，主播享有组织调度评论者进入场景的权力，场景的开放性和技术的支撑为这种引入提供了足够的保障。当然，广播媒体受限于符号选择，其融媒体支撑表现在时空场景调度的高度融合上，加入评论场景的既有媒体人，也可以是专家学者，抑或是普通公民，而且这种加入可能不需要策划与准备，可以即时性联接与匹配。

新闻背后

快递员李春兵被打断10根肋骨事件的广播融媒体评论

杭州之声的中国新闻名专栏《连线快评》曾经播报《快递员李春兵被打断10根肋骨,只因晚了5分钟》这条新闻,《午间道》对快递小哥的职业生态进行了重点关注和评论。在融媒体评论环节,节目增加了三处链接:

1.链接首先引用人民日报的人民时评——《让快递小哥有保障、有尊严》。表明"快递业传递的不仅是产品货物,更是情绪和人情味"。这一链接带来了不同媒介评论员的观点和立场,对于正在播出的节目而言,这种评论"增量"有利于引导舆论。

2.接下来链接的是听众通过微信发来的图文信息。听众发来的是一张顺丰上市仪式上的图片,快递小哥与顺风老总一起站在敲钟台上,这位小哥就是2017年在北京汽车剐蹭事件中被打的那位快递员。这一链接强调了类比论证的图文效应,丰富了评论本身的视角。

3.最后一个链接来自于杭州之声官方微信的留言。留言是听众将《成都》改编成快递小哥版,为此,节目还播放出网友的一段原唱,增强节目的可听性,这样的评论强化了民间的声音和立场,这对于引导舆论、提高听者的参与性大有裨益。(欲知案例全文,请扫二维码)

融媒体背景下的广播新闻评论,事实上已经超越了节目形态本身,而是通过新兴媒介关系注入新的动力,由此形成场景化的传播环境,推动更加广泛的用户参与意识的形成。因此,可是这样说,融媒体背景下的广播新闻评论,"绝不仅仅是媒介融合过程中简单的传播活动,而是反映着以新兴媒介为主导的新的社会生活秩序的到来"。[1]

---

[1] 张成良:《融媒体传播论》,北京:科技出版社,2019年版,前言第6-7页。

(三) 电视新闻评论类型与特征

与报刊类新闻评论及广播新闻评论相比，电视新闻评论具有更加丰富的符号形态，其兼具了报刊与广播的评论表现与特征。以声画相结合的方式，立体全域地突出在场化评论表达的传播效果。

1. 电视新闻评论的类型

我国电视新闻评论节目经历了从单一的文字口播评论表达，到口播加电视画面的复合时代，再到新闻事件报道与评论交叉的述评时代，最后到演播室现场直播交流参与的评论形态，逐渐形成了稳定的评论类型。目前电视新闻评论节目根据新闻事实与意见性内容可以分为两个大类：主评型电视新闻评论和述评结合型电视新闻评论形态。

首先是主评型电视新闻评论。在主评型电视新闻评论节目中，陈述性信息与意见性内容的比例为1:4左右，这里的陈述作为新闻评论节目的由头和开场。电视作为一种视听兼具的媒介形态，其传播优势在于在场性表达，因此新闻事件本身的叙事能够引发评论本身的关注。

在主评型电视新闻评论节目中，借由谈话建构的传播环境更容易推动评论者之间的观点表达。当然，结合谈话类节目特点的主评型电视新闻评论形式也是灵活多变的，常见的是由主持人组织形成对话式的新闻评论，如中央电视台《海峡两岸》栏目主持人与嘉宾之间的互动评论，或作为我国第一档"个人化的新闻评论节目"《时事开讲》，这类评论节目一般由主持人抛出问题，评论嘉宾根据主持人提问展开评论；有时根据需要也可以采取连线的方式进行交流评论。此外，通过设置一种家常聊天模式的新闻评论也曾引起广泛关注，因为这种评论一般不预设主题，话题轻松，容易带入情境，产生共鸣。此外，电视新闻评论也可以设计成沙龙式的评论，如曾经引起广泛关注的电视栏目《实话实说》。

在述评结合型电视新闻评论中，叙事性信息与意见性的信息比例相当或更多一些。这种文体的电视评论一般是边叙事边评论；也有的先叙事后评论的，这样评论信息的比例会更低一些。这种新闻评论强调事实呈现，通过现场展示强化评论的深刻性，"用事实说话"的"镜头"是叙述性信息表达的主要方式。中央电视台《焦点访谈》栏目就是通过调查叙事引导评论的述评结合的新闻评论栏目形态，笔者曾工作的吉林电视台《纪实栏目》同样也是通过述评的叙事加以评论的。

除了上述两种类型外，电视新闻评论还包括主持人单独评论，辅助以新闻案例的栏目类型，这种电视新闻评论包括白岩松主持的《新闻周刊》，就是以鲜明的个性评论、犀利的评论语言风格产生了深刻的社会影响。

2.电视新闻评论的特征

相比于报刊类新闻评论与广播新闻评论，电视新闻评论不论从场景叙事性、评论的多角度性等都具有不可比拟的优势，它将新闻评论依托于具体的新闻事件之上，就新闻事件本身来展开评论，它在理性叙事的基础上强调情感诉求的相结合，它将现场画面与评论内容融合在统一的时空环境中，增强情感诉求带来的感染力和震撼力。具体特征包括：

依托于新闻事实之上，用事实说话。电视新闻评论是建立在新闻事实基础之上的，它利用自己的技术优势，能够发挥现场采访报道、声画一体建构的独特优势，以可见、可听、可感的视觉与听觉形象，建构一个"眼见为实"的新闻评论场景。

新闻叙事与评论交叉进行，相互确证。电视新闻评论一般都采取述评结合的方式，边叙边议，叙评结合。调查性新闻评论，在记者主动参与掌握新闻事实的同时，抓住事件、情节等逻辑关系，引导观众的关注与思考，适时的评论能够引起观众的认同感。

情感诉求的感性与逻辑结构的理性高度融合。电视新闻评论要达到说服与认同的内在统一，就要求在讲究视听符号传播手段，营造客观评论氛围的同时，更要注重调动观众的情感，使观众与评论本身产生情感上的共鸣。因此，电视新闻评论保持客观态度、情感诉求的沟通，通过情感因素带动认识和行为因素，有效推动评论信息的传播。

三、网络新闻评论

融媒体时代关于网络新闻评论认识，人们有着不同的认知和观点，因此就这一话题展开的评论也众说纷纭，莫衷一是。相关的争议表现在对于评论信息范围的界定上，即除了公开发表在平台上表达观点的信息外，其他广义的评论信息，比如一些来自论坛中的小议论、评价、交流、非正规的言论是否可以被视作网络新闻评论。事实上，网络新闻评论不同于传统报刊及广播电视的评论，凡是关涉到意见性的信息都可以看作是网络新闻评论。这表现在两个维度上：一个维度是信息的属性问题，即何种信息是评论信息。如果只把传统媒介公开发表的评论信息视作网络新闻评论，那么其他各种具有评价性、政论性的留言或发布就会被隔离掉，这样显然忽略了网络媒体的传播特征；第二个维度是主体性问题。网络新闻评论的主体更加泛化，从评论文本的发布到各种留言评论的跟进，评论主体都具有不确定性，评论者可以始终在场参与，也可以随机退场。如果说报刊与广播电视新闻评论具有组织功能，同时保持着议题和组织评论者的中心地位功能，那么网络新闻评论则表现出去组织化、去中心化的功能，每个个体都可以成为议题设置者。

那么如何来定义网络新闻评论呢？网络新闻评论是人们借助网络平台对新近新闻事件或现象发表的议论，这些议论的发起与维系具有自发性特征，议论也采取非正规的议论：通过微信、微博、贴吧等网络平台发布，或在已发布的新闻信息留言中，这些都构成了网络新闻评论。

（一）网络新闻评论的价值取向

网络新闻传播带来的变化，首先体现在新闻价值的变化上。新闻评论在时新上取得了长足的发展，网络新闻评论变得更加迅捷、更加普遍地存在于网络传播环境中。在互联网技术环境下，人们对新闻及评论及时性的要求越来越高，与传统媒体时效性相比，网络新闻评论的"实时性"使得新闻与评论同步传递给受众。"实时性"不仅意味着新闻事实的同步性，同时还将引导舆论，避免新闻事件背后各类传闻信息的滋生和传播。

网络新闻传播还带来新闻价值取向的新变化。与传统新闻评论导向性要求不同，在网络娱乐化时代，新闻娱乐化必然带来价值取向的娱乐化，表现在网络新闻评论上，各种趣味性强、贴近性突出的评论信息开始大量出现，增强了人们对于网络新闻评论的新认识。

网络新闻传播价值取向的判断开启了新兴的舆论场。在新闻价值判断上，受到政治的、意识形态的影响始终存在，对于关乎国家前途命运的大事，向来是新闻评论选题判断的重要逻辑起点。网络信息传播的快速发展，带来的是实用性信息的大量出现，由此形成的新闻评论议题设置开放，价值取向多元且泛化。各类网络论坛、网上社交活动层出不穷，网络新闻评论重新建构起世俗意义的新闻评论场。

不可否认，网络新闻价值取向也存在不容回避的问题，具体包括：

首先，在追求时效性的同时，忽视了准确性。对于一些突发事件，在事件发生的第一时间内，往往因为事件信息的缺失，不能完成全部信息拼图，所以带来的猜测或道听途说的消息很容易误导公众，成为谣言滋生的舆论场。近年来屡屡发生的一些错误舆论导向的新闻事件大都出于这种情况。如2018年发生的重庆公交坠江事故，事故发生后，立即有评论把责任推向惊魂未定对向车道的女司机，由此产生了大量的负面舆情反应，直到更多信息披露才逐渐平息。

其次，在追求冲突性的同时，忽视了理性的存在。任何新闻事件一旦被恶意利用形成舆情，便容易使网民丧失理性，由此变成彻底的道德绑架，影响到事件本身的正常判断，形成网民群体性失去理性的局面。

再次，在追求传播效应时，倾向于低俗化和煽情化策略。为引起广泛关注和社会影响，网络新闻评论在价值取向上也陷入一种低俗化倾向中，利用网络空间发表低俗意见，有不同意见便相互诋毁甚至谩骂，这些都影响到网络新闻评论在精神文明建设中所能发挥的积极作用。

新闻背后

2018年7月底，4名来自郑州、洛阳、周口等城市的家长表示，4家孩子今年的高考分数与以往成绩、高考后估分严重不符；他们怀疑孩子的答题卡被人调了包，并实名举报河南省高考招生办公室相关负责人"滥用职权、组织考试作弊、内外勾结"。

来自周口市的考生家长苏洪介绍，其女儿今年高考只得了335分，而其平时考试成绩均在600分左右，高考估分也在627分以上。还有家长表示，女儿查看其名下的答题卡后，坚称不是其本人所答。

消息爆出后，网友们纷纷表示非常愤怒，事件也在网络上引起热议，多次登上热搜。

8月11日，河南省纪委监察委网站公布调查结果：不存在人为调包试卷和答题卡现象。

此外，经严格审批，4名考生或家长先后查看了本人高考各科答题卡原件。（欲知案例全文，请扫二维码）

（二）网络新闻评论的类型及功能

网络是各种信息与意见的集散地，参与网络新闻评论，是一种被赋权的网络行为，也是网民表达意见和建议、提高网民社会议题参与意识的重要场域。那么，网络新闻评论有哪些类型呢？我们按主体和渠道载体划分，归纳网络新闻评论的类型如下：

第一种，从网络新闻评论的主体划分：

（1）编辑评论

编辑评论是比较常见的一种网络新闻评论方式，由网站工作人员，包括编辑、记者或特约评论员撰稿并推送，代表了网站的基本立场和主张。

（2）专家评论

专家评论是由网站根据需要邀请不同行业领域专家对特定的新闻事件发表的意见和评论。新闻事件因为关涉方方面面，需要专家的视角和评论，具体的评论可以是专家撰写的文字稿件，也可以是在线聊天或聊天室座谈等方式。如体育的足球评论、军事评论、科学技术评论等。

（3）一般网民评论

一般网民的评论是网络新闻评论的主要表现形式，网民自发集结在社区论坛或其他新闻平台上，根据新闻事件的认知与理解发表或长或短的评论。包括大部分有跟帖性质的意见与评论，网民评论议题开放，具有高度的自组织性。除了网民独立的评论外，还包括对其他网民评论的留言评论等，形式多样，内容丰富。

第二种，从网络新闻评论的载体来分：

（1）重大新闻事件的主题论坛

重大新闻事件在网络环境中，主要表现在主题论坛的多元舆论平台上。近年来重大的新闻事件，如"我爸是李刚""华南虎事件"等，均在网络论坛上开始发酵并形成重要的舆情场域。人民日报网络曾开辟一个"强烈抗议北约暴行BBS论坛"，针对北约空袭中国驻南斯拉夫大使馆引导舆情，后来发展为一个固定的论坛："强国论坛"。论坛秉持着引领舆论的目标，吸纳不同的民间声音，突破了舆论一律，成为现阶段国内最具说服力的窗口。

（2）网络新闻评论专栏

网络新闻评论专栏类似于报刊类的言论专栏，是网民对新闻事件评价的重要阵地。不同于报刊专栏，网络新闻评论专栏强调实时性发布，容量更大、交互性更强。如人民网推出新闻评论性专栏——"人民时评"，每日刊发一篇署名文章，对重要新闻事件发表观点主张。此外，红网的"红辣椒评论"等专栏也逐渐形成自己的品牌效应。

（3）网民即时评论和留言

网民即时评论是网民根据自己对新闻的兴趣、看法和态度在网络信息后面的留言评论，这种评论的独特性在于，它是对新闻事件的实时评论，也可能是对其他评论的看法。这种及时性的互动，有利于针对特定事件的讨论和意见。除了这种留言性质评论外，为了方便网民的意见表达，近年来出现的"点赞"功能更加直观地呈现参与者的态度。如《今日头条》APP新闻就带有这种特殊的评论功能。

课后思考与练习

1.如何看待新闻评论中的观点？试就一篇新闻评论文章加以分析，找到这篇文章的观点。

2. 新闻评论中的论证主要有哪些？举例说明。

3. 网络评论的开放性与匿名性特点，对舆论的生成与发展有哪些影响？

4. 网络新闻评论能否提高公民的社会议题参与意识？

拓展阅读

潼关的"关"

张成良

近日，陕西潼关成为国内媒体关注的热点，原因是从去年开始当地工商局强行对入境货车拦截后罚款收费，去年年底，河南巩义市车主张建勋，就因在被非法罚款 2.7 万元后，不堪重负，服毒自尽。5月24号，国务院三部门督办组赶赴陕西对潼关乱收费事件进行了调查。(《中国新闻网》5 月 24 日)

工商部门跑到高速公路收费站收费，听起来跟它的职权范围有点不沾边儿，但潼关县工商局却做到了，罚款依据只有一条：货物质量有问题！

其实有问题的并不是货物质量，而是被滥用的权力，是执法者滥用权力在公然行抢！有人说权力意味着腐败，绝对权力意味着绝对腐败，而权力的失控则意味着现有秩序的颠覆。

透过疯狂罚款事件的背后，浮出水面的是一个追逐利益的"食物链"：其中，公安、交警等部门也雁过拔毛，分走了一杯残羹。正是因为几个部门的权力互补，沆瀣一气，采取暴力手段违规罚款，才共同促成了车主张建勋的含恨而死。

一千多年前，杜甫诗词里的潼关吏，是筑城戍边、威武豪迈的志士；今天的个别潼关小吏却成了被舆论钉在耻辱柱上的败类。

潼关，一个本来充满民族自豪的名字，却成为行走商客的"鬼门关"和伤心地。

如果从单一视角观察，潼关的乱收费现象也许只是个案，但是这一事件不经意间推开的,却是权力监管失控的一道"门"。从这个意义上说,潼关的"关"不止是一道"鬼门关",更是一座因为监管缺位、权力滥用而人为设置的"关"。

如果不是张建勋不堪受罚的自尽,如果不是上百名工商业户的泣血上访,如果不是新闻舆论的监督造势,全国人民根本不会知道潼关的这道"关",上级部门也不会派来调查组,那么这一切都会隐藏得很好:风平浪静。

究竟还有多少类似潼关的"关"潜伏在地下呢?打开媒体,乱收费、滥罚款事件时有报道:新华社调查显示,河北唐山的一名司机运菜,去年一年交了2000多元罚款;山东寿光的一个司机送菜20次就被罚了12次。另外,其他乱收费、乱罚款现象也暗潮涌动:2005年,吉林省农安县的一个乡政府向全乡农民收取数额在百元以上的"服务费",违规收费达数十万元之多,尽管当地农民也在四处走访,但结果呢,没有引起有关部门的注意而不了了之。

类似的事件还有不少,只是大都在没有形成社会舆论之前,就沉埋在岁月里了!但这一个个人为设置的"关",像一股潜流,深藏地下,随时可能破茧而出。

1997年,《焦点访谈》播出了《"罚"要依法》的节目,引起了社会反响;九年后,相隔不远的潼关还在继续上演着比当年有过之而无不及的"罚款闹剧",一方面是执法者屡改屡犯的错误,另一面则是弱势群体一次次地无奈闯"关"!

当权力一次次被利益需求滥用时,我们的步伐不得不停滞在这一道道人为筑起的"关"前,受害者只求自保的心理纵然是其中的要素,但是政府部门偏安小利,或是害怕揭丑的心理则是真正的元凶。关上门自家人,家丑不外扬!一次次地包庇默认了违规者的一次次胡来,直到最后一层窗纸被人捅破。

露怯是需要勇气的,现在国家政府已经做好了权力监管的准备,但是地方政府却出于种种考虑还在打着自己的算盘!

潼关是一道"关",过得了关我们就能健康和谐发展,过不了就只能原地徘徊,同时还可能丛生许多社会矛盾,对此,我们的基层政府准备好了吗?

(《鲁东大学报》传媒时评栏目,2006年5月30日)

第十八章
融媒体报道

【学习要点】

掌握融媒体时代新闻场景传播的表现与特征，了解融媒体环境下的新闻报道的特征。确定融媒体采访报道中的媒介符号使用，强调融媒体报道中场景的作用与价值，由此带来融媒体的视觉呈现，更好地表现新闻现场，建立一个立体全域的融媒体报道现场。在具体的融媒体报道实践中，突出融媒体技术的使用，强调融媒体报道中的互动体验与参与意识。学生们通过学习融媒体报道内容，在实践中能够参与并完成融媒体采访与报道的全流程，这是本章学习的重点。

融媒体是在媒介融合背景下产生的新兴概念，尽管学界和业对此有着不同的理解，但不可否认，这是利用技术融合的不同媒介形态。对此，笔者给出的定义是：建立在现代网络技术之上、融合了多种媒介形态的新型媒介的总称。融媒体发展实际上是媒介融合理念的一次跃升：以追求媒介形态组合空间上的产业升级为目的的发展。[1]融媒体时代的报道是运用融媒体技术，通过多元立体符号整合新闻语言的新兴报道方式。融媒体新闻从采访到报道，不依靠单一的媒介形态，而是以系统的视野整合新闻事件的报道内容，形成全域符号联通与融合的传播环境。不同的媒介符号纳入到融媒体平台上，作

---

[1] 张成良：《融媒体传播论》，北京：科学出版社，2019年版，第38-39页。

为内容呈现，新闻事件则以场景的方式建构传播状态的时空。

融媒体报道内容的学习，首先要确认的是融媒体景观下新闻传播活动的环境，由此深入了解融媒体报道的主体构成，融媒体报道中存在着哪些关系，融媒体报道的传播方式与路径。本章的学习从融媒体的认识开始。

第一节　融媒体景观下的新闻传播场景时代[1]

在媒介融合的背景下，新闻传播的受众角色将由单一线性到多重交叉演变。[2]这就意味着同一类型的受众可以通过任何一种媒介，对该信息有不同程度的了解和认识，激发受众阅读、视听、参与等习惯的关注焦点相互交叉，并集中到媒介集团的整个媒介产品链，实现信息资源的最优化利用，以更完备的媒介去吸引新的受众。[3]传媒集团就是通过对媒介系统结构的整合与升级，使信息产品连贯统一，以提高传媒竞争水平。在传统媒介与新兴媒介融合发展的语境下，建构融媒体平台就成为传媒集团整合媒介系统的优先选择。

融媒体强调各方资源的汇聚，以互联网用户与数据为核心，形成产品的开放生产加工、非线性发布等功能。融媒体平台是顺应"互联网+"趋势产生的，其本身具有的互联网基因能够帮助身处困境的传统媒介找到发展出路，成为传统媒介转型和深度融合的发展方向。[4]随着以智能与大数据链接为标志的融媒体形态普及，场景作为大数据中的一部分已经无处不在，由此带来的融媒体景观使我们处在一个随时随地可以"在场"传播的"泛在化"环境之中。

与初期的互联网新兴媒介相比，媒介融合语境下的移动传播强调基于场

---

[1] 张成良：《融媒体传播论》北京：科学出版社，2019年版第23-25页，第33-35页（共3246字）。

[2] 徐沁：《媒介融合论：信息化时代的续存之道》，北京：中国传媒大学出版社，2019年版，第258页。

[3] Snead, B. 2003. Sulzberger leads "gray lady" into colorful ear. http://www.ljword.com[2016-11-7].

[4] 焦洁.2015.平台型媒介：一种新型的融媒体.西部学刊，(13):20。

景的建构。场景是融媒体形态重要的生态景观。有学者甚至认为，场景是继内容、形式、社交之后媒介的另一种核心要素。[1]这意味着，场景和它所开启的移动媒介时代同前述要素一样，将对媒介生态，乃至于这个时代产生深远的影响。

场景时代的传播方式是基于移动设备、社交媒介、大数据、传感器和定位系统为技术支撑为用户提供全觉式信息和生活服务。[2]传统媒介时代的场景，是一个通过文字、声音或视频建构起来的用以展示场景信息的传播环境，因此受众之于这个环境只能是全景橱窗式的参观浏览而无法进入，收受方式被动。数字新兴媒介时代的场景，是一个非线性的可以通过特定端口进入，且可以充分参与传播活动的传播环境。这一传播环境中用户可以参与其中，臧否是非，其自身也成为信息传播的一个符号，这种"在场"使信息传播构成了一个回路，信息传播也成为非线性场景式传播。传统媒介的传播因为受众只能徘徊在场景以外，因此无法吸引更为广泛的受众群体；数字新兴媒介虽然吸引了大量用户参与，但也存在着场景入口窄化，影响了更为广泛的用户参与使用等现实问题。

融媒体考虑到上述现实问题，以场景入口化开放为前提，使用随时随地可以进入场景参与传播。如，报刊以每篇文章的二维码作为场景入口，受众可以进入文章所创设的场景，通过图片、视频、动画等展示与交互创作，形成一个不断延伸的融媒体景观。再如，可穿戴设备如智能手表也可以作为一个移动场景入口，据此进入到信息、体育或医疗卫生的平台。在这里，场景不仅仅意味着"位置的相关性"，它还是移动传播时空度量的新维度。融媒体创设的场景实现了"入口级"的"泛在化"联结，场景由此成为信息流、关系流和服务流的新入口。场景入口化也决定了在场景媒介时代，在互联网思维引导下，媒介生态链已经实现智能化：用户对何种信息情有独钟，在特定的场景下，用户需要什么我们就为他推送什么样的内容，以及提供怎样的

---

[1] 彭兰、杨影：《移动时代媒介的新要素》，《新闻记者》，2015年第3期。
[2] 王建平：《融媒体如何迎接即将到来的场景时代》，《声屏世界》2016年第3期。

服务，这一切都将预示融媒体时代的发展趋势。当然，场景入口化也使得深度参与的沉浸传播成为可能。

媒介扩张带来媒介生态的重新结构，这一过程无法离开关系作用。这里的关系，既包含媒介——人的关系，也包括媒介——媒介的关系，还包括人——人之间的关系。关系是连接人与场景使之成为融媒体景观的重要前提，在关系的作用下，人也倾向于媒介化。人——媒介的关系使人深度融入媒介，从而形成一种"沉浸"传播的融合环境；媒介——媒介的关系使媒介彼此作为延异中的媒介内容，同时又吸收其他媒介作为自己的内容，媒介由此开始了形态的不断扩张，带动非媒介的媒介化，媒介之间无限融合；人——人的关系是新兴媒介时代特有的人际关系存在，人与人构成新型的社会化关系，人与人之间虚拟关系与现实关系相互交叉存在。

"融合"，不仅仅是媒介之间的默契交互，也包括关系上的组织结构。融合的入口，是无处不在的移动网络场景；融合的出口，是无处不在的用户感受与体验。这种感受，是已经纠正了感官上偏向的全觉收受。其实全觉收受本身也是身体感官的融合，处在一个虚拟环境中，通过感官融合作用产生真实"在场"的体验，在虚拟现实（Virtual Reality）或增强现实（Augmented Reality）环境中，我们与媒介融合为一体，而我们又将成为媒介内容，成为共性场景中的一道景观。

在具有场景特征的融媒体时代，新闻传播具有哪些特征呢？

1."融媒体"新闻传播，大数据支撑下的全域传播

大数据，顾名思义就是数据巨大，巨大到通过以往信息处理方式难以全部分析。根据思科公司的统计，2012年全球互联网流量每天达到1.1艾字节。[1]这么巨大的数据需要更大的存储空间，而这些数据的有效使用则可以使其成为一座流动的富矿，为信息传播与分析提供最优化的解决方案。大数据技术的运用，促进了不同行业、不同领域、不同终端的数据交换和相互融合。[2]可

---

[1] 栾轶玫：《融媒体传播》，北京：中国金融出版社，2014年版第70页。

[2] 周子渊：《传统新闻受大数据的影响与转变分析》，《编辑学刊》，2014年第1期。

以说通过大数据技术打造的"云计算""全媒体平台"影响和改变了新闻生产传播业态。

与其说新闻生产的智能化过程是基于信息科技领域的优化升级，毋宁说这是人性感知的技术化延伸。媒介补偿了人在社会空间逻辑中的认知模式，大数据则是优化媒介的重要界面，使之重构社会关系和媒介话语体系的方法与手段。因此，大数据支持虽然不会成为信息传播的最完美景象，却能够成为传播界面进化逻辑的一个支撑点。而随着信息场景的入口无限蔓延，遍在的场景入口终将把人与技术环境融合在一起……

2. 混合现实技术跨越了感官的模仿偏向，实现了全觉传收

混合现实（Mixed Reality）技术是虚拟现实技术和增强现实的技术集成应用。虚拟现实技术是利用电子数据技术转化为类自然存在的世间万物，人流连其间有一种"沉浸"之感，需要利用视觉、听觉、嗅觉、触觉等感觉器官，感知信息融合为一体的拟态环境。与以往抽象符号建构的拟态空间不同，符号模拟的时空需要具备一定的解码能力，如对不同文字、语音的识别。虚拟现实创设的是一个与我们日常感知匹配度极高的虚拟时空。相比于虚拟现实技术，"增强现实技术"则把计算机建模图形与人捕捉的物理世界的信息融合起来，形成亦真亦幻的媒介时空。

当然，混合现实技术所运用的融合的媒介并不意味着现实狭义的媒介，如报纸、电视等，而是媒介中抽取逻辑符号的重新编码。相对于其他媒介，混合现实技术所创设的媒介只能算是泛在意义上的媒介，不论是虚拟的新闻还是其他信息，都与既往媒介表达方式有着本质上的区别。正是因为混合技术中媒介符号的综合运用，才使得用户沉浸在虚拟环境中，充分认知全觉传收带来的直接体验，全觉传收开启了一个不同于地理、物理的、全新的精神家园。

3. 移动媒介的泛在技术扩大了场景入口，使融媒体新闻传播无处不在

移动媒介突破了既有场景入口的限制，使场景入口无处不在，场景入口化降低了用户进入场景的门槛，而勃然兴起的物联技术和智联技术在使"非媒介"媒介化的同时，也不断地延伸泛在网络，使媒介与人之间的关系逐渐向人与自然世界的关系过渡。人与人以及人与自然之间的泛在连结使泛在传

播成为可能。媒介无处不在，信息无处不在，泛在传播更是无处不在。

泛在传播形成的远超媒介的媒介关系建构，使狭义上的媒介融合成为系统中的核心要素，影响泛在传播网络的建设和运行。也就是融媒体作为系统媒介传播的核心，其对外的延伸就是使周围的"非媒体"媒体化，进而成为泛在传播的结构组成部分，反向作用于融媒体，提高融媒体传播的功能和作用。随着全球泛在网的不断拓展和升级，"地球村"的意义会逐渐得以体现，泛在传播也将接续融媒体传播，形成一个不断扩大、没有边界的传播环境，泛媒体则成为系统媒介中无处不在的场景入口。

第二节　融媒体报道中的主体关系

近年来，关于融媒体报道的话题风生水起，成为重大活动主题报道宣传、实践的重要报道手段。由各中央媒体带动的融媒体报道不断出现在我们的新闻报道信息中，两会的融媒体报道、港珠澳大桥的融媒体报道等，这些见证国家重要发展的新闻大事件。与融媒体报道实践的广泛影响不同，对于融媒体报道的理论思考目前尚显不足。目前已有的研究主要表现在：

首先，融媒体作为技术背景的研究。融媒体作为技术背景的研究是指研究中强调融媒体技术对于新闻报道的技术支撑作用，研究者的关注点是报道而非融媒体报道。这样的报道强调时代背景，即融媒体所在的时代的新闻报道，运用了何种技术手段对报道加以全媒体传播，这是融媒体报道研究的主要方向。

其次，融媒体报道的相关案例研究。融媒体报道的案例主要集中在重大活动的报道，如两会报道，或重要的主题策划报道，如国内70家电台献礼新中国70周年融媒体节目《我家住在解放路》，突破时空限制的报道形式和内容成为新中国成立70年新闻报道活动中的一个亮点。对这些融媒体报道的解读成为相关案例研究的一个主要方向。

再次，融媒体报道的传播渠道研究。融媒体如何报道，尽管目前还没有定论，但目前形成的普遍共识是"三微一端"的报道体系或格局，即微博、微信公众号、微视频和客户端。在具体的融媒体运营研究中，着重关注"三微一端"建构的新媒体矩阵的影响，如2018年人民日报庆祝改革开放40周年大会融媒体报道采用"三微一端"传播渠道的研究。[1]

总体来看，关于融媒体报道的研究主要集中在业界视野中的对策与效果研究，目前关于融媒体报道的概念与内涵、融媒体研究的范畴、融媒体报道的传播路径等方面的研究还远远不够，因此在融媒体报道实践研究中，厘清上述相关问题，对于未来融媒体报道的范式建构，融媒体报道实践中的具体措施均具有重要意义。

一、融媒体报道的定义与内涵

要把握融媒体报道的内涵，首先要确定融媒体报道的概念。融媒体报道实际上就是运用融媒体技术，通过多元立体符号完成全程、全息、全员、全效的"四全报道"方式。

全程报道。是指新闻事件发展本身是动态不居的，那么事件发展过程就需要媒体始终关注，报道的融合除了媒介形态的融合，还包括时间轴上的信息延展的融合。可见，融媒体报道不是单一的信息披露，而是持续的更新与成长，形成全程纪录报道的新闻事件的建构过程。

全息报道。就是运用融媒体技术，立体多元地呈现信息形态，图文、视频、全景、增强现实（AR）等等，这种报道强调语境的创设，能够更好地调动全觉器官，实现沉浸式的体验，这也是融媒体报道与其他报道的最大区别。

全员报道。如果说全程报道强调的是报道的动态性要求，全息报道强调呈现度要求，全员报道则强调主体性的要求，人人即媒介，融媒体报道调动人人参与到报道中，设置议程、交互评论，共同完成报道拼图。人员调动的

---

[1] 叶济舟、燕婕：《融媒体报道中"三微一端"的模式构建》，《青年记者》，2019年第11期。

过程,也是舆论生成的过程。全员报道还有另一种阐释,那就是不同媒介形态的共同传播,形成一个时空不断外延的融媒体矩阵。

全效报道。有效报道是相对于传统媒体报道而言的,众所周知,传统媒体的报道因为单向度传播,传播者无法确定新闻传播的效果,受传者也无法反馈对新闻的看法和意见。融媒体借助新兴媒介技术平台,能够随时了解报道的反响与热度,有大数据支撑的报道可以更好地了解与众[1]需要,有针对性地提高传播的精准度,提高传播效率。

根据上述的融媒体报道"四全报道"特征,以移动媒体来概括融媒体报道的传播渠道,这只是狭义的指称,事实上融媒体报道强调报道矩阵的生成,即不同媒介形态融合传播状态下的报道。传统的新闻事件发生后,虽然不同媒介纷纷推出不同形态的报道内容,由于各媒介办报(台)理念的不同,议程设置的不同,以及报道日程安排的不同,这些报道本身也是不统一,甚至是割裂状态的,无法形成合力。那么各媒介报道内容之间的关系是静态,非融合交互状态的,即便媒体报道的再多,其影响亦十分有限,特别是不同媒体报道倾向,可能带来同一事件完全相反的解读。因此,从时代发展的需要来看,融媒体报道的发展也是势在必行。

那么,融媒体报道究竟如何来分析其内涵呢?上述的论述表明,融媒体报道不是特指单一媒介的报道形态,如报刊的新闻或电视的新闻,而是在特定平台上连接与呈现所有媒介内容"四全报道"的报道矩阵。融媒体报道环境中,媒介之间由彼此交互的融媒体关系连接。其中,移动媒体作为核心平台,

---

[1] 对于新媒体受众,有研究者(杨继红,2008)称为"主动受众",也有研究者(邱林川、陈韬文,2011)称为"创众"。考虑到跟观众、受众以及大众的关联。新媒体受众与传统受众的本质区别在于其主动传播,而非被动收受,主动受众的实质仍然未能确定主动参与不同形式创作特点;而"创众"则强调了新媒体受众创作者的特殊身份,实际上新媒体受众既包括一般的新媒体浏览者,也包括参与生产和传播的创作者,因此仅以"创众"来界定新媒体受众也未能穷尽新媒体受众的特征。我们以考虑到新媒体受众参与传播以及主导传播的特点,使用"与众"这一词来定义新媒体受众。后文中也多使用"与众"来指称新媒体受众。参见张成良:《融媒体传播论》,北京:科学出版社,2019年版,第166页。

将所有媒介的内容汇聚到核心平台上,其他媒介形态的同题报道则通过入口快速跳转到融媒体平台上。如报刊媒介在以图文报道港珠澳大桥开通消息的同时,报刊界面的二维码支持阅读者直接跳转到手机融媒体报道界面,从而参与到报道的留言评议环节中,成为融媒体报道的组成部分。根据融媒体报道的特征与属性,笔者设计了融媒体报道单核环状结构图(下图)。其中数字 1 代表的是处在融媒体报道核心的手机移动平台,周围的三个环状结构表示不同媒介形态的种群系统,主要包括报刊媒介种群系统、广播电视媒介种群系统、互联网种群系统。媒介种群系统中各数字表征的是对新闻事件进行报道的不同媒介,他们与融媒体平台均形成紧密连结的状态,进而形成具有融媒体矩阵特征的融媒体报道媒介群落。

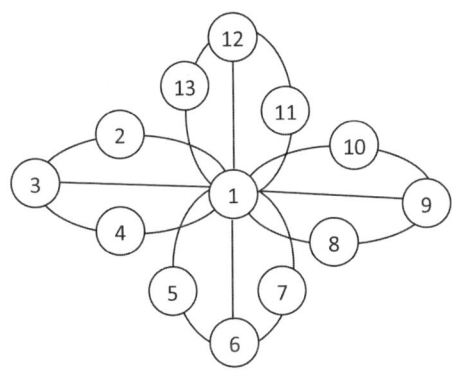

融媒体报道单核环状结构图

与其他报道类型相比,融媒体报道显然不是单数的概念,而是复合体的存在,动态行进中一种融合状态。其他媒介报道类型的报道,从新闻采访到编码生产,再到传通完成、抵达受众便宣告这一传播活动的告一段落,即便存在后续传播,也未必能够视为前在传播内容的一个整体。融媒体报道的动态属性在于,元初报道作为核心不断吸纳相关信息包裹在周围,形成报道群组,每一条留言或评论都作为融媒体报道群组的有机组成部分。当然,有的新闻的后续报道等价或突出于元初的报道,这样就形成了要么以新报道为核心重新建构的单核环状结构体,要么是以同等重要报道为核心的立体多核网状结构,这种模式的结构更加趋向于稳定。(见下图)

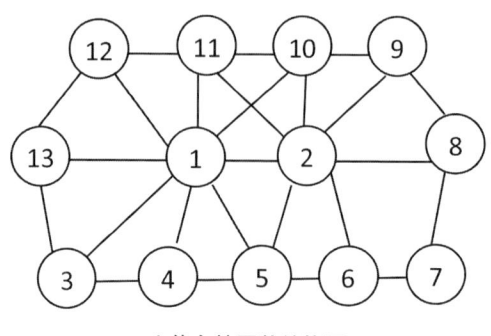

立体多核网状结构图

二、融媒体报道中的主体

传统媒介新闻传播的主体，主要存在于新闻生产与传播的流程中，不论是传播机构中的上位主体和本位主体，还是传播收受环节中的收受主体，都是专业化新闻生产背景下的新闻传播主体。新闻报道主体则主要聚焦于媒体机构的专业生产群体，其组织传播与"把关人"的特征十分显著。

融媒体报道中的主体存在着两个倾向：一是报道主体的扩展与泛化问题；二是报道主体传受身份模糊，趋向于高度融合的倾向。

报道主体的扩展与泛化问题，主要体现融媒体技术对于报道新主体的赋能作用，使得非专业化的社会力量加入到融媒体报道活动中，成为融媒体报道的重要力量。新扩展的融媒体报道主体主要包括：非媒体背景的专业化新闻生产力量，业余的或专业化的"自媒体"，利用自媒体平台进行传播的各种机构、组织和企业，技术性的信息采集、整合工具或平台。报道主体扩展与泛化给新闻生态带来重要影响，对专业媒体的影响首当其冲：它补充了专业媒体的报道触角，增加了新闻事件的议题设置，改变了专业媒体单向度的传播范式。最重要的是，融媒体报道主体的"全民性"互动机制挑战了专业媒体的组织传播地位，专业媒体生产者与社会环境中参与新闻生产的个体之间在融媒体环境中处在平等位置，由此带来话语关系的平衡。

报道主体传受身份模糊，趋向于高度融合的倾向，主要体现在融媒体报道倾向于传受一体化建构上，报道主体与收受主体之间没有确定的分工界限，新闻报道的生产与收受之间即时转换。报道主体不再享有独立设置报道议题的专业权威，报道议题设置的协调性决定了议题设置只是融媒体场景建构的核心组成部分，其面临着随时被转换或否定的可能性。当然，将报道主体吸纳于同一场景之中，并进行彼此交互的融媒体平台也显示出高度的主体性特征，其通过融媒体技术完成媒介形态链接，确保融媒体报道之间完成跳转，由此也带来融媒体报道主体之间的转换。

随着融媒体技术发展，未来融媒体报道的主体还存在着一定的误区：那就是智能时代随着大数据新闻、智能新闻、算法新闻的不断推陈出新，融媒体报道是否面临着从人到智能机器的转化。众所周知，目前的新闻报道中人作为报道活动的主体，从新闻信息的采访到写作编辑，再到后期的传播发送，人是各环节的主体存在。事实上，传播活动本身就是人主观能动性的体现。融媒体环境下，大数据、云计算、物联网，这些具有智慧特征的技术正悄然改变着未来的传播格局，人与技术的关系也使得融媒体报道的主体确认的问题。有观点认为算法亦可生产新闻，因此认为算法本身可以被视为新闻传播活动主体中的生产主体，不管怎样，算法被赋予的工具性、手段性的存在，决定了其只能体现出算法实际创设主体的意志和创作逻辑，无法与人类的新闻活动相提并论，因此也无法体现其作为主体的存在。[1]同样地，大数据新闻、智能新闻虽然借助了技术手段，实现了智能化报道与推送，但就实质来看，其主体表现与算法新闻并无二致。此外，融媒体虚拟播报的主体也仍是人类本身。

当然，具有智能技术的融媒体报道主体多元属性会进一步得到强化，形成智能创设主体、运用主体、收受主体等多位一体的主体结构。需要注意的是，新型智能新闻的新闻生产与传播主体存在分离的情况，对应的融媒体报道也存在着生产主体（技术创设主体）与传播主体分离的情形。

---

[1] 杨保军：《简论智能新闻的主体性》，《现代传播》，2018年第11期。

三、融媒体报道中的关系

系统学认为，复杂系统的复杂性并非缘于系统内要素的增加，而是因为系统要素之间关系的增加而复杂。显而易见，融媒体内在要素的关系直接影响到融媒体的复杂性，融媒体报道也面临着多重媒介要素的关系建构。要了解融媒体报道中的关系构成，首先要明晰融媒体报道中的要素间的关系。

融媒体报道是多种媒介形态建构起多元立体的报道内容，其以前在的媒介形态作为内容，建构起可超越文本、可超越时空的报道范式。融媒体报道主要存在两种报道形态，一是平台式融合形态，即不同媒介符号引入到同一文本平台中，形成具有广泛包容的融媒体报道形态。例如大众网推出的《"沂蒙精神世代相传"大型融媒体系列报道》，以 H5 推出图文、视音频等形式，囊括了人物访谈、背景视频、文字介绍等多种媒介符号，融媒体报道效果突出。图文与视音频交互融合，背景音乐的使用烘托气氛，使得融媒体具有一定的感染力。采访人物与文字之间形成相互补充、彼此强化的作用，图文与背景音乐则进一步深化主题。

案例链接
《"沂蒙精神世代相传"大型融媒体系列报道》

二是媒介形态之间的链接关系，即不同媒介形态之间通过超文本链接，形成的媒介内容间彼此跳转跨越的关系。例如各大报刊在显著位置印刷有二维码，这些二维码作为融媒体报道的入口，能够跳转到融媒体报道平台，展现更多的融媒体报道形态。这种媒介形态之间的关系，是相互指向的交互关系，各媒介形态以场景方式出现，形成彼此解释的动态关系。在媒介形态的链接关系中，二维码充当了场景入口的角色，移动手机平台充当了融媒体报道的核心。例如齐鲁网直播山东推出的《"新学期，新梦想" 我和太空种子共成长》，二维码发布在电视、

案例链接
《"新学期，新梦想"我和太空种子共成长》

网络平台上,扫码后可以直接登录移动 APP 观赏融媒体报道节目内容。发布二维码的平台就成为融媒体报道关系中镜像的客体。

融媒体报道的关系还体现为一种基于场景建构的时空关系。不同于既往媒体的关系建构,融媒体报道中的时空关系倾向于一体化建构。尽管不同媒介形态所展示的建构方式多有不同,但终极目标还是建构同一种时空环境,而且这一时空环境具有同体异构性,目的是使得时空更加立体多元,易于使人进入情境,从而形成沉浸式传播的身心感受。这表明,融媒体报道的时空关系具有高度的融合性,不同媒介形态建构的时空之间契合度越高,时空一体化建构越完整,融媒体报道就越有影响力。反之,融媒体报道是时空割裂的,融媒体报道形态也就不复存在。

融媒体报道的构成元素实际上只是全部报道的部分拼图,经过动态拼接后的报道形态更加立体,能够强化报道的在场属性,吸引融媒体时代的"与众"关注报道,参与报道,最终共同完成报道的全部拼图。这是融媒体报道的关系逻辑,也是融媒体报道独具的魅力所在。

第三节 融媒体报道的叙事与呈现

近年来,随着融媒体加入到国内外重要新闻事件的报道大军,这种全新立体的报道方式逐渐成为各主流媒体青睐的报道方式,借由融媒体报道的叙事与呈现,当下的新闻事件报道手段也愈加丰富多彩。事实上,融媒体报道并未仅仅是技术水平的展示,其对于内容、特别是原创性内容的要求无以复加,内容表现符号的丰富性、媒介形态的多样化,都成为融媒体独具魅力的报道特色。因此,眼下融媒体报道实践最具影响、最有示范效应的还是主流媒体管控的移动网络媒体,如人民网推出的手机 APP 融媒体系列报道,内容翔实、表现丰富。当然,传统主流媒体多年积累的内容生产的优势,加之对于新闻采访资源的掌握,这些都成为传统媒体运营融媒体平台的优势,此外,传统媒体近年来加大转型力度,强化融媒体中心、中央厨房的建设,取得了显著成效。相反，机关、企事业单位或个体自媒体尚不具备组织大型报道的能力，也无法完成全域的新闻生产活动，其生产的碎片式的新闻信息（或留言评论等）只能作为融媒体报道的有机组成部分。当然，这种结果也是和目前融媒体报道实践类型单一等现状有关，未来随着突发新闻事件融媒体报道的成熟与推广，智能新闻报道水平的提升，非专业性新闻生产者的主体性会不断增强，融媒体报道的形态会更加多元，融媒体报道的议程设置也将下移到非专业性的个体，融媒体报道的组织性与中心化的现状会逐渐被弱化。

一、融媒体报道实践形态

当下的融媒体报道实践，主要体现在大型新闻事件的策划与媒介形态的融合上。此外，强调移动媒体主导性并由此建构新的新闻生态的思路一直占据着主导地位，这些操作在融媒体报道刚刚起步阶段发挥着重要作用，并一度推动融媒体报道的传播与扩散，吸引更多融媒体报道实践实例的产生与改进，但是从根本上说来，这种融媒体报道还受到传统媒体组织传播的影响。视角决定高度，单一融媒体报道实践需要不断得到调整与改进，以适应当下融媒体时代媒介碎片化生产、去组织去中心化的发展实际，这也是未来融媒体发展的基本趋势。

如果说传统的报刊、广播与电视经过多年来的实践探索，已经摸索出完备的新闻生产范式的话，融媒体报道范式则还处在探索实践的过程中，不过多种媒介形态协同的融媒体生产实践模式正悄然兴起。例如，2019年1月11日，由解放日报、复旦大学、《新闻记者》等报刊与高校共同主办的融媒体作品大赛颁奖仪式暨融媒体精英训练营举行，参赛作品设置为H5新闻、数据新闻、短视频三个组别，训练营安排的四大板块——大数据、短视频、无人机、人工智能则代表着未来融媒体报道的技术发展方向。

在正在实践的所有融媒体报道案例中，如今运行最好的还是报纸+移动客户端的融媒体方式，报纸既是融媒体报道的主体之一，同时也作为移动客户端的入口，通过二维码进入移动融媒体时空环境。这种报道实践效果显著的如《兵团日报》与移动客户端的融媒体建构。以兵团成立65周年系列融媒

体报道为例。见图如下:

《兵团日报》融媒体报道版面及手机融媒体报道显示效果图

图中明显可以看出报纸与手机客户端融媒体报道的区别与联系,报纸靠文字版面来叙事,手机客户端的融媒体报道则更注重图片、视频的大量使用,文字只起到提纲挈领的作用。在报纸版面上留有七个二维码图片,意味着这些融媒体报道入口无限延伸了报纸的阅读空间,或者说成为时空关系调转的转换阀。

需要指出的是,目前大部分报刊因为全媒体人才的缺乏,无法完成大量的融媒体报道,尽管报纸版面也留有二维码,但这只是该报 APP 客户端的入口,报纸内容上的融媒体碎片化链接的实践报道还未大量出现,融媒体报道也处在从无到有的初级阶段。除了报刊外,广播电视的融媒体报道实践也是刚刚起步,广播受限于技术问题,还无法为融媒体报道预留可跳转的入口,电视则尚未找到更优越于自己的融媒体报道范式,因此其融媒体报道实践仍处在相对割裂的状态。

出于同样的原因,目前的融媒体报道主要限于策划类的大型报道,重大突发事件、常态的其他新闻事件还未能大范围普及,这也需要未来一段时间的实践探索与发展。

二、融媒体报道的叙事与传播

叙事是跨文化传播一种独特而富有张力的认知工具。传统的媒体传播都是依靠叙事建构起有广泛认同关系的认知体系。叙事的本质是什么呢?叙事学家杰拉尔德·普林斯(Gerald Prince)认为,"叙事学最重要的任务之一就是研究叙事聚焦对人们认知、情感、阐释以及反应所产生的影响"。[1] 融媒体带来全新的媒介话语体系的建构,其所建构的多元立体的叙事环境,顺承了中央对媒体改进文风的要求,改变了传统媒体常见的宏观叙事与格式化的行文习惯,实现了叙事表达的多元符号化,叙事情节的故事化、叙事结构的跨越时空性,最终形成的报道有新意、立体化、情节化,报道耐读易懂,传播效果突出,反响热烈。

叙事表达的多元符号化

融媒体报道强调多元立体化表达,主要体现在叙事策略的选择上,不仅将所有已知媒介作为内容呈现在客户端上,还通过链接功能形成彼此交互的

---

[1] 尚必武:《叙述聚焦研究的嬗变与态势》,《天津外国语学院学报》,2007 年第 6 期。

大平台上，形成了"一平三端"的多元符号报道环境。"一平"是一个融媒体报道平台，它贯通于各入口端形成融媒体报道的巨大支撑体系；"三端"是报刊二维码入口端，广播电视二维码入口端和互联网 PC 入口端，以平台为融合报道的场景，以"三端"为入口，将各媒体形态全部打通，使之立体呈现在平台上。例如，《今夜有流星雨》的融媒体报道，就是通过多种媒介符号的应用，拍摄和展示了海量的图文与视频等，以不同方式让新闻受众获得了解新闻信息的更多视角。在此基础上，报道引入了三维立体图片，同时搭配以一些动态图片，能够带给"与众"一种沉浸传播的视觉享受。此外，利用融媒体三端，完成超文本与域链接，以此极大丰富融媒体传播的叙事表现力，增强叙事者和各媒体形态之间的互动，实现媒介之间的优势互补，以此推动融媒体报道叙事形态的多元立体化。

叙事情节的故事化

叙事情节的故事化，是融媒体报道的场景展示的立体过程。如果说多元符号化解决了叙事表现的问题，那么故事化情节设计则要解决具体的表现手法问题。讲好故事首先要解决好画面语言的使用，即使用多媒体语言，通过图片、视频、动漫等符号的综合运用，提高叙事情节的把握。利用多种媒介形态，以超文本链接为切入点，使得每一种链接都成为故事叙事的线索情节。融媒体报道的新闻，从来不会以篇幅长短为着眼点，其碎片化处理的内容融合使得叙事情节更加丰富，一些短视频可以增加融媒体报道的动态性，利用这些报道细节调动情绪，增强故事的感染力。不同于传统的报刊和广播电视媒体，融媒体报道不依靠单一的媒介符号叙事，而是多种媒介符号碎片化融合呈现，这就需要各媒介符号之间的情节设置，主要通过文字索引、入口链接来实现叙事情节的过渡，为故事化报道提供指向与支撑。

叙事结构的跨越时空性

叙事结构表现在场景化的建设与安排，表现在时间和空间层面上，突出时空层面的逻辑关系性，使得时空结构在同一性平台上得以多重建构与展示。每一种媒介形态都具有特定的时空叙事特性，因此媒介形态之间的转换就意味着叙事结构的跨越时空性，连接时空转换的窗口是嵌入于媒介形态之中的，报刊与电视的二维码、互联网的超文本链接等。优秀的跨越时空叙事是能够体现时空交织的场景叙事，并确保场景在虚实结合的时空转换中得以建构。要更好地实现时空的跨越叙事，首先要选择最佳的媒体符号，融媒体报道中的叙事结构最忌杂乱无序，大量的图片、视频信息的堆砌并不能强化叙事主体，反而会造成时空关系的错乱和迷失。结构合理的跨越时空叙事，既能保障短时间内转换工具性信息（如图片、视频、云镜头等）为完整新闻叙事的能力，同时又能在不转换工具性信息时也能保障报道的叙事完整性。2018年全国两会期间，人民日报中央厨房邀约苏州广播电视总台"看苏州"App和电视新闻中心组成联合报道组，并联合了湖北广电、河南日报等省级媒体，多家不同形态媒体组织策划，共同推出一款H5融媒体报道《您又有六位亲友来电》，这种跨越时空叙事的融媒体报道矩阵贴近生活，时空转换自然，成为融媒体报道的经典案例，首日点击量就超过了200万次，三天阅读量突破了一千万。

三、融媒体报道的未来发展趋势

与传统媒体时代相比，融媒体报道可以获得的资源更多，同时融媒体报道的可控性会减弱。随着媒体融合的技术不断提升，信息传输技术的不断跨越，以5G为特征的新技术呼啸而来，相对应的，大数据、云计算、AR等技术日趋成熟，开始运用到融媒体传播实践中。可以预见，未来一段时间融媒体报道将得到迅速的发展与普及，融媒体新闻报道的实践范式也将逐渐发展稳定下来。

就目前趋势看，未来融媒体报道发展有如下几个趋势：

首先，就组织传播的范畴看融媒体报道将面临从强组织到弱组织的发展过程。关于强组织与弱组织，笔者认为强组织就是既往提到组织传播过程中的"组织"，即在产业实践中控制新闻生产全流程的力量，从媒介议程设置、策划采访，到稿件撰写与媒介传播过程，均处在组织传播的影响范畴之内。互联网新媒体得到发展后，特别是web2.0时代以来，人们感受到新媒体环境中个体的主观能动性得到充分释放，"人人即媒介"的互联网环境得到建构，于是"去组织化""去中心化"的言论不绝于耳。事实上，新媒体的平台属性弱化了既往的强组织传播力，但弱化不能等同于消无，传播的组织性也必然存在，不过是从强组织转向了弱组织，其中复杂系统环境中的自组织现象开始出现。

在当下的融媒体报道中，传统主流媒体作为组织传播活动者，突出强组织传播的作用和影响。不论是多媒介形态的协同组织，还是媒介自生的组织形态，都属于强组织范畴。随着大数据技术的发展提高，智能媒介会逐渐参与到融媒体报道活动中，这样，融媒体报道将向着弱组织传播的趋势发展。这里的弱组织是融合的媒介形态依靠智能计算关系融合链接，这里技术似乎决定着融媒体报道的组织形态，但背后显然离不开创设主体的意识，因此呈现弱组织性的特征。

其次，就媒介渠道来看融媒体报道将面临开放平台传播、融媒体矩阵的扩散趋势。目前融媒体报道大平台传播、融媒体矩阵扩散已初露端倪。看似碎片的矩阵已趋向于高度协同，开放平台不仅包括移动互联网平台的开放，还包括了传统媒体的同步跟进。同一个新闻事件的报道呈现出融媒体化、移动端矩阵化传播，一个舆情的出现也会产生正向的、协同性的因应。平台开放还有另外一层解读，那就是融媒体议程设置的开放性，当下融媒体报道由传统媒体的大报大台设置议程，主要集中于可策划的大型新闻事件，如国庆70周年大阅兵、建党95周年系列报道、港珠澳大桥建成通车等。未来的议程设置开放意味着一般性新闻事件，普通民众也可以参与议程设置，并完成相关的新闻内容生产，如图文信息、视频现场的拍摄等，并就此完成相关的融媒体报道。当然这一过程中，传统媒体也会跟进并参与融媒体报道，共同推动报道的议程设置。融媒体矩阵的扩散，意味着更多的融媒体加入到传播环节，以联盟的方式参与报道。

融媒体报道的矩阵传播意味着融媒体不会以单一报道形态出现，而是组合式报道，参与报道的主体是多元的，融媒体面向所有媒介、所有个体开放。报道由一个核心事件或话题引起，吸附不同视角、不同媒介形态符号的持续叠加，由此形成动态的融媒体报道的复合体。

再次，就传播效果来看融媒体报道将开启沉浸传播、全觉传受的感知体验。媒介叙事的目的在于建构一种情境，人处在情境中能够获得"在场"的体验。媒介形态的演进与变迁路径一再表明，媒介始终朝着"人性化趋势"和"在场化体验"的方向演进。从媒介环境视角看，媒介是"人"的器官功能的不断延伸；从人的认知视角看，媒介是将新闻事件重新建构以逼近原生态的技术力量。显然，随着5G技术的不断推广，未来的融媒体报道在突出可视化报道的同时，直播化体验将得到突出体现。直播化体验强调在场性，未来的3D技术、全息技术等运用到直播过程中，将带来无与伦比的视觉震撼。2018年底，一种借助免费和开源的视频编码软件Open Broadcaster Software（OBS）的Vimeo Depth Viewer面市，这种全新3D相机能够实现实时视频流的直播，"立体三维内容"将走向普通公众。"远程呈现"技术能够使"在虚拟3D空间中出现的影像确实存在于现实世界之中"，融媒体报道通过"远程呈现"的直播技术，将千里之外的场景送达到每个"与众"面前，全觉体验，深度沉浸传播，更大的媒介时空环境将得以建构与呈现。

应该说，未来的融媒体报道将不断消除媒介形态带来的影响，强调"与众"的在场感受，由此产生全新的互动体验。人处在融媒体报道环境中，在可视化表达、数据化呈现中寻求个性化的叙事和传播，人本身也成为融媒体报道中的有机组成部分，极大满足了个体对于信息传播的体验与需求。

课后思考与练习

1. 在具有场景特征的融媒体时代，新闻传播具有哪些特征呢？

2. 谈谈融媒体报道中的主体有哪些？与传统媒体相比，融媒体报道中的主体有哪些特征？

3. 试分析融媒体报道中存在哪些关系？

4. 谈谈融媒体未来的发展趋势怎样？

5. 根据融媒体报道知识，针对北京2022年冬奥会宣传策划一篇融媒体报道，根据选题特征拟定题目并写出采访思路。

拓展阅读

【两会报道案例】黑龙江台：四大"融"点展示融实力[1]

面对今年第一场全国性的重大时政报道全国两会，黑龙江广播电视台汇聚全台16个频率频道、2个网站、1个APP、75个微信公号、907.5万粉丝全媒体平台资源，派出70名全媒体骨干编辑记者"全媒体报道舰队"，以先进高配的融媒体技术、创新多样的融报道手段、海量生动的融报道产品，创意有趣的受众互动，厚积重发，"硬核"出击，与广大受众共享一场全国两会融媒"盛宴"。

近年来，黑龙江广播电视台坚持一体化深度融合战略，通过构筑"1+4+N"即"广播电视＋网络、APP、微信、微博＋微信小程序、短视频等融媒体产品项目"的全媒体传播格局，以及依托新媒体受众流量打造的"时政新闻品牌、垂直服务品牌、外宣品牌、主持人品牌"4个融媒品牌集群，使龙广电融媒生态和发展空间得到突破性发展，融合传播力、公信力、影响力得到全面提升。这次秉持"四融理念"全面进军两会融媒体报道战场是对融合发展成果的大展示。（欲知案例全文，请扫二维码）

---

[1] 来源：国家广电智库，2019年3月7日，网址：http://www.hljtv.com/folder708/folder10243/folder10246/2019-03-07/610925.shtml。

后　记

融媒体时代，以互联网媒介为中心的媒介文化的发展，带来了人类传播格局的大变动。正如，本雅明（Walter Benjamin）主张"在新的媒介时代应该有新的知觉意识"，也如捷克媒介哲学家弗鲁塞尔（Vilem Flusser）所理解的在媒介文化发展的每个阶段，都应该发展与之相适应的新的认知方式。也就是说人与媒介的关系在不同的媒介发展阶段，都应该在"人机同构"的理念下互相推动而实现"共进化"，所以，麦克卢汉的"媒介即信息"的隐喻，不仅仅在于强调媒介对信息传递功能的超越，而在于强调媒介的"仪式性"功能，即强调媒介对人本身认知的影响。因为媒介的"仪式性"功能在于分享、参与以及形成特定时代共同的价值信仰。在肯定这种传播认知下，弗鲁塞尔也提出了他的媒介传播理念，即在技术性媒介时代，与媒介技术变化相适应的人的媒介素养也应发生变化。那么在融媒体时代，人们应该具备与媒介融合环境相适应的"技术性想象能力（techno-imagination）"。只有如此，人们才能在新的媒介时代顺应媒介技术的发展，形成相匹配的认知能力。特别是如今视觉文化的转型，人们适应视觉文化的碎片化特性，逐渐使人自身的思维也具备了碎片化的特征。深度思考的能力，随着媒介技术的变化仿佛变得没那么重要，媒介融合的推进，强调了媒介技术在整合传统媒介文化的重要地位和意义。而过度地强调技术使人们产生了技术性焦虑。这在新闻传播的教育之中也深刻地体现了出来。例如，新闻传播教育者与学生在担忧"不会算法怎么办？人工智能写稿替代了人的写稿怎么办？人被人工智能替代了怎么办？"等等，不一而足。

但是，新闻传播教育不但要关注业界的动态，继承"业界基因"，及时掌握新媒介技术，适应媒介融合新环境下，对人的新的认知能力的要求，同时也不能放弃"传统基因"，即新闻传播学教育之中，必须强调的"采、写、编、评"实践能力的提升。因为，以文字媒介为中心的"传统基因"，不会因为新技术的发展而被取代，反而潜在地证明其存在的价值。在新媒介环境之中，具有与新媒介技术相适应的新的知觉任务是融媒体时代媒介素养的基本能力要求，而拥有传统的文字媒介的理解与运用的能力，其实是新时代的"提升能力"要求。虽然在融媒体时代，如"移动短视频"等新媒介形式正逐渐成为主流的媒介形式，但是技术性媒介表征的本质仍旧是对文字媒介的解释。即技术性媒介再现之物乃是对文字媒介的一种象征性再现。例如，交通信号灯这种技术性媒介，其本质是一种文本命令。即红灯亮这种技术性图像表征的是"车辆禁止通行"的文本内容，所以，融媒体时代的文字解读能力是新闻传播专业培养人才的专业性要求，是一个新闻传播学子成为专业精英所必须具备的提升性能力之一。

这也就是《融媒体时代新闻采访与写作》一书进行创作的认识论依据之一。希望融媒体时代的新闻传播学专业的学子们能够如丰子恺在《不宠无惊过一生》之中所说的"不乱于心，不困于情"一样，"不乱于心"说明需要意志坚定，不会随波逐流；"不困于情"说明能够理性地自律，不被情感裹挟。在这里我们也可以修改一下这个句子即，"不乱于心，不困于技"。新闻传播学专业的学子们需要不被纷繁杂乱的新技术所障目，须知融媒体时代需要同时兼顾文字媒介解读能力和影像媒介解读能力的人，二者缺一便会造成专业"短板"，为日后的全面发展埋下隐患。所以，这本书的目的在于使融媒体时代的新闻传播专业的学子们懂得："学问之道无他，求其放心而已矣。"（《孟子·告子上》）。这里的"放心"二字，并非我们日常所说的"使安心，没有忧虑"，而是"迷失本心"，"放"含有丢失之意。在融媒体时代我们"迷失本心"的最大原因可能便是与媒介技术的快速迭代有关。但是，变与不变是相对的，媒介技术的迭代变化是科学技术发展的必然结果，然而新闻传播专业的"传统基因"是在变之中抓住不变的根本所在。因为融媒体时代媒体融合表现为两方面：一是传统媒体提升自身媒介技术能力，从而实现自身转型升级；二是以新媒介为中心的商业平台，使媒介技术"降维打击"，进行内容的创作。由此可见，技术形式与内容呈现为一种"一而二，二而一"的对立统一关系。将二者保持平衡发展，实现"中庸"的"不偏不倚"之道，才是新闻传播学子应该秉持的价值观念，这种价值观念不应该因为新媒介技术的发展而轻易动摇。所以，殷切希望：新闻传播专业的学子们能从本书之中不但能够坚定业界的基因——掌握新闻采访与写作所必需的文字能力；也能够贯通学术价值观——守正、诚意，并且不乱于心，不困于技术，能够坚定不移地以人为中心。

此书的顺利完成，得益于新华出版社赵怀志主任、祝玉婷编辑的倾力支持，得益于鲁东大学文学院领导的大力支持与帮助，也是团队成员上下一心、精诚合作的结果；同时也感谢鲁东大学新闻传播学专业2019级的研究生同学，感谢他们在繁重的课业学习之余协助老师完成本书的文字修订工作！

最后，向所有关心本书写作的领导、老师、朋友们表示衷心的感谢！真诚欢迎大家对本书提出宝贵意见和建议！